W0073123

INHALT

You'll never live like common people.
You'll never do whatever common people do.
You'll never fail like common people.
You'll never watch your life slide out of view.

PULP, *COMMON PEOPLE*

ICH LERNE DIE ELITE KENNEN

Die Elite trat in einem griechischen Luxushotel in mein Leben. Sie hieß Mario und war knapp dreißig, also nur wenig älter als ich. Außer demselben Geburtsjahrzehnt hatten wir nicht viel gemeinsam. Mario kannte solche Abende. Er trank, redete, lachte – gleichzeitig. Ohne innezuhalten. Er war makellos, ohne Selbstzweifel, siegessicher.

Ich saß in einem Karo-Rock, der ständig verrutschte, neben ihm. An den Füßen Stiefel, die ich mir geliehen hatte. Während unseres Gesprächs drehte ich eine Haarsträhne um den Zeigefinger. Wie immer, wenn ich nervös bin. Im Gegensatz zu ihm gehörte ich nicht hierher.

Nicht in diese Fünf-Sterne-Idylle. Unterhalb unseres Tisches brannten Fackeln, junge Menschen saßen am Hotelpool, dahinter leuchtete der angestrahlte Poseidon-Tempel. Direkt darunter lag das Meer. Dieser Ort war einer der schönsten, die ich seit Langem gesehen hatte, und dennoch fühlte ich mich unwohl wie selten.

Ich war in Griechenland, weil ich mich bei McKinsey, der weltgrößten Unternehmensberatung, beworben hatte. McKinsey gehört zu den Mächtigen der neuen Wirtschaftswelt. Die Firma hatte im Dezember 2006 vierzehntausend Mitarbeiter weltweit, machte 600 Millionen Euro Umsatz allein in Deutschland. McKinsey baut Unternehmen um. Behörden. Staaten. Zehntausend junge Deutsche wollen jedes Jahr dazugehören und schicken ihre Bewerbung. Ein bis zwei Prozent davon bekommen einen Job. Das McKinsey-Auswahlverfahren gilt als das härteste der Welt.

Und an diesem Auswahlverfahren nahm auch ich teil. Nicht weil ich bei McKinsey anfangen wollte, sondern zur Recherche. Ich arbeitete als freie Journalistin und war kurz davor, mein Studium zu beenden. Ich war fünfundzwanzig, also genau in dem Alter, das für McKinsey interessant ist. Die Berater der Firma sind nicht nur mächtig, sondern auch diskret. Sie wickeln ihre Aufträge im Stillen ab, selbst wenn es darum geht, Arbeitsämter, Krankenhäuser und Universitäten umzubauen. Auf kritische Fragen antworten sie ungern. Deshalb wollte ich mir das Unternehmen von innen ansehen. Ich wollte wissen, wer diese Menschen sind, wie sie ausgewählt werden. Deshalb hatte ich mich beworben. Ich hatte nie gedacht, dass ich genommen würde.

Und dann saß ich in diesem Hochglanzhotel am Meer. McKinsey hatte mich und hundertzwanzig andere Studenten aus Europa zu einer Segeltour eingeladen. Das Ganze war ein Edel-Assessment-Center. Unsere große Chance zum Einstieg in die Welt der Berater, sagten die meisten. McKinsey zeigte uns in Griechenland das schöne Leben. Jeder wohnte in einem eigenen Bungalow mit Blick aufs Meer. Wir segelten zu siebt auf kleinen Jachten in der Ägais. Wir feierten eine rauschende Party. McKinsey buchte einen DJ aus Athen und Barmänner, die mit Cocktailshakern jonglierten. Vier Tage lang lief vor unseren Augen ein Werbefilm für das schöne und coole Leben der Berater ab.

Außerdem wurde uns in diesen vier Tagen in kleinen Dosen die McKinsey-Philosophie verabreicht. Uns wurde gesagt, wir seien brillant. Wir seien die Besten. Die, die das Potenzial hätten, Europas neue Führungsgeneration zu werden. Wer es schaffe, zu ihnen zu gehören, sagte McKinsey, sei ein Gewinner. Elite.

Mario war einer von vierzig Beratern, die mit uns im Hotel wohnten. Immer wieder setzten sie sich zu uns, um uns von der Welt der Mächtigen und Erfolgreichen zu berichten, die auf uns wartete. Mario war kein Date. McKinsey bezahlte ihn dafür, dass er mit mir Wein trank, dass er mir Heldengeschichten erzählte, wie ich sie noch nie zuvor gehört hatte. Er erklärte mir das Leben der Elite.

Er habe gerade eine große europäische Fluglinie saniert, sagte er. Kosten reduziert, Leute entlassen. Die hätten sich ganz schön gesperrt. Aber er hätte alle Widerstände gebrochen. Jetzt sei der Laden wieder fit. Und wieder trank er, lachte und gestikulierte. Er war so beschäftigt mit sich selbst, dass er erst sehr spät merkte, dass ich seine Geschichte nicht mochte. Dann verstand er und schaute mich an, als hätte er erkannt, dass ihm kein »High Potential« gegenübersaß.

»Es gibt Menschen«, sagte er, »die sind oben – das sind Gewinner. Und Menschen, die sind unten – die Verlierer. Pass auf«, riet er mir, »dass du im Leben zu den Gewinnern gehörst.«

Ich hätte eine von ihnen werden können. Zurück aus Griechenland, lud mich McKinsey zu einem Auswahltag am Berliner Kurfürstendamm ein. Ich rechnete mich durch Tests und löste Case Studies, wie die Berater ihre Beispielfälle nennen. Ich musste mir sagen lassen, dass ich gern bluffe und manchmal etwas aggressiv sei. Obwohl es ja nur eine Recherche war, entwickelte ich plötzlich den

Ehrgeiz, diesen Auswahltest um jeden Preis zu schaffen. Am Ende hielt ich einen Vertrag in der Hand. McKinsey bot mir 67 000 Euro Einstiegsgehalt und einen Dienstwagen – meine Eintrittskarte in die Welt der Elite. Als ich das schicke Büro verließ, das Papier, das so viel Geld bedeuten könnte, in der Hand, war ich drauf und dran zuzusagen, mich vom Journalismus zu verabschieden und das zu werden, was McKinsey unter Elite versteht. Ich zögerte und zauderte, aber ich sagte Nein.

Ich verließ McKinsey, ohne eine von ihnen geworden zu sein. »Gerade noch rechtzeitig«, sagten meine Freunde. Aber zu spät, um Mario vergessen zu können.

Aus dem griechischen Luxushotel kehrte ich in meine Wohngemeinschaft nach Berlin zurück. Hier hatte sich nichts verändert. Links der Plattenladen, rechts der Wohnwagen, in dem man Hamburger kaufen kann, dazwischen, im Hinterhof, in einem roten Backsteinbau, in dem vor einem Jahrhundert Tortenböden hergestellt wurden, unsere WG. Seit drei Jahren lebe ich hier. Zusammen mit den vier anderen. Theo hat die Wohnung vor fast zehn Jahren entdeckt. Er hat sich Ende der Achtziger in der Kommunikationsbranche selbstständig gemacht. Gesundheitliche Probleme warfen ihn dann aus der Bahn. Seit einiger Zeit versucht er, wieder Fuß zu fassen. Vorne links, direkt neben der Eingangstür, lebt Jan. Vielleicht ist er Mitte zwanzig, vielleicht schon dreißig. So genau weiß das niemand. Jan feiert seinen Geburtstag nicht. Er sagt, es sei kein Festtag. Die Erde sei auch ohne ihn schon zu voll. Jan hat Mathematik studiert, sogar in Singapur. Jetzt ist er Tierrechtler und politischer Aktivist. Mal organisiert er eine Kampagne gegen die Privatisierung der Bahn, mal plant er eine Aktion gegen den Klimawandel oder Genmais.

Gegenüber von Theos Tür wohnt Hanna. Sie ist blond, klug und ziemlich ehrgeizig. Hanna will Juristin werden. Spezialistin für Völkerrecht. Sie träumt davon, eines Tages als Delegierte des Roten Kreuzes im Kongo für die Menschenrechte einzutreten. Dafür braucht sie – die Welt der Juristen ist eine eigentümliche – unbedingt neun Punkte im Examen. Weil das im ersten Anlauf nicht geklappt hat, lernt sie jetzt alles noch einmal. Seit einem Jahr. Und hinten links wohnt Tom. Mein Freund. Auch er hat mal Jura studiert. Bis ihm nach vier Jahren einfiel, dass das die falsche Wahl war, und er sich für ein Journalistikstudium entschied. Er arbeitete im Bundestag, dann beim Radio. Jetzt ist er an der Uni, allerdings in Hamburg. Drei Tage pro Woche verlässt er uns und wohnt in einer anderen WG. Mit zwei Mädels in St. Georg, direkt hinterm Hauptbahnhof.

Als ich von meiner Absage erzählte, atmeten die anderen auf. Für sie wäre eine Unterschrift so etwas wie mein Einverständnis zu einer feindlichen Übernahme gewesen. Tom wollte sogar schon besorgniserregende Charakterveränderungen an mir festgestellt haben. Ich sei so betont cool geworden, sagte er. Würde mich sogar bemühen, tiefer zu sprechen.

Als diese Gefahr gebannt war, wendete sich die WG wieder ernsteren Problemen zu. Wir hatten Mäuse, seit Wochen schon. Wieder einmal diskutierten wir über mögliche Lösungen: Genickschlag oder Lebendfalle? Wieder einmal konnten sich Pragmatiker und Tierfreunde nicht einigen. Wir berieten über Alternativmöglichkeiten der Mäusebekämpfung, wir recherchierten im Internet, wir vertagten das Problem. Und ich merkte, dass der Flirt mit McKinsey doch seine Spuren hinterlassen hatte. In meinem Kopf marschierten Kompanien von Fünfundzwanzigjährigen auf, angeführt von General Mario. Ihre Mission: Gewinner zu finden, zu Eliten zu küren; Verlierer zu entlarven, zu isolieren. Gemessen werden der Leistungswille, die Einsatzbereitschaft und die Effizienz. Unter »WG Kreuzberg« müssten sie notieren: »Drei Meetings zur Klärung des Mäuseproblems. Kein Ergebnis.«

Auf einmal sah ich meine Welt bedroht. »Denn Mario hatte mir in der Nacht noch viel mehr erklärt: »Verlierer«, hatte er gesagt, »sind meist unbeweglich.« Zum Wohle der Allgemeinheit sei es die Aufgabe der Gewinner, die Verlierer anzutreiben, zur Not auch auszusortieren.

WOLLEN WIR WIEDER ELITE?

»Elite« – das Wort ließ mich nicht los. War es nicht mit »Führer« und »Rasse« untergegangen? Hieß es nicht einmal, es passe nicht in einen demokratischen Wortschatz? Gewinner und Verlierer, Auserwählte und Masse, oben und unten. Waren das nur für Mario Begriffspaare, mit denen man eine Gesellschaft strukturieren kann?

Ich sitze in meinem Zimmer, den Blick auf die Frau im roten Jogginganzug gerichtet, die aus dem Vorderhaus ständig in unsere Richtung schaut. »Faul, unbeweglich«, würde Mario wohl sagen. Die Elite ist inzwischen überall. Vor mir auf dem Boden liegt ein Stapel aus Zeitschriften, Artikeln und Büchern, der gerade von einem kleinen Hocker gestürzt ist. Darin verbergen sich Hunderte Elite-

Zitate, die ich abgeschrieben oder ausgerissen habe. Meine Sammlung ist beachtlich. Sie umfasst das Etikett eines Beutels, der einmal ein Kilo »Elite-Tomaten« aus dem Kaiser's-Supermarkt enthielt, genauso wie ein Erinnerungsfoto an Elite-Toiletten auf dem Feld vor dem Berliner Olympiastadion.

Ich habe Bücher über die »Neue Elite«, »Eliten in einer egalitären Welt«, ein »Plädoyer für eine Elite der Exzellenz« gelesen. Ich kann ganze Elite-Bildungswege durchdeklinieren: Elite-Kindergarten, Elite-Schule, Elite-Uni. Dazwischen immer wieder Politikerzitate. Ex-Kanzler Gerhard Schröder forderte in seiner ersten Regierungserklärung: »Auch unsere demokratische Gesellschaft braucht Eliten.« Die ehemalige Bundesbildungsministerin Edelgard Bulmahn (SPD) verlangte nach »Leistungseliten«. Und die heutige Bildungsministerin Annette Schavan (CDU) sagte stolz: »Ich habe schon von Elite gesprochen, als das andere noch ganz schlimm fanden.« Da kann man nur gratulieren. Auch ich bestehe stets darauf, schon Gola-Sneaker getragen zu haben, als andere die Marke noch nicht kannten. Annette Schavan und ich hatten, jede auf ihrem Gebiet, den richtigen Riecher. Fast jeder hat inzwischen ein Paar Gola-Sneaker im Schrank, und mein Stapel beweist, dass auch der Elite in den vergangenen fünf Jahren ein Siegeszug gelungen ist.

Als ich Mario traf, dachte ich, er sei nichts weiter als ein selbstverliebter Karrierist. Einer, der alle mit »Leistung-muss-sich-wieder-lohnen«-Phrasen langweilt. Aber was ist, wenn das nicht stimmt? Wenn er, ganz im Gegenteil, zur Avantgarde eines neuen Denkens gehört? Eines, das Leistung lobt, Ehrgeiz und Selektion. Eines, das nach Elite verlangt. Als Wunderwaffe gegen die deutsche Ratlosigkeit und Resignation. Vielleicht ist er einfach angekommen in einer neuen Zeit, und wir sitzen in unserer WG-Küche, träumen von Selbstverwirklichung und Gerechtigkeit und haben nichts begriffen. Kämpft ein Teil meiner Generation schon längst für eine Renaissance der Eliten? Wer soll dazugehören? Und wie will diese junge Elite das Land verändern? Will sie, wie Mario, die Menschen aufteilen: die Gewinner ins Töpfchen, die Verlierer ins Kröpfchen?

Ich überlasse meine Sammlung zum Elitebegriff den steten Blicken der Frau im Jogginganzug. Ich habe den Eindruck, dass mich die bloße Lektüre nicht weiterbringt. Ich will raus, will selbst sehen und hören, ob eine neue Elitegeneration heranwächst. Ich will herausfinden, was das schillernde Wort tatsächlich bedeutet. Für die Elite. Und damit natürlich auch für uns. Ich recherchiere die Standorte von Elite-Unis, Elite-Akademien, Elite-Stiftungen und baue mir eine Reiseroute zusammen. Die Suche kann beginnen.

DIE »TOP-ADRESSE FÜR DIE FÜHRUNGSELITE VON MORGEN«

Gleich die erste Etappe führt mich in die Provinz. Ich sitze im Zug Richtung Wiesbaden, von dort soll mich ein Shuttle in die Weinberge des Rheingaus fahren. Oestrich-Winkel, das sich stolz die »Perle im Rheingau« nennt, ist nämlich so etwas wie Deutschlands heimliche Elite-Hauptstadt. Zwölftausend Menschen leben hier, davon achthundertfünfzig mit Eliteambitionen. Es sind die

Studenten der European Business School. Die private Hochschule gibt sich selbst das Label »unternehmerische Elitehochschule« und wirbt: Sie sei die »Top-Adresse für die Führungselite von morgen«. Auch in Rankings oder der Zeitschrift *Karriere*, dem Leitmedium der zukünftigen Wirtschaftslenker, schneidet die »EBS« immer hervorragend ab. Zwar klingt die Aufzählung Harvard, Oxford, Oestrich-Winkel noch etwas gewöhnungsbedürftig, aber im Gegensatz zu den USA oder England hat Deutschland ja mit der Elitepflege gerade erst begonnen. Die Absolventen der EBS machen in der Welt, der ich gerade den Rücken gekehrt habe, Karriere. Ein Drittel von ihnen geht in die Beratung, ein Drittel in die Finanzbranche, davon viele ins Investmentbanking. Glaubt man den Wirtschaftszeitungen, sind das die neuen Schaltstellen der Macht.

Bernd hatte mich ins Rheingau eingeladen. Er ist Studentensprecher der EBS und immer beschäftigt. Als ich ihn zum ersten Mal anrief, machte er gerade ein Praktikum bei einer großen Investmentbank. Er meldete sich, und ich war sicher, mich verwählt zu haben. Bernd klang, als wäre er Mitte dreißig. Er sprach überlegt und kontrolliert, mit tiefer Stimme, die früh gealtert zu sein schien. Vielleicht geht sein Körper das hohe Tempo einfach mit, denn Bernd lebt schneller als andere, »intensiver« nannte er das. Zwölf bis vierzehn Stunden dauern seine Arbeitstage. Auch an der Uni. »Es gibt während der Woche selten Phasen, in denen ich nichts mache«, sagte Bernd, und ich schämte mich, mit ihm nur ein wenig plaudern zu wollen. Über Elite.

Bernd hatte ein recht klares Bild von der Elite. Elite, sagte er in unserem Gespräch, das seien Menschen, die vordenken, die Entscheidungen treffen, die alles ein bisschen besser machen. Nicht für sich, sondern für die Allgemeinheit, schob er nach. »Elite tut jedem Land gut.«

Bernd plante, Karriere in einer Investmentbank oder einer Unternehmensberatung zu machen.

Wie genau wollte er damit der Gesellschaft nützen?

Bernd sprach lange von den Besten, die die anderen mitziehen könnten, von Leistung, die anspornt, von Gleichmacherei, die das lange verhindert habe. »Wenn wir in Deutschland vorankommen wollen, dann geht das nur, wenn wir eine starke Spitze haben.« Deshalb müsse man die Starken auch fördern. »Denn nur, wenn man die Starken noch stärker macht, kommen irgendwann Ideen raus, die vielleicht eine ganze Gesellschaft weiterbringen, was wir dringend nötig haben.« Dann sagte er: »Einmal mit Schinken, Paprika und Peperoni.« Ich lachte – viel zu laut, weil mir dieser Satz so viel besser gefiel als die zuvor. »Wer länger als bis acht Uhr bleibt, darf sich Essen auf Kosten der Bank bestellen«, erklärte mir Bernd. »Ich bin fast immer dabei.«

Kurz vor diesem Telefonat war Bernd einundzwanzig geworden. Seit zwei Jahren arbeitete er akribisch, ehrgeizig, diszipliniert an seinem Weg nach oben. »Ich war schon immer ein Mensch, der sich sehr gern dem Druck gestellt und immer mehr Druck auf sich genommen hat, als er müsste«, sagte er. »Und die Schlagzahl, die ich jetzt fahre, fahre ich, weil sie mir Spaß macht und für mich gesund ist.« Bernd leistete sich nichts von dem, was für mich selbstverständlich war: keine Selbstfindung, kein Zaudern, kein Luftholen. Brauchte er nie Pausen? Zeit zum Nachdenken? Um Fehler zu korrigieren? Um seine Pizza mit Freunden zu essen oder mit der Süßen aus der BWL-Einführung?

»Mach dir keine Sorgen«, sagte Bernd amüsiert. »Ich lebe schon. Nur zielstrebiger. Ich gammle selten. Meine Familie ist mir sehr wichtig, für die plane ich Zeit ein. Und wenn ich feiere, dann richtig.« Er erzählte von einer Party. Seine besten Freunde von der Uni. Ein Wochenende. Viel Alkohol. »Geschlafen haben wir kaum. Und wenn ich ausruhe«, sagt Bernd, »dann ebenso bewusst.« Vier Tage pro Jahr zieht er sich in ein Kloster zurück, immer wieder reserviert er sich komplette Wochenenden, um Sport zu treiben.

Bernd machte mir ein schlechtes Gewissen. Ich ging im Kopf die vergangene Woche durch und hatte plötzlich das Gefühl, viel Zeit mit Nichtstun zu verbringen. Ich fragte mich, wie seine Freunde damit umgehen. Vergleichen sie sich mit ihm und fühlen sich dann faul? Oder sind sie eh alle gleich? Seine Freunde seien völlig unterschiedlich, antwortete Bernd. Nur an die Frau an seiner Seite stelle er höhere Anforderungen. »Ich könnte nie eine Freundin haben, die nicht ähnlich tickt. Sie sollte zielstrebig sein, aber auch ein Bedürfnis nach Familie haben.« Kinder zu haben sei neben der Karriere sein größtes Ziel.

Ich bin mir sicher, dass sich Mario und Bernd mögen würden. Ob sich alle Gewinner so ähnlich sind wie die beiden? In Griechenland wirkten die Berater zum Teil wie Klone. Sie hatten dieselbe Art, sich zu bewegen. Schnell, aber nicht hektisch, selbstsicher, an der Grenze zur Arroganz. Mit ihnen zu reden war meist vergnüglich. Sie sprachen geschliffen, ohne steif zu sein, waren freundlich, ohne sich wirklich zu öffnen, lieferten Anekdoten und Witze in Serie. Genau wie Bernd. Ich wünsche mir heimlich, ihn auch mal tanzen zu sehen.

Bernd redete da schon weiter. Er sprach von den Studenten in Frankfurt, die aus Protest gegen Studiengebühren die Autobahnen blockiert und so seinen Heimweg gestört hatten. Ich begriff, dass Bernd und Mario sich noch in einer weiteren wesentlichen Frage einig waren: Sie mögen keine Menschen, die in ihren Augen Bremser sind, langsam und »arbeitsscheu«. »Die meisten scheitern doch nicht, weil sie blöd, sondern weil sie faul sind«, sagte Bernd entschieden. Mitleid habe er da nicht.

Dann musste er auflegen. Der Terminplan drängte. Ich mochte Bernd, aber leider konnte er mich bei meinem ersten Besuch bei der Elite nicht begleiten. Drei Tage nach unserem Gespräch ging sein Praktikum bei der Bank zu Ende. Dann flog er nach München, um sich bei einer großen Unternehmensberatung für ein neues Praktikum zu bewerben. Einen Tag später saß er wieder im Flugzeug. Diesmal auf dem Weg nach Melbourne, wo er sein Auslandssemester verbringen wollte. Als wir telefonierten, wusste er noch nicht, wo er in Melbourne wohnen würde. Diese Woche war keine außergewöhnliche. Bernds Leben funktionierte so. »Und ich bin noch nicht am Limit«, sagte er zum Schluss. »Da geht noch was.«

Trotz des Umzugs nach Australien schaffte er es noch, mir die Eintrittskarte für das Ereignis des Jahres in Oestrich-Winkel zu besorgen. Einmal pro Jahr organisieren die Studenten ein Symposium. Dann kommen Manager und halten Vorträge, Personaler führen Auswahlgespräche, und andere Studenten, die sich für die Teilnahme bewerben mussten, laufen staunend über den Campus. »Survival of the fittest?«, las ich in der Einladung. Ich war gespannt.

Kaum merklich dreht er seinen Körper in meinen Weg. »Hier geht es nicht weiter. Nicht für dich«, signalisiert seine Haltung. Wir stehen uns gegenüber. Er, gerade zwanzig Jahre alt, mit schwarzem Anzug und Funkknopf im Ohr. Ich in einer marineblauen Seidenbluse, einem weißen Jackett und – dem Problem – einer blauen Jeans. In wenigen Minuten beginnt der Eröffnungsabend. Ich habe eine Einladung, bin über fünfhundert Kilometer Zug gefahren, habe zwei Österreicher in einem Audi A3 angequatscht, weil der versprochene Shuttle Wiesbaden nie erreichte. Ich habe mein Namensschild umgehängt und meine Tasche durchsuchen lassen. Trotz allem soll meine Erkundung der Elite hier schon zu Ende sein?

»Das passt heute nicht zum Dresscode«, sagt er und zeigt zum wiederholten Mal abschätzig auf meine Jeans. Umdrehen und gehen, schreit mein Stolz. »Ich konnte mich leider nicht umziehen, da die von euch organisierte Reservierung in der Jugendherberge nicht funktioniert hat«, höre ich mich verhandeln. Er bleibt hart. »Es tut mir wirklich leid«, bettele ich um Einlass. »Das mit der Jugendherberge stimmt«, sagt ein zweiter Security-Student gönnerhaft. Nun mustern mich beide. Nach endlosen Sekunden empfange ich mein Urteil: »Okay. Ausnahmsweise. Aber morgen bitte anders.«

Warum Menschen von »Parallelwelt« sprechen, sobald sich zwei Dönerbuden und ein türkischer Kulturverein in einer Straße ballen, habe ich nie verstanden. Jetzt gerade halte ich den Begriff dagegen für angebracht. Die Studenten der EBS studieren in einem alten Schloss. Rechts der alte gemauerte Burgturm, links das Haupthaus, ein klassisch schöner Bau. Über das sanft in Richtung Rhein abfallende Gelände führen gepflasterte Wege, über die heute grüne Teppiche gelegt sind. Auf der großen Terrasse stehen Dutzende Stehtische mit strahlend weißen Decken, um die sich Hunderte junge Anzugträger drängen. Ihre teuren Krawatten sind perfekt gebunden, ihre Haltung verrät, dass sie Auftritte wie diesen gewohnt sind. Die eine Hand lässig in der Hosentasche, stehen sie leicht breitbeinig da und halten in der anderen Hand das Glas, gefüllt mit Sekt der Marke Vaux. »Vaux ist Deutschland exklusiv?«, wirbt die Firma. Mit jedem Detail antwortet das Bild, das sich mir bietet: Hier.

Ich habe in Dortmund in einem grauen Siebzigerjahre-Bau studiert. Aus Löchern über unseren Köpfen rieselte ständig Material, das sicher nicht gesundheitsfördernd war. Sekt gab es nie.

In Oestrich-Winkel ist alles anders. Das mag daran liegen, dass ich 126 Euro Verwaltungsgebühr pro Semester an die Uni Dortmund überwiesen habe. Die Eltern der Studenten hier zahlen 10 000 pro Jahr. Knapp 45 000 Euro bis zum Master. Klar, dass da mehr für das Wohlbefinden der Herren und Damen Studenten getan wird. Die Häme hinter diesen Worten nennt man übrigens Sozialneid. Ich sollte lernen, den in den nächsten zwei Tagen zu zügeln.

Es war zwar schwierig, Zutritt zu bekommen, aber zumindest bin ich hier richtig. »Die European Business School«, sagt Rektor Christopher Jahns entschieden, »ist eine Elitehochschule.« Wir sitzen in Dutzenden Stuhlreihen, vorn ein Rednerpult, überall Security-Studenten, die in ihre Headsets flüstern. Eine Art Hauptversammlung des Elite-Nachwuchses. Über uns hängt ein Banner mit dem Motto der Veranstaltung: *Survival of the fittest?* Ich balanciere mein Notizheft auf den Knien, lausche, warte, bereit, die erste Definition des Elitebegriffs notieren zu können. Was kommt, ist dürftig. Elite sei kein Privileg, sagt der Rektor. »Elite ist eine Herausforderung.« Präziser wird er heute nicht mehr. Auf meinem Notizblock stehen jede Menge Fragezeichen.

Rektor Jahns ist inzwischen im Anekdotenteil seiner Rede angelangt. Wenige Tage vor Beginn des Symposiums seien zwei Studenten zu ihm gekommen. Nächtelang hätten sie geplant und organisiert. Übermüdet und überarbeitet hätten sie sich ins Rektorat geschleppt. »Wie sollen wir es schaffen, am Donnerstag noch eine Klausur zu schreiben? Können wir die nicht verschieben?« Er habe gelächelt, sagt Jahns, und sie an ihr eigenes Motto erinnert: *Survival of the fittest*. Applaus, Händeschütteln, noch mehr Applaus.

Ich blicke mich um. Wir sitzen im neuesten Gebäude auf dem Campus, dem Kiep-Center, benannt nach Walter Leisler Kiep. Er war mal Direktor der EBS, und er war mal Schatzmeister der CDU. Heute ist er beides nicht mehr. Denn Walter Leisler Kiep war eine der Hauptfiguren der CDU-Schwarzgeldaffäre. »Gab es danach nie Diskussionen darüber, das Center umzubenennen?«, will ich später von ehemaligen EBS-Studenten wissen. »Wieso?«, fragt einer. »Überhaupt keinen Grund«, meint ein anderer. »Es ist ihm nie endgültig etwas bewiesen worden«, erklärt mir ein Dritter.

Ich war noch nie an einer privaten Universität. Dass hier alles nach irgendwem heißt, verwundert mich. In fast allen Fällen soll die Taufe aber kein Denkmal begründen, sondern Geld bringen. Mein Namensschild haben die Wirtschaftsprüfer von KPMG gesponsert, der Empfangsbereich entstand mit »freundlicher Unterstützung« einer Möbelfirma, und die Seminare werden im »Deutsche-Bank-Hörsaal« gehalten oder in dem der Holtzbrinck Verlagsgruppe. Verkauft eine Hochschule dadurch ihre Unabhängigkeit? Oder ist Sponsoring ein legitimer Weg, an Geld zu kommen, auch für Bildungseinrichtungen?

Eine Stimme, die sonst aus dem Fernsehen schallt, reißt mich aus meinen Gedanken. »Es ist doch putzig, wie sich die Diskussion entwickelt hat. Es war vielen früher lieber, in einer vergammelten Johann-Wolfgang-von-Goethe-Aula zu sitzen als in einem gut ausgestatteten Daimler-Chrysler-Saal.« Lachen, Klatschen, ein Mädchen hinter mir kreischt gar vor Vergnügen. Die Studenten haben Guido Westerwelle als Eröffnungsredner für ihr Symposium eingeladen, und sie lieben ihn. Er hat sie mit »Exzellenzen« begrüßt. Er hat geklagt, dass Leistung für manche eine Art Körperverletzung sei. Er hat gemahnt: »Sie können nicht erwarten, dass Sie dasselbe haben wie andere, wenn Sie sich einen lauen Lenz machen.« Um sofort kokett hinzuzufügen: »Aber das wissen Sie, sonst wären Sie nicht hier.« Er hat gespottet, dass sich nun auch der Staat an Elite-Universitäten versuchen wolle, und gerufen: »So stellt sich der kleine Marxist Elite vor, bevor er das Studium abbricht.«

Sein Lohn sind Applaus und brave Fragen. »Herr Westerwelle«, will ein Student wissen, »wie kriegen wir Politiker dazu, Leistung zu bringen?«

»FDP wählen!«

»Aber das haben wir doch schon alle gemacht!«, sagt der Student. Später erzählt mir einer, bei Testwahlen im dritten Semester sei die FDP bei 80 Prozent gelandet. Es ist wie bei einem Familientreffen. Herr Westerwelle strahlt. Die Elite hängt an seinen Lippen, ist dankbar, dass er da ist.

Aber dann wird Vater Westerwelle streng. Mit dem Motto *Survival of the fittest?* seien sie weit übers Ziel hinausgeschossen. Der Sieg des Stärkeren – das sei kein Modell für eine Gesellschaft. Menschen hätten sich zu Gemeinschaften zusammengeschlossen, sich Gesetze gegeben, um nicht nach den Regeln des Darwinismus leben zu müssen. »Nicht nur der Stärkste soll überleben«, schließt Westerwelle, »sondern auch der Schwache und Schwächste.« Ich blicke in fragende Gesichter. Dass Guido Westerwelle sich gezwungen sieht, an das soziale Gewissen der Studenten zu appellieren, scheint sie genauso zu überraschen wie mich.

Auf der anschließenden Feier frage ich mich durch die Reihen. Immer wieder sage ich, dass ich ein Buch über Elite schreibe. Fast alle finden das toll. »Wir brauchen endlich wieder Eliten«, sagen sie. »Es wird wieder Zeit in Deutschland.« Viel mehr erfahre ich an diesem Abend nicht. Es gibt Wein und Fingerfood. Es ist nicht der Ort für lange Gespräche.

In der Jugendherberge haben sie eine ganze Etage für uns, die Teilnehmer des Kongresses, gemietet. Ich bin doch noch untergekommen. Im Mädchenzimmer für Nachrücker. Zwei Doppelstockbetten links, eins rechts, dazwischen Schränke, in denen sicherlich selten zuvor so viele Blusen und Kostüme hingen wie in dieser Nacht.

Ich komme in einem ganzen Pulk von Anzugträgern aus Oestrich-Winkel zurück. In einer Ecke im ersten Stock hockt eine Gruppe Teenager. Sie haben sich irgendwoher Bier organisiert. Sie trinken, sie starren und lachen uns aus.

Zu Hause werden sie erzählen können, dass ihnen Aliens begegnet sind. Denn in ihren Augen sind wir wohl genau das. Eine Horde Mittzwanziger, mehr oder weniger passgenau in Business-Klamotten gesteckt, die tagsüber auf dem Campus einer teuren Privatuni Elite spielt und nachts die Sechserzimmer in der Jugendherberge belegt.

NUR KEIN NIEDRIGLEISTER SEIN!

Am nächsten Morgen passiere ich problemlos die Einlasskontrolle. Mein Hosenanzug ist genehm, meiner Teilnahme an knapp einem Dutzend Seminaren zum Thema Wirtschaftselite steht kein Security-Student im Wege.

Mein erster Workshop »Leadership Culture: Herausforderungen für eine neue Managementgeneration« wird von einem hochrangigen Siemens-Manager gehalten. Sein Chef Klaus Kleinfeld ist Schirmherr des Symposiums. Bislang ist er aber noch nicht aufgetaucht. Vielleicht ist er beschäftigt. Gerade ist bekannt geworden, dass sein gut 3,2-Millionen-Euro-Jahresgehalt um 30 Prozent erhöht werden würde. Die Entrüstung über die BenQ-Pleite und die Schwarzgeldaffäre sollte in den nächsten Wochen folgen. Mich würde interessieren, ob den Siemens-Manager beschäftigt, dass Kleinfeld auf dem besten Wege war, zum zweiten Ackermann zu werden – ein Symbol für die angeblich fehlende Moral der Manager-Elite. Aber darum geht es heute nicht.

Stattdessen spricht der Manager von einem *global talent pool*, den Siemens aufbauen will. Klaus Kleinfeld, erklärt uns der Redner, arbeite an einer »Kultur, die auf Höchstleistung ausgerichtet ist«. Er selbst werde sich um die »begabtesten und leistungsfähigsten« jungen Menschen im Konzern, die zukünftigen Siemens-Leader kümmern. Dazu gehöre auch, dass er die Besten aus dem *global talent pool* regelmäßig zum Frühstück treffen wolle. Der Siemens-Manager will uns nun das Muster erklären, nach dem diese Nachwuchselite gekürt wird. Jetzt wird es gleich so weit sein, denke ich. Die erste Antwort auf meine Frage: Was ist Elite?

Four E's and one P nennt er sein Modell – Vier E und ein P also. Ein wenig verwirrt schreibe ich mit: *Edge* (grenzenloses Denken), *Energy* (Initiative zeigen), *Energize* (Mitarbeiter führen), *Execute* (Dinge mit maximaler Wirkung umsetzen) und *Passion* (emotionale Begeisterung). Könnte in der deutschen Übersetzung also auch als fünftes E durchgehen. Ich schaue auf die Liste, auf den Topmanager und wieder auf die Liste.

Edge, Energy, Energize … Nach diesem Raster soll tatsächlich die Wirtschaftselite ausgewählt werden? Und was bedeutet das für meine Suche nach einer tauglichen Elite-Definition? Nicht viel. Es wird nichts bringen, wenn ich mit einer solchen Liste durchs Land reise und alle, die ich treffe, auf die Kriterien *edge, energy* und *execute* überprüfe.

Zwei Reihen weiter wird schon lange ein Finger in die Luft gehalten. Ein Finger, der alle Erklärungen zu E, P und Leadership überdauert. Er sei der Sohn eines Siemens-Mitarbeiters, sagt ein Junge leise. Sein Vater habe gerade sein vierzigstes Dienstjubiläum gefeiert. Er sei in dem Glauben groß geworden, dass Siemens sichere Stellen böte. Sein Vater habe Urlaubsreisen auf Firmenkosten bekommen, eine Betriebsrente. Jetzt gelte das alles plötzlich nicht mehr. »Wie erklären Sie das Ihren Mitarbeitern?«

»Das ist Globalisierung«, antwortet der Manager. Er spricht von Anpassungsdruck, von tschechischen Niedriglöhnen und von »Cosy-Verhältnissen«, in denen wir zu lange gelebt hätten. »Es ist im Einzelschicksal immer bitter. Aber der Block Personalkosten darf nicht unermesslich werden.« Der Junge sagt nichts mehr. Immerhin weiß er nun, dass er Sohn eines Personalkostenblocks ist. Vorn sehe ich die goldenen Manschettenknöpfe am blauen Jackett des Siemens-Managers auf und nieder wippen. Er gestikuliert entschieden. Er wird grundsätzlich: »Wir leben in Deutschland immer noch in einem sozialistischen Kollektiv«, sagt er. »Wir ziehen Minderleister immer mit, halten ihnen die Karotte vor bis zur Frühpension. Das ist deutsche Gleichmacherei. Damit muss jetzt Schluss sein.«

»Minderleister« – das Wort habe ich noch nie gehört. In einem späteren Vortrag werde ich als Synonym noch den »Niedrigleister« kennenlernen. Das Wort klingt verächtlich. Niedrigleister fordern 38,5-Stunden-Wochen, einen sicheren Job und Urlaubsreisen auf Betriebskosten. Vielleicht sind es aber auch die, die viel Schlaf brauchen und halbe Tage mit Fernsehsoaps oder Fußballübertragungen vertrödeln, so wie ich.

Die Lektion »Bloß kein Niedrigleister werden!« wird in den folgenden zwei Tagen ständig wiederholt. Wir lernen, dass wir niemals ausruhen, nachlassen, entspannen dürfen. Wir müssen den Minderleister in uns unterdrücken wegen der Konkurrenz, die nur darauf wartet. 60 Millionen Chinesen spielen Klavier, erklärt uns ein anderer Seminarleiter. »Wie groß«, fragt er, »ist die Wahrscheinlichkeit, dass der nächste Mozart aus China kommt statt aus Österreich?« Für die, die da noch nicht den Atem der Chinesen, die uns jagen, im Nacken spüren, hat er noch eine

Geschichte parat: »Jeden Morgen wacht in Afrika eine Antilope auf und weiß, sie muss schneller laufen als jeder Löwe, um zu überleben. Jeden Morgen wacht in Afrika ein Löwe auf und weiß, er muss schneller laufen als die langsamste Antilope.« Nach einer Kunstpause sagt er dann: »Wir müssen schnell laufen. Denken Sie darüber nach!«

Mario erzählte in Griechenland stolz von seinen 70-Stunden-Wochen, Bernd geht selten vor acht Uhr abends nach Hause. Er ist Meister des Zeitmanagements. In seinem Rechner hat jede Viertelstunde des Tages ein Feld, das farbig markiert und mit Aufgaben versehen ist. Bernds und Marios Ziel ist es, eine hohe Schlagzahl zu erreichen, bis an die körperliche Belastungsgrenze zu gehen. In den Gesprächen bekomme ich den Eindruck, dass die Wochenarbeitszeit in der Welt des Wirtschaftsnachwuchses ein Fetisch ist, der fast noch mehr zählt als das dicke Auto oder die schöne Wohnung. Es ist wie beim Pokern: siebzig Stunden, achtzig – damals, als das Projekt auf der Kippe stand, hundertdreißig. Das bringt Respekt ein.

Der Terminkalender vieler Topmanager ist auf bis zu eineinhalb Jahre im Voraus gefüllt. Josef Ackermann, der Chef der Deutschen Bank, hat in London und New York eine Wohnung, in der Anzüge und Schuhe bereitliegen. »Ein Tagestrip zur Arbeit nach New York«, schreibt die *Zeit*, »ist für viele Manager so selbstverständlich wie für andere Menschen die Fahrt mit der S-Bahn.« Eine Freundin, die wie Mario als Berater arbeitet, erzählte mir, dass jeden Montag um fünf Uhr morgens in ihrer Straße Menschen mit Rollkoffern auf dem Bürgersteig stehen. Taxen fahren vor, sammeln Koffer und Menschen ein, fahren sie zum Flughafen. Von dort werden sie für die Woche auf die

Hilton- und Sheraton-Hotels dieser Welt verteilt. Als das *manager magazin* Jungmanager nach ihrer durchschnittlichen Arbeitszeit fragte, gaben 61 Prozent an, eine Wochenarbeitszeit von mehr als fünfzig Stunden sei der Regelfall. Sie werden nicht übertrieben haben. Alle, mit denen ich hier in Oestrich-Winkel spreche, beschreiben die Bereitschaft, mehr zu leisten als andere, den Willen zu funktionieren, bedingungslos flexibel zu sein als Grundvoraussetzung, um dazugehören zu können.

Ich stehe in der Schlange am Büfett. Vor mir sprudelt ein prächtiger Schokoladenbrunnen. Kaum jemand tunkt Früchte hinein. Auch ich traue mich nicht, aus Angst, meine Bluse zu ruinieren. Ich lausche dem Gemurmel. »Was mit der PDS an geistigem Müll in die Parlamente gespült wurde, hätte bei einer Firma nicht mal ein Bewerbungsgespräch bekommen.« – »Erstklassiges Line-up hier. Und fast umsonst. Für andere Symposien zahlst du 15 000 Euro.« – »Deine Schuhe«, fragt ein Junge hinter mir seinen Freund, »was ist das für Leder?« – »Känguru.« Ich blicke an mir herunter. Meine Schuhe sind alt und ein wenig spießig. Ich habe sie von meiner Mutter geliehen, weil mir Stunden vor meiner Abreise eingefallen ist, dass ich in Schwarz nur Sneaker habe. Wo zum Teufel kauft man Kängurulederschuhe?

Auch beim Essen kann ich mich nicht entspannen. Mein Sitznachbar arbeitet bei Montblanc. Manschettenknöpfe, Siegelring, alles an ihm zeugt von langer Tradition. Sogar die Haare sehen aus wie ein Fliegerhelm aus den zwanziger Jahren. Er zieht einen Füller aus der Tasche: »Montblanc hat die Schulfederhalter aus dem Programm genommen.« Das sei nun einer mit Carbon-Einspritzungen. Koste knappe 600 Euro. Die Jungs am Tisch, Studenten der Uni, sind begeistert. »Dabei kostet die Herstellung doch nicht mehr als ein paar Euro, oder?«, fragt einer. »Diese Gewinnmarge ist doch fantastisch!«, freut sich ein anderer. »Das ist optimales Pricing, das lernen wir gerade«, sagt ein Dritter.

Es ist der zweite Tag meiner Elite-Erkundung, und schon zweifle ich an meinem Plan. Ich fühle mich fremd, traue mich kaum, meine Fragen zu stellen. Meine ganze Energie geht dafür drauf, nicht unnötig unangenehm aufzufallen. Ich gehe ständig zur Toilette. Um meine Frisur zu kontrollieren, um mir Notizen zu machen oder um einfach nur still dazusitzen. Sobald ich die Tür öffne, strömt das Stimmengewirr wieder auf mich ein. »Wir müssen endlich die Löhne liberalisieren«, sagt einer. »Wenn einer für drei Euro putzen will, warum lassen wir ihn dann nicht?«, ein anderer. Am liebsten möchte ich gleich wieder aufs Klo. Aber ich muss ins nächste Seminar.

EDEKA – ENDE DER KARRIERE

»Wir wollen«, ruft er, »unsere Mitmenschen lenken, führen und begeistern.« Sein Bauch wippt, Schweißtropfen rinnen ihm über die Wangen, verschwinden in seinem Vollbart. »Wir sind nimmermüde Garanten für Wachstum und Wohlstand.« Ich sitze ganz hinten, neben ein paar Gaststudenten aus Indien. Ich überlege, ob es glaubhaft wäre, so zu tun, als spräche ich nur Hindi.

Der Mann vorn ist unser Rhetorikcoach. Er will uns beibringen, wie echte Führungskräfte zu sprechen. Elf Studenten stehen schon vorn. Sie haben weiße Laubsäge-

arbeiten in der Hand, halten sie hoch, formen das Wort
»Kreativität«. Seit einer halben Stunde fürchte ich, auch ein
I oder Ä zu werden. Denn die Studenten müssen nicht nur
Buchstaben halten, sondern auch Sätze imitieren, die ihnen
vorgesprochen werden: »Ich fühle mich wie ein Fels in der
Brandung. Nichts haut mich um.« Applaus. »Bietet dir das
Leben eine Zitrone, mach Limonade daraus.« Noch mehr
Applaus. »Froh zu sein bedarf es wenig. Und wer froh ist,
ist ein König.« Alle sollen klatschen. Motivationsspielchen
wie diese scheinen zum Standardprogramm zu gehören.
Als wir mit McKinsey in Griechenland waren, wurde uns
das Video eines Basketballspiels gezeigt. Wir sollten zählen,
wie oft sich die zwei Teams den Ball zupassen. Währenddessen lief ein Gorilla durchs Bild. »Hat jemand einen Gorilla gesehen?«, fragte der Coach. Viele hatten sich nur auf
die Bälle konzentriert und den Affen verpasst. Sie seien zu
leicht ablenkbar, lautete das Fazit, und damit fehle ihnen
eine der wichtigsten Eigenschaften einer Führungskraft.
Leadership, lernten wir damals, *is about seeing the gorilla.*
Ich überlege, ob ich mir ein Heft mit dem Titel »So werde
ich ein Leader« anlegen sollte. Denn dann könnte ich heute
bereits meinen zweiten Merksatz eintragen. Unter »Ich
muss den Gorilla sehen« könnte ich schreiben: »Ich muss
andere zum Lachen bringen.«

»Wir müssen«, mahnt der Coach, »die seelische Lohn-
tüte unserer Angestellten üppig füllen. Und wenn Sie nur
die *Bild-Zeitung* lesen, auch die hat eine Schmunzelecke«,
sagt er, um uns sofort wohlartikuliert einen Witz zu erzählen: »Warum darf ein Polarforscher keine blaue Brille
tragen? – Damit er die Eisbären nicht für Blaubären hält.«

Ich schrumpfe weiter in meinem Sitz zusammen. Denn
jetzt sollen wir noch einmal Motivationssätze wiederholen.

Einer muss immer wieder sagen: »Ich schaffe es. Ich erreiche mein gesetztes Ziel.« Am Ende stimmt die ganze Bankreihe mit ein. »Ich schaffe es. Ich erreiche mein gesetztes Ziel.« – »Wer seine Mitmenschen lenken, führen und begeistern will, braucht Rhetorik«, sagt der Coach. Gut, dass er der Chef des ersten deutschen Rhetorik-Instituts ist und geeignete Kurse anbietet. Fünf Tage kosten 2450 Euro plus Mehrwertsteuer. Und wenn man sich weigert? Wenn man im Sitz verkrampft, statt eifrig Erbauungssätze zu deklamieren? »Dann«, sagt der Coach »heißt es ganz schnell EDEKA: Ende der Karriere.« So einfach ist das.

Verwirrt laufe ich über das Schlossgelände. Ich sehe eine Studentin in einem getigerten Designerkostüm, die sich die auf dem Campus ausgestellten Sportwagenmodelle anschaut. Neben mir gehen ein paar Erstsemester, die den Rhetorik-Vortrag extrem inspirierend fanden. »Und du?«, wollen sie wissen. Ich mag nichts mehr sagen. Hinter uns auf dem Parkplatz knallt es plötzlich. Ein Student, der das Taxi für die VIPs fährt, ist mit dem gemieteten Rolls-Royce gegen einen Stehtisch gefahren.

HEISSE LUFT

Ich glaube, man tritt Michi nicht zu nahe, wenn man ihm einen Hang zum ständigen und ausdauernden Flirten unterstellt. Im Gegensatz zu so vielen anderen hat er mich nicht einfach ignoriert. Wahrscheinlich, weil er sich grundsätzlich erst einmal für alle Frauen interessiert. Michi studiert hier. Auch er trägt Armani und fährt Audi, wie viele hier. Sogar ein Cabrio hat er. Selbst ausgewählt in Ingolstadt, ganz in der Nähe seiner Heimat.

Aber Michi ist anders als die, die ich bisher hier traf. Er will weder Berater noch Investmentbanker werden. »Heiße Luft«, sagt er. »Die schaffen keinen Wert, die kosten viel Geld. Das kann auf Dauer nicht gut gehen.« Er sei, erzählt er mir, über eine Karrieremesse geschlendert, habe an den Ständen der Investmentbanker und der großen Berater gestoppt und gefragt: »Mein Vater schwört, wenn ich bei Ihnen anfange, enterbt er mich. Was halten Sie dagegen?« – Schweigen, Stottern, mehr sei von denen nicht gekommen, sagt Michi. Nur heiße Luft eben. Die grundsätzlichen Dinge, findet er, haben die Berater nicht durchblickt. Dass Angestellte genug Geld verdienen müssen, um sich Autos, Urlaube und Häuser leisten zu können, die andere für sie produzieren. Sein Vater verkauft schlüsselfertige Bauten. Und Michi ist direkt nach der Schule mit eingestiegen. »Meine Studiengebühren, mein Auto, das zahl ich alles selber. Neid ist trotzdem da. Die Leute sagen, das kauft alles der Papa. Die sehen nicht, dass ich von Montag bis Sonntag schufte.«

Wie anscheinend alle hier lebt auch Michi ohne Ruhepausen. Er erzählt mir von einem Sonntag. Er war gerade neu im Rheingau. Den Kirchgang hatte er schon hinter sich, das Mittagessen auch, die Arbeit war weit weg. Plötzlich wurde ihm langweilig. »Schlimm fand ich das«, sagt er. So schlimm, dass er seine Mutter anrief. Die riet, den Fernseher anzuschalten. »Selber drauf gekommen wäre ich nie.« – »Fürchtest du dich davor, mit dreißig müde und kaputt zu sein?«, frage ich. Michi schüttelt den Kopf, lacht sein breites fränkisches Lachen. »Ich bin ausgeglichen«, verspricht er, und ich solle mir nicht so viele Gedanken machen. »Es gibt immer Fragen«, sagt Michi, »auf die man keine Antwort findet.

Dafür gibt es die Kirche, den Glauben. Das ist mein Rahmen.«

Auf den Glauben wollte ich mich nie verlassen. Aber während ich an Stehtischen mit weißen Tischdecken vorbeilaufe, mir die getönten Scheiben der parkenden Autos anschaue und einem Dreijährigen mit zurückgegeltem Haar ausweiche, der in der Hand die Promotion-Tüte einer großen Investmentbank hält, finde ich es plötzlich auf seltsame Weise beruhigend, dass einer hier, wenn er dann irgendwann vielleicht zur Wirtschaftselite gehört, an die Gebote seines Gottes glauben wird, statt an E, P und Leadership-Versprechen.

Ich bekomme noch den letzten Zug nach Berlin. In Hannover stehe ich ewig auf dem Bahnsteig. Schließlich rufe ich meine Eltern an, um ihnen von meiner Verwirrung nach den Tagen mit der jungen Wirtschaftselite zu erzählen. Mein Vater sagt: »Da kannst du ja viel schreiben.« In Gedanken unterstelle ich ihm den Zusatz: »Gut für deine Karriere.« Mein Vater hat Phasen, in denen er sich mindestens im Drei-Tage-Takt nach meinem beruflichen Fortkommen erkundigt. Meine Mutter fragt, ob sie mir zu Weihnachten auch eine Armani-Jeans schenken soll. »Nein danke«, sage ich und lege auf.

DAS GROSSE UMDENKEN

Zurück in der WG, verfalle ich in das, was Tom eine »Nachdenkstarre« nennt. Ich verlasse mein Zimmer kaum, schaue fast so lange aus dem Fenster wie die Frau im Vorderhaus. Lege mich auf den Teppich. Setze mich an den Computer und öffne alle fünf Minuten stupide mein

Mailfach, als würde ich irgendwelche erlösenden Botschaften erwarten. Erst McKinsey, jetzt die Tage an der EBS. Ich kann nicht sagen, dass die zwei Treffen mit der selbst ernannten Wirtschaftselite zu einer Klärung des Begriffs und zur Beruhigung meiner Ängste beigetragen haben. Und dann noch dieses seltsame Gespräch mit meinen Eltern. Warum waren sie eigentlich überhaupt nicht empört über das Gebaren der Studenten an der EBS?

Meine Eltern sind Lehrer. Mein Vater ist Sozialdemokrat. Er trägt Bart, wir fahren Saab, klassischer geht es kaum. Schon als Kleinkind habe ich sonntags die Urananreicherungsanlage in unserer Heimatstadt umrundet, um auf den Schultern meines Vaters gegen Atomkraft zu protestieren. An jedem 9. November bin ich mit meiner Mutter mit Fackeln durch die Fußgängerzone gelaufen, und wir haben uns vor dem Gedenkstein für die ermordeten Juden versammelt. Mein Vater hat für verkehrsberuhigte Straßen gekämpft. Meine Mutter war mal bei Pro Asyl und mal in einer Gruppe, in der viele Frauen Latzhosen trugen und gegen Machos kämpften. Ich bin also in der bundesrepublikanischen linken Mittelschicht aufgewachsen, die zwar die großen Ideologiekämpfe beendet hatte, aber für sich beanspruchte, sich im Kleinen überall und immer für die Schwachen einzusetzen.

Ich habe gelernt, dass Gleichheit und Gerechtigkeit wesentliche Werte sind. Jeder, egal wo er herkommt und egal wie viel sein Vater verdient, sollte gleiche Chancen haben. Und damit das gelingt, so wurde mir beigebracht, muss man die Schwachen stützen und nicht jene fördern, denen sowieso vieles leichtfällt. »Anfang der Achtziger hatte man Bildungsziele wie die Integration von Behinderten, man wollte die Kinder zum Umweltschutz erziehen«, erzählt mir ein Freund, der ein paar Jahre älter ist und sich an die frühen Achtziger besser erinnern kann. Dieses Denken war zumindest in unserer Umgebung lange Konsens. Ein Konsens, der aus Überzeugung gelebt wurde. Dachte ich jedenfalls bislang.

Denn langsam zweifle ich an der Haltbarkeit dieser Überzeugungen. Meinen Eltern und all den Lehrern, Beamten und Ingenieuren unter ihren Freunden ging es relativ früh wirtschaftlich ziemlich gut. Echte Angst um die materielle Existenz habe ich damals nie erlebt. Ich bin dazu erzogen worden, selbstbestimmt zu leben, gleichzeitig aber auch tolerant zu sein und Rücksicht zu nehmen. Wie ich mich im Kampf um knapper werdende Stellen benehmen soll, trainierten wir nicht.

Vielleicht war diese Erziehung ja weltfremd. Vielleicht, so würden wahrscheinlich viele, die ich in Oestrich-Winkel traf, argumentieren, war sie der Nährboden für eine Wohlfühlgesellschaft, in der jeder nur auf sein Recht auf Selbstverwirklichung, auf Arbeit und soziale Sicherung pocht. Haben wir dadurch unsere Chancen auf dem Weltmarkt verspielt? Hätten unsere Eltern und Lehrer uns besser auf den Kampf von Löwen und Antilopen vorbereiten müssen?

Meine Eltern haben nie darüber gesprochen, ob sie sich diese Fragen gestellt haben. Als ich von ihnen wissen will, warum sie nicht mehr demonstrieren, was aus ihren Mitgliedschaften in zahlreichen Bürgerinitiativen geworden ist, meint mein Vater nur, er hätte keine konkreten Ziele mehr, für die er sich einsetzen wolle. Immer häufiger sagt er, dass man aus der SPD eigentlich austreten müsse. Schon lange fahren meine Eltern zu Antiquitätenauktionen, anstatt zu den Anti-Atomkraft-Treffen zu gehen.

Dass das nicht alles ist, merkte ich, als es um meine »berufliche Zukunft« ging. Journalistin passte vor allem meinem Vater nicht. Er, der stets gegen die Konservativen wetterte, war plötzlich für Anwältin oder Ärztin. »Du hast doch so ein gutes Abitur«, sagte er oft. Dass ich Aufträge abarbeite, statt einen festen Vertrag zu haben, erträgt er bis heute nur schwer. Es ist ihm zu unsicher. Immer wieder fragt er, ob ich nicht irgendwann mal irgendwo eine Festanstellung bekommen könnte. Als ich meinen Eltern erzählte, dass ich den mit 67 000 Euro dotierten McKinsey-Vertrag abgelehnt hatte, waren sie nicht gerade glücklich. Für den Traum von der festen Stelle hätte mein Vater, der Sozialdemokrat, offensichtlich nichts dagegen einzuwenden gehabt, wenn seine Tochter sogar bei den Turbokapitalisten, die auch er stets kritisiert, angeheuert hätte.

Ich glaube, seit die Angst vor der Arbeitslosigkeit auch bei ihnen im Münsterland angekommen ist, haben sich ihre Maßstäbe verschoben. Marios Kategorien scheinen ihnen nicht so fremd zu sein, wie ich immer dachte. Aus Sorge um meine Zukunft möchten sie um jeden Preis, dass ihre Tochter zu den Gewinnern gehört. Würden sie sogar akzeptieren, dass ich Ideale verleugne, die sie mir in meiner Kindheit als wichtig beigebracht haben? Haben sie schneller als ich begriffen, dass man in einer Zeit, in der man wieder mehr um die materielle Existenz bangt, solche Ideale vergessen sollte, sobald sie die Karriere behindern? Aber welchen Wert haben Ideale, die man sich je nach Lage der Dinge leistet oder nicht, als wären sie luxuriöse Accessoires? War der Wunsch nach Gerechtigkeit, den ich für Konsens hielt, vielleicht nur Attitüde in einer Zeit, die dies zuließ?

Um die Nachdenkstarre zu überwinden, fange ich wieder an zu lesen. Bücher über Eliten, Hunderte von Zeitungsartikeln. Dabei stoße ich auf einen Bericht über ein Fest der neuen Präsidentin der Universität Hamburg. Als Studenten im Februar 2007 die Inthronisierungsfeier mit ihren Protesten störten, rief Bildungsministerin Annette Schavan: »Deutschland braucht Eliten, keine Schreihälse.« Es scheint einen neuen Konsens zu geben. Ich habe den Eindruck, dass nicht nur meine Eltern umdenken.

DIE ELITISIERUNG

Die Renaissance des Elitebegriffs fällt in die Schröder-Ära und in die Zeit des wirtschaftlichen Abschwungs. Es begann damit, dass die Zahl der Diskussionen, in denen man Nachkriegstabus brach, zunahm. Es ging um »Leitkultur«, um Patriotismus, um Deutschlandflaggen und eben um Eliten. Es war ein »Wir-sind-wieder-wer«-, ein »Das-wird-man-doch-mal-langsam-wieder-sagen-dürfen«-Gefühl. Gleichzeitig packte die deutsche Mittelschicht erstmals seit dem Zweiten Weltkrieg die Angst vor dem Abstieg, von dem in Hartz-IV-Zeiten jeder betroffen sein kann. Ich glaube, dass das Erstarken des Elitebegriffs ein Kind der Verbindung beider Entwicklungen ist. Was Franzosen, Engländer und US-Amerikaner haben, dem dürften sich die Deutschen in Zeiten des globalen Wettbewerbs nicht verweigern, lautete eine Grundthese. Gleichzeitig wurde die Unschuld des Begriffs betont. War »Elite« früher ein Reizwort, in dem Standesdünkel, Machtmissbrauch und Vetternwirtschaft mitschwangen, wurde in der Debatte versucht, es umzudefinieren als bloße »Auswahl der Besten«. So wurde aus einem Tabu ein Ziel, unproblematisch und auf jeden Fall erstrebenswert.

Ursprünglich war der Begriff »Elite« tatsächlich nicht mehr als ein Premiumstempel. 1755 definierte Denis Diderot in seiner Enzyklopädie »Elite« als Gütesiegel für auserlesene Spitzenprodukte. Es waren wohl französische Händler, die das Wort erfunden hatten. *Elire* heißt »auswählen«, und auserwählte Waren ließen sich besonders gut anpreisen. So fand man Ende des 18. Jahrhunderts auf allen französischen Märkten Elite-Garne, Elite-Tücher und Elite-Gänselebern. Erst später bezeichneten sich auch Menschen als Elite. Den Anfang machte das französische Bürgertum, das den Begriff im Kampf gegen Adel und Klerus erstmals politisierte. Macht und Geld, so die Forderung, sollten nicht an die mit der edelsten familiären Abstammung gehen, sondern an die mit der größten individuellen Leistungsfähigkeit. An die Elite eben.

Daran orientieren sich auch heute noch die gängigen Definitionen. Für den Brockhaus ist »Elite« eine Gruppe, »die sich durch hohe Qualifikationsmerkmale sowie durch eine besondere Leistungsfähigkeit und Leistungsbereitschaft auszeichnet«. Meyers Enzyklopädie ergänzt, die Angehörigen der Elite hätten zudem einen »besonderen Wert« und bestimmten maßgeblich die gesellschaftliche Entwicklung.

Dass Leistung und Einfluss in einer Gesellschaft stets ungleich verteilt sind, ist unstrittig. Doch der Begriff »Elite« erzählt gerade nichts über die vielstufige, komplexe Schichtung einer Gesellschaft. Die kargen Definitionen der beiden Lexika verschleiern eine konstituierende Eigenschaft: Elite setzt immer eine Nicht-Elite voraus. Die kleine Gruppe der besonders Leistungsbereiten und

Einflussreichen existiert nur im Zusammenspiel mit ihrem Gegenteil: den vielen »Normalen«, der Menge also. Dieser Gegensatz erst macht den Reiz des Elitebegriffs aus, begründete seinen ruhmreichen Aufstieg zu einem Konzept, das Soziologen erstmals Ende des 19. Jahrhunderts massiv beschäftigte und faszinierte.

In der »Psychologie der Massen« beschreibt Gustave Le Bon die Sehnsucht nach Eliten als eine Art Grundreflex des Menschen. Die Masse, so schreibt er, sei »eine Herde, die sich ohne Hirten nicht zu helfen weiß«. Sie sehne sich nach wenigen, die über einen starken Willen verfügen. Seine Zeitgenossen sahen das ähnlich. So schreibt Gaetano Mosca, ein anderer Klassiker der Eliteforschung: »In allen Gesellschaften, von den primitivsten im Aufgang der Zivilisation bis zu den vorgeschrittensten und mächtigsten, gibt es zwei Klassen: eine, die herrscht, und eine, die beherrscht wird. Die erste ist immer die weniger zahlreiche, sie versieht alle politischen Funktionen, monopolisiert die Macht und genießt die Vorteile, während die zweite, zahlreichere Klasse von der ersten befehligt und geleitet wird.«

Trotz mancher Differenzen einte die Klassiker der Eliteforschung der Glaube an die Überlegenheit einer auserwählten Minderheit. Damit legten sie den theoretischen Grundstein für den aufkommenden Faschismus, dem sie zum Teil auch persönlich sehr nahe standen. Die faschistischen Herrschaftssysteme, allen voran die deutschen Nationalsozialisten, setzten den Gedanken, dass es in Gesellschaften eine überlegene Minderheit geben darf und soll, auf grausame Weise in Politik um. Das Elitekonzept war theoretischer Unterbau des »Lebensborn«-Programms der SS, die »rassisch wertvolles Menschenmaterial« züchten wollte. Es animierte die Nazis zur Gründung der Natio-

nalpolitischen Bildungsanstalten, der »Napolas«, in denen eine »Elite für den Führer« herangezogen werden
sollte. Das Führerprinzip selbst war Ausdruck des Glaubens daran, dass ein Hirte die Herde zu leiten hat, ein
Auserwählter, dem die Masse folgt.

Als alles vorbei war, galt der Elitebegriff zunächst als
tot, als auf ewig mit den Taten der Faschisten verbunden,
durch sie verseucht. Die Eliten hatten versagt. Angetrie-
ben durch eine unmenschliche Ideologie und durch die
Gier nach grenzenloser Macht, töteten sie Millionen von
Menschen, vernichteten den Glauben an die Kraft der Zivilisation, machten es unmöglich, jemals wieder von Hirten, von Führern, von Auserwählten zu sprechen. Dachte
man zumindest.

Die wissenschaftliche Wiederentdeckung des Elitebegriffs begann bereits kurz nach seinem vermeintlichen
Ende. Die Soziologie wandte sich vom beschmutzten Ge-
gensatzpaar »Elite« und »Masse« ab und gebar die »plura-
listischen Funktionseliten«. Damit waren mehrere Gruppen in der Gesellschaft gemeint, die in ihrem jeweiligen
System Führungsaufgaben übernahmen. Ralf Dahren-
dorf, einer der Väter des Begriffs »Funktionseliten«, sprach
1979 von sieben funktionalen Eliten, entsprechend den
»großen institutionellen Ordnungen« der Gesellschaft:
Wirtschaft, Politik, Erziehung, Religion, Kultur, Militär
und Recht. Später reduzierte er die Zahl der Kategorien
auf vier. Der Kerngedanke bleibt davon natürlich unange-
tastet: Elite sollte in einer Demokratie geteilte Macht bedeuten, Macht, die den Besten in jedem Bereich zusteht.

Auch Hans Peter Dreitzel, der als Professor an der
Freien Universität Berlin in den sechziger Jahren über
Eliten nachdachte, sprach von einer »Vervielfältigung der

Eliten«. Elite seien schlicht Personen, die in Spitzenpositionen gelangt seien. Grundsätzlich käme jeder Bereich persönlicher Leistung dafür infrage, letztlich aber doch nur Leistungen, die für die Gesellschaft von Interesse und Bedeutung seien. Dreitzel charakterisierte die demokratische Gesellschaft als »Elitengesellschaft«, in der die Auswahl für die Elitepositionen nach Leistung erfolge und damit für alle Bürger erreichbar sei.

Damit war das neue soziologische Label des Elitebegriffs perfekt und die funktionale Leistungselite geboren. Elite, suggeriert dieser Ausdruck, kann jeder werden, der strebsam und klug ist, jeder also, der viel leistet. Durch diese Neudefinition galt Elite vielen als demokratisiert, entproblematisiert und von der Schande der Nazis fast völlig reingewaschen. Und so fand die Elite über die Soziologiebücher ihren Weg zurück in die Gesellschaft. Jürgen Rüttgers, mittlerweile Ministerpräsident des Landes Nordrhein-Westfalen, sagte schon 1998: »Vom Tabuwort ist der Elitenbegriff inzwischen fast zu einem Schlüsselbegriff in der Bildungsdiskussion aufgestiegen.« Der sächsische Kultusminister Matthias Rößler stellte im August 2001 anlässlich der Wiedereröffnung der früheren Fürstenschule Sankt Afra in Meißen als Elite-Gymnaisum für Hochbegabte fest: »Wir bekennen uns zum Begriff der Elite.« An dieser Schule werde die künftige Elite Sachsens geformt.

Ihren Ursprung hatte die Begeisterung für die Leistungselite aber in den Chefetagen der Wirtschaft. Hier wird der Mythos gepflegt, in der Wirtschaft zähle im Gegensatz zur Politik, in der man durch Kungelei nach oben komme, allein die Leistung. Über 90 Prozent der Topmanager nennen Leistung und Fleiß, wenn sie nach den entscheidenden Gründen für ihren Aufstieg gefragt werden. Mit 80 Prozent folgen Eigeninitiative und Durchsetzungsvermögen sowie Bildung und Ausbildung. Kaum einer nennt Geld, Vermögen oder Beziehungen. Da scheint es folgerichtig, dass die Manager das Konzept, dem sie ihren eigenen Erfolg zu verdanken glauben, als Maßstab für die gesamte Gesellschaft wünschen. Mathias Döpfner, der Vorstandsvorsitzende des Springer-Medienkonzerns, fordert eine »durchlässige, demokratische« Leistungselite. Hans Tietmeyer, der frühere Präsident der Bundesbank, will »den Begriff der Elite als Leistungselite verstehen und ihn so enttabuisieren«. Und Heinrich von Pierer, ehemaliger Vorstands- und späterer Aufsichtsratsvorsitzender der Siemens AG, glaubt, dass die Gesellschaft von einer »Leistungselite« bewegt wird.

Die Anstrengungen von Politik und Wirtschaft zeigen Folgen. Es gab nur leisen Widerspruch, aber ziemlich laute Begeisterung, als die Bundesregierung beschloss, mit ihrer »Exzellenzinitiative« das Hochschulsystem umzubauen. »Der Wettbewerb soll das deutsche Hochschulsystem neu polen: von Gleichheit auf Elite«, schrieb die *Zeit* im Oktober 2006. Mittlerweile sind die ersten beiden Runden des Exzellenzwettbewerbs entschieden. Die Universitäten in Aachen, Berlin, Freiburg, Göttingen, Heidelberg, Karlsruhe, Konstanz und München dürfen sich jetzt »Elite-Universität« nennen. Sie bekommen Ruhm, Ehre und 21 Millionen Euro.

Erstmals seit Ende des Zweiten Weltkriegs wird das Elitekonzept zudem wieder von einer breiten Mehrheit der Bevölkerung akzeptiert und gelebt. Laut der *Frankfurter Allgemeinen Zeitung* sind 54 Prozent der Menschen dafür, begabte Schüler in Eliteklassen oder an Eliteschulen zu fördern – nur 33 Prozent sind dagegen. Eine klare Mehrheit für die Elite, zum ersten Mal, seit die Zeitung diese Frage stellt. Die Menschen scheinen begriffen zu haben, dass nun wieder in Gewinner und Verlierer eingeteilt werden soll, und merkwürdigerweise fragt fast niemand nach, warum und nach welchem Schlüssel. »Wir brauchen wieder Eliten« – dieser Satz regt nach einigen Jahren der aufgeregten Darf-man-das-wieder-sagen?-Diskussion kaum einen mehr auf.

Damit ist die Debatte etliche Schritte weiter als ich. Mich interessiert nicht, ob man das Wort trotz des Dritten Reiches gebrauchen darf. Erst einmal ist es wie jeder Begriff eine Hülle. Zwar eine, die in der Vergangenheit so sehr beschädigt wurde, dass man sie eigentlich schon entsorgt hatte, die aber offenbar noch nicht ganz kaputt war. Viel wichtiger als die Frage, ob man das Wort wieder aussprechen darf, ist meiner Meinung nach, mit welchem Inhalt man die Hülle füllt. Ich möchte wissen, was genau die meinen, die »Elite« sagen. Und vor allem möchte ich erfahren, nach welchen Kriterien entschieden wird, wer dazugehört und wer nicht.

»Den Besten muss man das Beste bieten, aber das kann man nicht zum Standard für alle machen«, sagt Ernst-Ludwig Winnacker, der ehemalige Präsident der Deutschen Forschungsgemeinschaft, stellvertretend für alle, die die Einrichtung von Elitestudiengängen, in denen die Studenten im Vergleich zu ihren Kommilitonen an den Massenuniversitäten traumhafte Bedingungen vorfinden, vorantreiben. Wenn Geld, Chancen und Förderung nicht mehr möglichst gerecht verteilt werden, sondern eine Nachwuchselite aus diesen Töpfen per se mehr erhalten soll als andere, müsste dann nicht allen klar sein, nach welchen Regeln diese Plätze in der ersten Klasse verteilt werden? Wie wird man Elite? Muss man auf bestimmte Schulen gehen? Spezielle Universitäten besuchen? Entscheidet das Talent? Geben Fleiß und Ehrgeiz den Ausschlag? Oder vielleicht doch das Geld der Eltern? Und wie misst man das alles?

Die European Business School in Oestrich-Winkel behauptet, jedes Jahr die »200 Top-Studenten in Deutschland« aufzunehmen und dadurch eine »unternehmerische Elitehochschule« zu sein. Wie finden sie diese zweihundert Top-Leute? Wer löst die Eintrittskarte in die Welt der zukünftigen Wirtschaftselite? Und wer bleibt draußen? Es ist Zeit, die Nachdenkstarre zu lösen. Ich fahre noch einmal in den Rheingau.

DIE BESTEN ODER DIE REICHSTEN?

Ich kann die Augen kaum offen halten, denn es ist früh, und die Deutsche Bahn hatte es gut gemeint und den Regionalexpress 514 Richtung Koblenz auf gefühlte dreißig Grad geheizt. Mit einer Reisetasche in der Hand laufe ich durch die nach einem warmen Herbst noch gelben Weinberge. Ich blicke auf den Rhein, über die Nebelfelder, die an diesem Morgen in den Tälern hängen. »Idyllisch«, denke ich, als mich der BMW-Mini überholt und in der langen Schlange am Straßenrand parkt. Eine Studentin steigt aus. Schräg vor mir steht ein BMW-Cabrio, Sportwagen mit doppeltem Auspuff – vermutlich das Modell für den Herrn. Es ist unverkennbar, dass ich zurück an der EBS bin. Ungewöhnlich ist allerdings, dass heute zwischen den schnittigen Autos auch gediegene Familienkutschen parken. Aus einer steigen gerade Vater und Sohn. Sie kommen aus der Nähe von Bremen, sind über vierhundert Kilometer gefahren, um hier dabei sein zu können. Denn heute lädt die European Business School zum »Campus Day«. Heute sollen die Oberstufenschüler lernen, dass ein Studium hier »die richtige Karriere-Entscheidung« ist.

In meiner Erinnerung sind Tage der offenen Tür an Universitäten lustige Veranstaltungen. Ich war an der ehrwürdigen Wilhelms-Universität in Münster. Wir sind erst ein wenig eingeschüchtert, dann immer vergnügter durch die Gänge gelaufen, haben in einer Linguistik-Vorlesung Menschen zugesehen, die mit abenteuerlichen Verformungen der Lippen die Entstehungsgeschichte von Wörtern veranschaulichen wollten, und haben akzeptiert, dass dies die geheimnisvolle Welt der Akademiker sein muss. Danach haben wir uns in die Cafeteria abgesetzt und fühlten uns unendlich cool und studentisch, als wir einen Milchkaffee tranken, der damals in unserer Kleinstadt noch eine echte Rarität war.

Hier ist das anders. Schulklassen suche ich vergeblich. Vor mir laufen Gespanne, die dem aus Bremen ähneln: Vater und Sohn, ganz selten Vater und Tochter. Der Nachwuchs läuft fast bei allen Duos ein wenig schüchtern hinter dem alten Herrn, der forsch voranschreitet. Er prüft die zum Kauf gebotene Ware. Schließlich wird er hier, bis das Kind den Master hat, knapp 45 000 Euro lassen – nur für die Gebühren. Ich überschlage, dass selbst ein relativ sparsames fünfjähriges Studentenleben – mit monatlichem 700-Euro-Budget – ohnehin schon über 37 000 Euro kostet. 80 000 Euro also, und damit hat der Sohn noch keinen BMW-Cabrio vor dem Campus parken.

Die Studienberater sind gute Verkäufer. Sie wissen, dass es ihre Aufgabe ist, diese Investition schmackhaft zu machen. Sie schwärmen von hundertvierzig Partneruniversitäten, natürlich auch in attraktiven Wachstumsregionen, in Hongkong, Schanghai oder Seoul. Sie berichten von Studenten aus dem dritten Semester, die bereits Traumpraktika in Investmentbanken ergattern konnten, und erzählen von Kontaktabenden, zu denen Firmenvertreter in den hochschuleigenen Weinkeller geladen werden. Sie preisen »Lerneffektivität«, »Effizienz« und das tolle Betreuungsverhältnis. Vierunddreißig reguläre und elf Juniorprofessoren sorgen sich hier um das Wohl der tausendzweihundert Studenten – also gut einundzwanzig Studenten pro Lehrkraft. An einer führenden öffentlichen Universität seien es einundzwanzig Professoren für viertausend Studenten, also einer für hundertneunzig Studenten.

Damit liegt das Angebot auf dem Tisch. 10 000 Euro pro Jahr. Im Gegenzug wird das Kind vor den Zuständen an der überfüllten Massenuniversität bewahrt. Das beeindruckt. Ihren größten Trumpf haben die Studienberater aber noch gar nicht ausgespielt. Per Beamer werfen sie wenig später Statistiken an die Wand, die auch die letzten Zweifler vom Sinn dieser Investition überzeugen sollen. Ich lese:

Durchschnittliches Alter bei Abschluss des Studiums: 24.

Einstiegsgehalt eines Absolventen: 50 752 Euro.

Noch Fragen? Erst mal keine. Oder doch. Eine noch. Nachdem die Eltern begriffen haben, dass sich die Investition lohnen wird, treibt sie nun um, was zu tun sein wird, damit das eigene Kind die Aufnahme, den Sprung unter die »Top 200«, schafft. Die Eltern interessiert, was auch ich wissen will: Wie wählt die EBS die zukünftige unternehmerische Elite aus?

Bei der Auswahl der besten zweihundert spielt die Abiturnote der Bewerber keine Rolle. Die Hochschule stellt einen Mathe-, einen Englisch- und einen Intelligenztest. Zum Üben bekommen wir Beispielaufgaben in die Hand gedrückt. »Wie lauten die nächsten beiden Glieder der Folge 2, 7, 17, 32 …? Das geht, denke ich und notiere: 52 und 77. Nr. 2: Anja und Sven sind zusammen achtzehn Jahre alt. Verdreifacht man Svens Alter und addiert noch zwei Jahre hinzu, so erhält man das Fünffache von Anjas Alter. Wie alt sind Anja und Sven?«

Ich schreibe zum ersten Mal seit Langem wieder Gleichungen, addiere zu drei x die fünf Negativen der Gegenseite und erinnere mich an das schöne Gefühl, das man hat, wenn eine Rechnung glatt aufgeht. Sven ist also elf Jahre alt und Anja sieben. Bei Binomen und Logarithmen muss ich aber passen. Dieses Mathematikunterrichtswissen habe ich, falls jemals vorhanden, gründlich verdrängt. Ich blättere weiter zum Englischtest. Hier muss man ankreuzen, was der Satz *It would be far better* bedeuten könnte. Ich entscheide mich für *That would be a great improvement* und sehe, dass auch die anderen »Fragetypen«, wie es heißt, zu schaffen wären.

In den Tests bräuchte man die Note 2,7, sagt die Studienberaterin. Damit qualifiziere man sich für die Einzelgespräche und eine Diskussionsrunde, in der man seine Persönlichkeit beweisen müsse. Wer nach den schriftlichen und mündlichen Tests zwischen Platz 1 und 200 gerankt wird, darf das Studium an der EBS beginnen. »Den mündlichen Teil schaffen fast alle«, erklärt die Studienberaterin. Der Knackpunkt seien die schriftlichen Prüfungen. Da schnellt die Hand eines Vaters aus der ersten Reihe hoch. »Sie steht in Mathe zwischen Zwei und Drei«, sagt er und zeigt auf seine Tochter. »Wir haben uns die Beispielaufgaben im Internet durchgelesen. Da sagt sie: ›Papa, das kann ich gleich vergessen.‹ Das kann doch nicht Ihr Ziel sein, dass die Bewerber hier an Mathe scheitern, wo Soft Skills in der Wirtschaft doch immer wichtiger werden.«

Die Studienberaterin redet beruhigend auf ihn ein. Schlechter als 2,7, das bedeute nicht automatisch das Aus. Es gäbe immer Grauzonen. Und wer in denen lande, wer Ergebnisse zwischen 2,7 und 3,7 habe, der könne Vorbereitungskurse an der Hochschule belegen. 475 Euro kostet der Mathekurs, 1450 der Englischkurs, plus Anreise, Unterkunft und Verpflegung. »Das belastet nur den Geldbeutel Ihrer Eltern, Sie sollte das aber weniger belasten«, erklärt sie der Tochter des aufgeregten Vaters lächelnd. Aber wer im Mathetest schlechter als ausreichend abschneide, den könne man leider wirklich nicht annehmen. »Wir suchen Studenten mit überdurchschnittlicher Lern- und Leistungsbereitschaft«, schließt sie.

Bei 3,7 liegt die Hürde, die man auf keinen Fall reißen darf. Ich bin überrascht. Ich hätte es mir weitaus schwieriger vorgestellt, das Ticket zu lösen, das zu einem Studium an einer selbst ernannten Elitehochschule berechtigt. Viele staatliche Universitäten wählen ihre Studenten nach der Abiturnote aus. Wer Betriebswirtschaft an der Universität Münster studieren will, brauchte im Wintersemester 2006/2007 einen Schnitt von 1,7, an der Technischen Universität München war eine 1,6 nötig, sogar an der Freien Universität Berlin, die in Rankings eher mittelmäßig platziert ist, mussten Studienanfänger im Abitur mindestens eine 2,3 geschafft haben.

Es melden sich erste Zweifel. Die Tests, die uns die Studienberaterin vorgelegt hat, sind zwar nicht banal, aber auch nicht nur für intellektuelle Cracks zu schaffen. Ist für eine Aufnahme an der European Business School die allergrößte Hürde vielleicht eher, ob man die 10 000 Euro pro Semester zahlen kann und will? Schließlich scheitern die allermeisten Eliteanwärter nicht am Test der EBS, sondern bewerben sich gar nicht erst. Nach Angabe des Statistischen Bundesamts gab es 2006 in Deutschland rund 400 000 Abiturienten. 23 500 von ihnen schrieben sich für ein BWL-Studium ein. Aus diesem Pool wollen gerade einmal achthundert zur EBS. Jeder vierte Bewerber wird also angenommen. Diese Quote deutet nicht auf ein besonders hartes Auswahlverfahren hin.

Während der Präsentation haben sich hinter uns Studenten aus dem ersten Semester versammelt. Sie werden uns gleich den Campus zeigen. Eine Führung von Deutschlands zukünftigen Führungskräften, denke ich – und bin sofort still. Vor mir steht ein riesiger, durchtrainierter Junge, der es mit ein wenig Glück auch in der Kategorie »Aussehen« unter die »200 Top-Studenten in Deutschland« schaffen könnte. Seine exakt geschnittenen Haare kräuseln sich im Nacken, die wie angegossen sitzende Boss-Jacke kleidet seinen mindestens zwei Meter langen Körper ausgezeichnet. »Sebastian«, stellt er sich vor. »Julia«, sage ich. Sebastian zeigt uns das Kiep-Center und einen ziemlich großen chinesischen Tempel, den man nicht betreten kann. »Was der soll, weiß ich auch nicht«, sagt Sebastian. »Es heißt, dass den der Vater eines Studenten von der Expo hat herbringen lassen. Warum, kann ich auch nicht erklären.« Dann führt er uns über den Parkplatz. »Haben alle hier Autos?«, frage ich.

»Neunzig Prozent«, antwortet er und nährt damit meine Zweifel daran, dass Leistung hier tatsächlich ein relevanteres Auswahlkriterium ist als Wohlstand. Viele hier, erzählt Sebastian, wüssten gar nicht, dass man für Geld arbeiten müsse. »Manche sind von oben bis unten in Gucci gekleidet. Andere sind immer bemüht, dass man das kleine Pferdchen oder das Krokodil auf dem Pullover auch sieht. Und den Kragen am Poloshirt stellen alle hier hoch. Keine Ahnung, was das soll.« Später wird mir einer der Studenten erklären, wieso die Ecken am Kragen nach oben zeigen müssen. Das würde für Entschlossenheit stehen, sagt er, dafür, dass man auch Widerstände überwindet. »Kragen hoch und durch!« – das sei ihr Motto.

Auch der Vater aus Bremen möchte gern über Geld sprechen. »Wie teuer ist denn hier eine Wohnung?«, fragt er. »Fünfhundert Euro sollte man schon rechnen«, schockt Sebastian den Bremer. Es gebe auch billige Zimmer, die von Rheingauern angeboten würden. »Ich habe mir die angeguckt. Das war alles nichts. Letzten Endes muss man schon über einen Makler gehen. Manche kaufen auch einfach eine Wohnung.«

»Macht es denn Spaß, hier zu studieren?«, will der Bremer Vater wissen. »Es geht«, sagt Sebastian. »Es gibt viele Tiefs. Es ist halt Provinz. Zu Hause brauche ich zum Burger King fünf Minuten, hier eine halbe Stunde.« Im Gegensatz zu dem Vater finde ich es beruhigend, dass auch Leute, in die man Zehntausende Euro pro Jahr steckt, schließlich doch bei den grundsätzlichen Problemen eines Studentenlebens landen. »Wenn wir weggehen wollen oder ins Kino, müssen wir in Kolonnen in die Stadt fahren«, redet Sebastian weiter, während er uns in die Mensa führt und gleichzeitig einer Mitstudentin hinterherstarrt.

»Ich geh sonst nie in die Mensa«, sagt er, während wir unsere Nudeln auf die Gabel drehen. Nett, dass er heute hier ist, denke ich und werde gleich enttäuscht. An der European Business School regiert der Markt. Er regelt auch zwischenmenschliche Beziehungen. Sebastian sitzt vor mir und dem Bremer Gespann, weil er dadurch seine Chancen steigert, sein Auslandssemester in den USA oder Australien verbringen zu dürfen. Nach zwei Semestern werden die Studenten nämlich gerankt – von Platz 1 bis Platz 200. Wer oben landet, darf sich die begehrtesten Auslandsuniversitäten aussuchen, wer unten steht, »der muss nach Polen oder in die Ukraine«, sagt Sebastian. Ins Ranking fließen nicht nur die Studienleistungen, sondern auch die Sozialpunkte ein. »Drei Punkte gibt es, wenn man bei Veranstaltungen auf- oder abbaut. Fünfzehn, wenn man an seiner alten Schule einen Vortrag über die EBS hält, achtzig, wenn man in einer studentischen Initiative ist.«

Deshalb ist Sebastian in der studentischen Öffentlichkeitsarbeit und führt uns über den Campus. »Die wollen halt fördern, dass man sich engagiert«, sagt er. Ich staune. Mein erster Reflex ist, dieses System zynisch zu finden. Dann überlege ich, ob es nicht vielleicht fairer ist als eine informelle Einteilung in engagierte und faule Studenten. Ob es gar sinnvoll ist, auf diese Weise Studenten zu animieren, nicht nur an die Seminare zu denken.

»Die meisten sind in der Initiative Finanzen oder im Investment-Club«, sagt Sebastian. Und ich ziehe meinen Gedanken mit dem sinnvollen, vielleicht sogar sozialen Engagement wieder zurück. »Letzte Woche«, erzählt er weiter, »haben wir von der Initiative ›Studenten helfen‹ einen Blutspendetermin organisiert. Wir wollten, dass es für eine Blutspende zwanzig Sozialpunkte gibt. Aber das wurde nicht genehmigt. Jeder sollte aus Überzeugung spenden. Es ist kaum einer gekommen. Hier tut keiner was aus Überzeugung. Nur wegen der Sozialpunkte.« Die seien schließlich die einzige Möglichkeit, um im Ranking die Streber zu überholen.

»Was machst du, wenn das nicht klappt?«

»Dann bewerbe ich mich selber um einen Platz im Ausland. Auch wenn ich dann zahlen muss. Hawaii wäre schön«, sagt Sebastian und meint das ernst.

Der Bremer Vater schaut etwas angespannt. Vermutlich hat er gerade endgültig begriffen, dass er für die nächsten Jahre noch etwas mehr Geld beiseitelegen muss. »Nimmt die EBS die Reichsten oder die Besten?«, schreibe ich auf meinen Block mit den Fragen, die ich dem Direktor der European Business School stellen will.

DER CHEF DER ELITE

Christopher Jahns ist gerade einmal achtunddreißig Jahre alt; also in einem Alter, in dem sich das Gros der universitären Nachwuchskräfte als schlecht bezahlte wissenschaftliche Mitarbeiter von Semester zu Semester hangelt. Jahns dagegen ist schon ganz oben angekommen. Als jüngster Rektor, den die EBS je hatte, ist er an die Spitze der »Hochschule für die Führungselite von morgen«, wie er sagt, geholt worden. Als er sein Büro betritt, kann ich mir vorstellen, dass er ein hohes Tempo gewohnt ist. Jahns stürzt mit windschnittigem kurzem Haar in Hemd und Krawatte in den Raum, läuft mir mit langen Schritten entgegen, löst seine Uhr vom Handgelenk und legt sie vor sich auf den Tisch. Er wird sie während unseres Gesprächs kaum aus den Augen lassen. Eine halbe Stunde habe ich, um mit ihm über Eliten zu sprechen. Die Uhr zwischen uns signalisiert: Meine Zeit läuft jetzt. Die Zeit unseres deutschen Bildungssystems, sagt er direkt zu Beginn, sei quasi schon abgelaufen. Die deutschen Unis seien verkrustete Massenbetriebe. Sie setzten auf »völlig veraltete Methoden«, würden ihre Studienplätze nach Abiturnoten vergeben, schimpft Jahns.

»Das ist doch eigentlich auch ein nachvollziehbares Kriterium. Was finden Sie daran so schlecht?«

»Es gibt diesen Spruch: Die Klassenbesten gehen woandershin, und die Klassensprecher sind bei uns an der EBS. Ich weiß nicht, ob sich Kompetenz immer in der Abiturnote widerspiegelt. Vielleicht wäre ich an dieser Hochschule als Rektor gar nicht zugelassen worden. Ich habe damals mein Abitur nur mit 1,8 gemacht. Es gibt super Leute, deren Fähigkeiten finden sich nicht immer in einem Notenspektrum wieder.«

Bevor in Auswahlgesprächen die letzte Entscheidung für oder gegen einen Bewerber fiele, würde die EBS die Studenten in Zukunft vor allem auf der Grundlage eines internationalen Auswahltests wie dem Graduate Management Admission Test, kurz GMAT, ranken. Von einem Rat von Wirtschaftswissenschaftlern entwickelt, wird der GMAT in den USA, England und auch in Asien schon lange eingesetzt. Die Bewerber müssen auf Englisch Essays verfassen und standardisierte Mathe- und Logikaufgaben lösen. Hunderttausend Bewerber pro Jahr testen sich weltweit mit dem GMAT, jeder zahlt dafür 250 Dollar

Gebühr an die Entwickler. In Frankfurt bereiten Managementtrainer in zweitägigen Crashkursen auch deutsche Studenten gezielt auf den Test vor. Sie werben damit, dass die teuren Kurse die Punktzahl steigern. Wer mit dem Ergebnis nicht zufrieden ist und das nötige Geld hat, kann einen weiteren Kurs belegen und den Test wiederholen, maximal fünf Mal pro Jahr.

Jahns hält viel von dem GMAT. Er ist für ihn ein verlässlicher Vergleichsmaßstab, ein Mittel des weltweiten Rankings. »Das Maximum sind da 800 Punkte – das erreicht kaum jemand. Unsere Besten schaffen 750, mal 760, dann sind sie bei uns die absoluten Topstars. Im Schnitt, würde ich sagen, sind unsere Studenten bei 650 bis 680. Und damit sind wir sicher in Deutschland führend.« An indischen Spitzenuniversitäten liege der durchschnittliche GMAT der Studenten bei 740. »740«, wiederholt Jahns noch einmal und spricht drei Ausrufezeichen. Als er in Indien zu Besuch war, habe er gefragt, was mit Studenten passiere, die nur 710 erreichten. »Da bekam ich die Antwort: ›Die schicken wir zurück zu unseren Gründungspartnern, nach Harvard zum Beispiel.‹ Die wollen sie nicht haben. Mit anderen Worten: Wer ›nur‹ 710 Punkte hat, ist für diese indischen Universitäten nicht gut genug. Das war ernst gemeint.« Jahns ist beeindruckt, wie rigoros die Inder bei der Auswahl ihrer Studenten vorgehen. Zweihunderttausend Studenten, erzählt er mir, bewerben sich bei einer Top-Uni. Zweihundertvierzig werden genommen. »Ganz einfach per GMAT«, sagt er, »filtern die Inder aus der Masse die wirklich Besten heraus.« Diese Inder seien eben ziemlich gut, seufzt er. Kein Wunder, dass die Deutschen im Vergleich zu dieser indischen Manager-Elite hundert Jahre Rückstand hätten.

Damit leitet Christopher Jahns übergangslos zu seinem Lieblingsthema über: die scharfe Kritik an Deutschlands staatlichen Universitäten. Die Massenuniversitäten, schimpft er, seien zu arrogant, um zu begreifen, dass andere Länder vorbeizögen. Sie würden nicht einsehen, dass Deutschland im internationalen Wettbewerb längst abgehängt sei. »Das, was wir dort erleben«, sagt Jahns sarkastisch, »ist eine organisierte Unverantwortlichkeit, gepaart mit einer fatalen wirtschaftsfeindlichen Attitüde. An staatlichen Universitäten ist es zum Beispiel verpönt, einen Daimler-Chrysler-Hörsaal zu haben. Das ist bei uns natürlich normal. Und da sagen mir die Kollegen von den öffentlichen Hochschulen: ›Ja, nimmt denn da die Wirtschaft Einfluss bei euch?‹ Da kann ich nur sagen: Wir sind stolz auf unsere engen Kontakte zur Wirtschaft. Natürlich soll die Wirtschaft mit ihren Topthemen bei uns vertreten sein, damit wir nicht total an der Unternehmenspraxis vorbei Ausbildung gestalten und forschen.«

Nur durch enge Zusammenarbeit mit der Wirtschaft, nur durch die Nähe zu den ehemaligen Studenten, den Alumni, sei es zum Beispiel einer Universität wie Harvard möglich, auf ein Stiftungsvermögen von weit über 20 Milliarden US-Dollar zu kommen. Dagegen sei das Vermögen der deutschen Privatuniversitäten, auch das der EBS, schlicht lächerlich.

»Trotzdem sagen Sie, dass Ihre Uni eine unternehmerisch handelnde Elitehochschule sei. Wie kommen Sie dann zu dieser Aussage?«

»Elite sind wir hier in unserem Sprachgebiet, auf den Märkten in Zentraleuropa. Und zwar weil unsere Studenten im Schnitt 2,4 Jobangebote kriegen. Weil wir von den über dreitausend Alumni wissen, dass unsere Leute sich, auch vier, fünf Jahre nachdem sie das Studium bei uns absolviert haben, in tollen Positionen befinden, sei es in mittelständischen Betrieben, in Beratungsfirmen oder in Großkonzernen.« Er glaube nicht, sagt Jahns, dass sich das beste Drittel seiner Studenten massiv von dem besten Drittel der Studenten an staatlichen Universitäten unterscheide, aber an der EBS gebe es nun einmal sehr viel bessere Lehr- und Lernbedingungen. Mein Block liegt bereit. Mein Diktiergerät zählt die Sekunden bis zur ersten offiziellen Elite-Definition.

»Elite-Uni«, frage ich, »heißt für Sie also nicht, dass Ihre Studenten Elite sind, sondern dass Ihre Studenten gut sind und Sie Ihnen optimale Studienbedingungen bieten?«

»Elite heißt für mich schon, dass wir besonders talentierte Studenten als Elite von morgen ausbilden. Damit meine ich Menschen, die zum einen umfassende wissenschaftliche Kenntnisse haben, also fachlich nicht zu schlagen sind. Management-Kompetenz ist für mich aber eher ein Handwerk. Elite zu sein bedeutet mehr. Wir wollen, dass sich die Studenten persönlich fortbilden, Fertigkeiten, Verantwortungsbewusstsein und soziale Kompetenz entwickeln, so dass sie später in der Wirtschaft und Gesellschaft Führungspositionen ausfüllen können, in denen sie andere leiten, führen und ihnen Vorbild sind. Das ist für mich mit dem Elitebegriff verbunden.«

»Sie definieren also Elite nicht als Leistungselite?«

»Nein, sondern als Vorbildelite, wenn Sie so wollen. Damit sind immer Leistungsbereitschaft und gesellschaftliches Engagement verbunden.« Seine Studenten, verspricht mir Jahns, werden Verantwortung übernehmen. »Ich glaube, dass jeder, der hier rausgeht, nicht nur einfach heiß darauf ist, Karriere zu machen, sondern auch bereit ist, Verantwortung zu übernehmen für andere, in seinem Job oder privat.« Seine Studenten würden schnell begreifen, dass man die Zugehörigkeit zu einer Elite nicht geschenkt bekomme, sondern dass diese hart erarbeitet werden müsse. »Es gibt ja den Vorwurf, hier würden sich die Unternehmersöhnchen einen Abschluss erkaufen. Das ist üble Nachrede, das können Sie total vergessen. EBSler lernen ganz schnell: Das Studium bei uns ist tatsächlich harte Arbeit.«

Ich erinnere mich an Bernds durchgetaktete Tage, an seine Leistungsbereitschaft und seinen Fleiß und bezweifle nicht, dass er sich seinen Abschluss hier erarbeitet hat. Ich denke aber auch an die Autos, die Anzüge und die Kängurulederschuhe der Studenten, die ich hier bisher getroffen habe, an die 10 000 Euro pro Jahr, die das Studium kostet. Aus meiner Sicht können dies keine Kriterien sein, die bei der Vergabe der Plätze unter einer Leistungselite, gar einer Vorbildelite, eine Rolle spielen dürften. Es sind aber elementare Kriterien bei der Entscheidung, ob aus einem Abiturienten ein Student der EBS wird.

Jahns bestreitet nicht, dass an seiner Hochschule mehr Unternehmerkinder sind als üblich. Er beziffert ihren Anteil auf rund 30 Prozent im Vergleich zu knapp 20 Prozent an einer staatlichen Universität. Er bekäme aber immer mehr Anrufe, Schreiben und E-Mails aus der, wie er sagt, »aufgewachten und enttäuschten Mittelschicht«. Auch Lehrerfamilien zum Beispiel wollten ihre Kinder inzwischen zur EBS schicken.

Mein Bruder hat gerade sein Referendariat begonnen. Er schätzt, dass einem jungen Lehrer mit Kind im Jahr

etwa 30000 Euro netto bleiben. Die EBS-Studienge-
bühren fräßen also ein Drittel des Familiengehalts auf.
Dass das ohne finanzielle Reserven oder reiche Großeltern finanzierbar sein soll, bezweifle ich. Jahns emp-
fiehlt dennoch auch den Kindern aus diesen Familien
eine Bewerbung und eine Teilnahme am Auswahlverfahren. Zuerst soll geklärt werden, wer für die Uni geeignet
ist, danach erst will die Hochschulleitung wissen, ob der
Kandidat die Gebühren zahlen kann.

Eine andere deutsche Privatuniversität, die International University Bremen (IUB), leistet sich ein Verfahren, in dem Bewerber nur nach Leistung und ohne
Kenntnis ihrer Finanzen ausgewählt werden, bereits seit
ihrer Gründung. Als Resultat der sogenannten *need blind
admission* zahlen nur acht Prozent der Studenten die
vollen Gebühren. Die IUB verzichtet nach Angaben der
Süddeutschen Zeitung damit auf etwa die Hälfte ihrer
Einnahmen aus Studiengebühren und stand Ende 2006
vor der Pleite. Die 106 Millionen Euro, die das ohnehin
klamme Land Bremen in die private Uni steckte, reichten
längst nicht aus. Die Rettung kam schließlich in Gestalt
einer Kaffeerösterei. Die Jacobs Foundation kündigte an,
bis zum Jahr 2011 insgesamt 200 Millionen Euro in die
Bremer Privatuniversität zu stecken. Die opferte als Dank
das »International« im Namen und heißt jetzt Jacobs
University.

Rektor Jahns kennt die Geschichte dieser Fast-Pleite.
Und so werden auch in Zukunft die meisten seiner Studenten ihre Gebühren zahlen müssen. Jahns verspricht
lediglich, dass seine Hochschule mehr Stipendien einfüh-
ren und dafür sorgen wird, dass Banken jedem, der die
Aufnahmeprüfung bestanden hat, einen Kredit anbieten.

Er schätzt, dass manche Studenten dann beim Abschluss bis zu 50 000 Euro Schulden haben. Trotzdem halte er das Risiko einer Kreditaufnahme für gering, sagt er, da die Absolventen ja in gute Positionen kämen.

Im Oktober 1999 habe ich an der Universität Dortmund angefangen. Wir waren fünfzig Erstsemester am Institut für Journalistik. Fast alle hatten gerade ein sehr gutes Abitur gemacht. Ein Professor begrüßte uns und versprach uns eine goldene Zukunft. Das Institut böte nicht nur eine sehr gute Ausbildung, sondern hätte in der Branche auch einen erstklassigen Namen. 96 Prozent der Absolventen hätten unmittelbar nach dem Studium eine Anstellung als Redakteur gefunden und somit einen gut bezahlten, sicheren Job.

Wir hatten gerade die Mappen mit den ersten selbst moderierten Sendungen im Uni-Radio und den Übungsmeldungen abgegeben, als die Medienkrise über uns hereinbrach. Zeitungen und Nachrichtenagenturen schmissen Hunderte gut ausgebildeter Redakteure raus, auch Rundfunksender und Internetanbieter entdeckten den Charme des freien Mitarbeiters, den man tageweise entlohnt und nicht als festen »Personalkostenblock« an sich bindet. Wir lernten, dass auch Professoren unrecht haben und dass ein Job, sobald er vom Arbeitgeber in »Praktikum« umbenannt wird, wenn es gut läuft, 50 Euro pro Woche bringt. Auch lange nach dem Abschluss manövrieren viele zwischen Zeitvertrag und Teilzeitjob. Wir wissen, welche Zeitungen Hungerlöhne von 130 Euro für komplette Artikel zahlen und von welchen Aufträgen man leben kann. Gut, dass der Professor uns damals nicht auch noch ermutigt hat, Kredite aufzunehmen – risikofrei, wegen der nahenden Festanstellung.

Man müsse sich daran gewöhnen, dass Bildung etwas kostet, sagt Rektor Christopher Jahns. Was umsonst sei, sei oft auch nichts wert.

Nachdem etliche staatliche Universitäten in Nordrhein-Westfalen eine im Vergleich zur EBS geradezu läppische Studiengebühr von 1000 Euro pro Jahr eingeführt hatten, sank die Zahl der Studienanfänger zu Beginn des Wintersemesters 2006/2007 um zehn Prozent. Dass zwischen Gebühren und der Zahl der Studenten ein kausaler Zusammenhang besteht, bestreiten die Bildungspolitiker und verweisen darauf, dass die Zahl der Studenten nach einem ersten Gebührenschock meist wieder ansteigt. Fakt ist: Seit 2004 schreiben sich in Deutschland jedes Jahr weniger Erstsemester ein. Dabei steht im Koalitionsvertrag der Bundesregierung, dass der Anteil der jungen Menschen, die studieren, auf 40 Prozent pro Geburtsjahrgang steigen soll. Im Wintersemester 2006/2007 fiel man auf 35,5 Prozent zurück. Ein Debakel. Im Herbst 2007 gab es für Deutschland sogar offiziell Ohrfeigen: Die Organisation für wirtschaftliche Entwicklung und Zusammenarbeit (OECD) rügte die Bundesregierung in ihrem Bildungsbericht. Deutschland sei im Ranking der Industriestaaten bei der Quote der Hochschulabsolventen innerhalb von dreißig Jahren von Platz zehn auf Platz zweiundzwanzig abgerutscht, so der Bericht. Im Schnitt studiere in den anderen Ländern über die Hälfte jedes Jahrgangs.

Noch. Denn in England zum Beispiel brachen nach der Erhöhung der Gebühren auf über 4500 Euro pro Jahr vor allem Studenten aus der Mittel- und Unterschicht ihr Studium ab. Diejenigen, die durchhielten, versuchen, die Kosten mit Jobs zu decken. Über 80 Prozent der englischen Studenten arbeiten nebenher, trotzdem haben viele am Ende

Schulden in Höhe von über 30 000 Euro. Auch den USA hat eine Studie des *Education Trust* gerade attestiert, dass die Universitäten des Landes stetig »reicher und weißer« würden, weil die Gebühren, die mittlerweile auch an staatlichen Universitäten im Schnitt auf 12 000 Dollar pro Jahr gestiegen sind, ärmere Studenten vom Studium abhielten.

Vielleicht hilft auch in diesem Punkt der von der Wirtschaft so oft geforderte Blick nach Asien, nach China zum Beispiel. Dort ist die Zeit nach den Aufnahmeprüfungen für die Universitäten die Zeit des Sterbens. *Xuefei cuiming* heißen sie – die »Schulgebühr-Selbstmorde«. Die Opfer, schreibt die *Süddeutsche Zeitung*, seien die Eltern erfolgreicher Schüler, die kein Geld für die hohen Hochschulgebühren haben. Mindestens 8000 Yuan, gut 800 Euro, verlangen chinesische Universitäten pro Jahr. Das ist das Jahreseinkommen eines Durchschnittsverdieners in der Stadt. Auf dem Land haben die Menschen im Schnitt nicht mehr als 3000 Yuan.

Li Haiming, ein Bauer, hat sich in einem Türrahmen erhängt, nachdem seine Tochter Lingling die Prüfung an einem Kolleg bestanden hatte. Er sei ein »nutzloser Vater«, weil er die Gebühren nicht zahlen könne, sagte er vor seinem Tod. Nachdem Chen Li seinen Vater aus der Stadt angerufen hatte, um ihm überglücklich zu erzählen, dass er die Uni-Aufnahmeprüfung geschafft hatte, trank der Vater eine Flasche giftigen Chemiedünger. Auch die neunzehnjährige Wang Jingna trank Düngemittel, um zu sterben. Sie hatte die Aufnahmeprüfung für eine Hochschule in der Provinzhauptstadt bestanden. Rund 1300 Euro hätte sie an Gebühren zahlen müssen. Das Mädchen hatte die Dorfverwaltung um einen Kredit gebeten, ihn aber nicht bekommen.

Natürlich habe ich diesen Exkurs in dem Gespräch mit Rektor Christopher Jahns nicht unterbringen können. Die Uhr lag schließlich zwischen uns, die halbe Stunde lief. Er hätte die Geschichten aus China sicher zu Recht für etwas radikal gehalten. Und Nordrhein-Westfalen, England und die USA?

Christopher Jahns weiß, dass die Gebühren seiner Hochschule Studenten aus ärmeren Familien abschrecken. Er will noch mehr Stipendien organisieren und wünscht sich, dass das deutsche Fördersystem umgebaut wird. Bislang können Studenten, deren Eltern wenig Geld haben, BAföG beantragen. Da der Bund diese Hilfe seit Jahren nicht erhöht hat, liegt der Maximalsatz bei mageren 585 Euro. Davon kann kein Student leben. Im teuren Oestrich-Winkel schon gar nicht. Deshalb will Jahns das Geld bündeln und die Zahl der Empfänger reduzieren. »BAföG kriegt ja eigentlich jeder. BAföG ist ja nun kein Leistungsförderungssystem. Das wird je nach finanzieller Bedürftigkeit bezahlt. Überlegen Sie mal, wie viel Geld da pauschal ausgegeben wird. Es wäre besser, nach Leistung zu differenzieren und gestaffelt zu fördern. So könnte man die wirklich Besten der BAföG-Berechtigten raussuchen, die besten zehn Prozent etwa, und deren Studium komplett fördern.«

»Und die anderen dann gar nicht?«

»Die müssen dann versuchen, ihr Studium anders, also auf eigenes Risiko, zu finanzieren, oder erst einen Beruf erlernen.«

Mehr Wettbewerb ist seine Kernidee. Jahns hält wenig von Professoren, die Verträge über zwanzig oder dreißig Jahre haben wollen. Seine Wünsche: *change the system* und *change the culture*. Auf Deutsch: eine komplette Entbürokratisierung der Hochschule. Leistungsgedanke statt Besitzstandswahrung, nennt Jahns das. »Ich finde es so traurig, dass »Elite« in Deutschland so lange ein Schimpfwort war. Klar, wir haben unsere Vergangenheit. Ich wohne in der Schweiz. Und obwohl die Schweizer eher reserviert sind, ist bei denen ganz klar, dass sie stolz darauf sind, dass einige ihrer Hochschulen Elite ausbilden. Dass die Wirtschaftselite, die Politikelite, die Literaturelite dort an diesen Universitäten entsteht. Das ist hier so lange verpönt gewesen. Und das stimmt mich echt traurig. Wir haben uns hier einfach nur am Mittelmaß ausgerichtet und hatten ein total falsches Verständnis von Gerechtigkeit.«

»Was war das für ein Verständnis?«

»Unser Verständnis ist, dass der Schwache – ich spreche von weniger Begabten, nicht von weniger Betuchten – immer mitgenommen werden muss. Dadurch richtet sich automatisch viel am Mittelmaß aus. Man hat hier viel mehr den Willen, dem Schwachen zum Mittelmaß zu helfen, als den Guten weiterzubringen. Und das empfindet man auch als gerechter. Für mich ist das ein falsches Verständnis. Gerechtigkeit heißt, jeden nach seinen Fähigkeiten, also auch den Guten besonders zu fördern, wie den Schwachen auf ein Mittelmaß zu bringen. Wenn ein System dem Schwachen die Chance gibt, zurechtzukommen, finde ich das sozial richtig. Die Frage ist, ob das so organisiert werden muss, wie wir das machen – ohne Differenzierung von Angeboten. Damit habe ich ein echtes Problem. Was passiert denn heute? Die richtig guten Leute, die wählen vielleicht ein, zwei, vielleicht noch drei Hochschulen hier, die sich anders organisiert haben, und die anderen, die gehen einfach ins Ausland. Das ist eine Katastrophe. Das ist eine Bankrotterklärung. Und deshalb müssen wir einfach auch mit der Förderung der Guten richtig Gas geben und denen sehr, sehr gute Bedingungen liefern.«

»Aber was ist«, frage ich ihn, »wenn sich Deutschland dann drastisch verändert, wenn es dann zwar mehr Gewinner, aber auch mehr Verlierer gibt?«

»Da kann ich nur provokant sagen: Pech gehabt! Es gibt eben Unterschiede. Wir müssen die Leistungsträger heraussuchen, die es übrigens in allen sozialen Schichten gibt. Um die müssen wir uns auch intensiv kümmern. Das sind die, die eine Gesellschaft voranbringen.«

Am Abend sitzen wir in der »Krone«, der guten Stube von Oestrich. Vier von Jahns Studenten und ich. Sie sehen nicht so aus wie die Jungs, mit denen ich sonst abends weggehe. Am Nebentisch empfängt einer ihrer Freunde gerade sein Date und raucht Zigarre. Auch ansonsten ist hier alles etwas gediegener als in den Bars in meinem Viertel. Einer der Jungs trägt zwar eine Sportjacke, aber die ist nicht von H&M, sondern aus der Kollektion des amerikanischen Designers Hilfiger. Trotzdem ist schon nach der ersten Runde zweierlei klar: Die vier sind trotz ihrer Klamotten ziemlich normale Jungs, und ihre Sicht auf die Welt ist nicht so schwarz-weiß wie die ihres Rektors.

Einer finanziert sein Studium über einen Kredit. Zwei Praktika bei Investmentbanken hat er bislang gemacht und dort gemerkt, dass das Gerede von den 16-Stunden-Tagen Realität und nicht Aufschneiderei ist. Es sei nicht so, dass die Arbeit immer nötig und sinnvoll gewesen sei, klagt er. Es gehe oft schlicht darum, bis nach Mitternacht dazusitzen. »Sechzehn Stunden pro Tag arbeiten, wenn es läuft, hunderttausend pro Jahr verdienen, und mit dreißig Jahren stirbt man an Herzinfarkt«, fasst sein Freund das Leben, das einen jungen Investmentbanker erwarten kann, zusammen. »Aber wenn ich es nicht mache, wie soll ich dann den Kredit zurückzahlen?«, fragt der andere. Dann erzählt er, dass er so ein Investmentbanker-Leben nicht will. Er will Familie, sagt er, und seine Kinder auch mal sehen. Der Student, der neben mir sitzt, im Rauten-pullunder und mit zurückgegelten Haaren, sagt, man müsse das ganze Gerede von wegen Topstudenten und Elite mal ganz gelassen betrachten. »Ich bin durchschnitt-lich intelligent und überdurchschnittlich ehrgeizig und fleißig«, sagt er. »Aber wenn meine Eltern sich das hier nicht leisten könnten, wäre ich nicht hier.«

Kurz nach diesem klugen Satz springen wir beide in sein schnelles Auto, das vor der Kneipe parkt. Er rast in den Nachbarort, damit ich meinen Zug noch bekomme. Er lässt mich raus. Ich renne die Treppen hoch, die Tür fällt hinter mir zu, und sofort bin ich in einer anderen Welt. Dieses Gebäude gehört zur Bahnhofsunterschicht. Es ist kein Glas- und Stahltempel wie der Berliner Haupt-bahnhof, kein schmucker mit Metallgewölbe wie der Frankfurter. Es ist ein stinkendes, einsames Backstein-haus, an dessen Wände Jugendliche mit Edding ihre Lie-besschwüre geschmiert haben. Ich will zum Gleis, rüttle an der Tür, doch die ist verschlossen. »Öffnung erst vor Ankunft der Züge« lese ich. Laut Plan fährt der Zug in dieser Minute ab. Ich renne ums Gebäude, stehe vor einem Zaun, laufe zurück, rüttle wieder an der Tür. Sackgasse, schreit der Bahnhof. Ich werde nervös. Dann ertönt die Durchsage, dass mein Zug sich verspäten wird. Ich füge mich, akzeptiere die verschlossene Tür und starre sie während der nächsten Viertelstunde an.

Was ist, überlege ich, wenn sich so ein ganzes Leben anfühlt? Wenn man irgendwie am falschen Ort landet, die falsche Tür benutzt und plötzlich nicht mehr weiß, wie man wieder rauskommt? Können die, denen es besser geht, da einfach sagen: Verlierer – Pech gehabt, es gibt eben Unterschiede? In diesem Moment surrt die Tür. Es geht weiter. Ich darf aufs Gleis, in den Zug, der mich nach Hause fährt.

GEWINNER UND VERLIERER

Es ist zwei Uhr nachmittags. Ich sitze in unserem WG-Wohnzimmer an dem langen Holztisch, den Theo vor Jahren auf einem Flohmarkt gefunden hat. Die hintere Hälfte ist wie immer mit Toms und meinen Zeitungen bedeckt. Statt aufzuräumen, setze ich mich mit Rechner und Kaffee lieber an das etwas wacklige vordere Ende. Abgesehen von den knarzenden Holzdielen ist es ruhig. Hanna lernt in der Bibliothek, die Jungs sind seit gestern in ihren Zimmern. Theo war gerade auf einer Konferenz in Bonn zum Thema Grundeinkommen. Seit ein paar Monaten engagiert er sich in mehreren Gruppen, die eine solche Basisversorgung für jeden Bürger durchsetzen wollen. Jan überlegt, wo er ein Fischerboot mieten kann, das er für eine Protestaktion braucht. Mit dem Boot wollen Aktivisten – als George W. Bush und Angela Merkel verkleidet – durch das Rostocker Hafenbecken fahren. Im Schleppnetz soll eine Erdkugel zappeln. »Die Welt in den Fängen weniger Mächtiger«, so wird ihre Botschaft lauten. Manchmal fühle ich mich hier wie ein neoliberaler Eindringling. Ich arbeite gerne. Wenn es sinnvoll ist, auch nachts oder am Wochenende. Immer wieder kommt es vor, dass meine Arbeitstage ähnlich viele Stunden haben wie die eines Investmentbankers. Ich habe nichts gegen Leistung und auch nichts gegen ein System, das im Großen und Ganzen nach den kapitalistischen Regeln des Marktes funktioniert.

Kurz nach meinem fünfzehnten Geburtstag habe ich im Kino unserer Stadt angeheuert. Dort konnten die Zuschauer während der Vorstellung über eine Telefontastatur Popcorn und Getränke ordern. Wir mussten die Bestellung in einem Korb ins dunkle Kino tragen, gebückt von Reihe zu Reihe laufen, ohne zu stören abrechnen und kassieren. Wir bekamen keinen festen Stundenlohn, sondern wurden nach Leistung bezahlt. Zehn Prozent unseres Umsatzes durften wir behalten. Im Lauf des Abends habe ich das Geld in meinem Portemonnaie immer wieder durchgezählt und am Ende meine Scheine entgegengenommen. Wenig später strich ich in unserer Lokalzeitung meine Artikel an und addierte ähnlich zufrieden das Zeilengeld, das ich bekommen würde. Als ich meinen ersten Fernsehbeitrag fertig hatte, verkündete ich meinen Eltern nicht nur den Sendetermin, sondern vermeldete auch stolz meinen Kontostand, nachdem das Honorar eingegangen war.

Trotzdem reagiere ich reflexartig abwehrend, wenn ich höre, dass wir mehr Wettbewerb brauchen, dass wir die Spitze fördern und Verlierer in Kauf nehmen müssen. Automatisch versuche ich, eine Art Grundrecht auf Gleichheit, auf Selbstverwirklichung und sicher auch auf ein bisschen Faulheit zu verteidigen. Bernd hatte gesagt, dass er unverkrampft in den Wettbewerb um Leistung einsteige. »Es ist eine Sache, die ist da, und die nehme ich an«, meinte er. »Und da gibt es Gewinner und Verlierer – mal ist man Gewinner, mal ist man Verlierer. Wobei man natürlich häufiger Gewinner sein will.«

Als ich meinen Freunden von den Menschen erzähle, die ich bislang getroffen habe, spotten die meisten. Über die Schnösel im Anzug, über Marios platte Sprüche, über Bernds Ehrgeiz. Keiner glaubt, dass solche Hochleistungsleben glücklich machen. »Aber was ist«, fragt mein Freund, »wenn das irgendwann die Standards sind? Wenn wir dann gar keine Chance mehr haben?«

Tom hat so lange studiert, dass er für die letzten Semester bezahlen musste. Mein Bruder auch. Ein Freund weiß nicht, was nach seinem Praktikum kommt. Ein anderer erzieht sein Kind und hat lange gebraucht, um einen Job zu finden. Sind sie Verlierer? Für mich nicht. Der Mann, mit dem ich lebe, mein cooler großer Bruder, der intelligente, nachdenkliche Vater: Wieso sollten sie Verlierer sein? Ausbildung beendet, Liebe gefunden, Kind erzogen: Als meine Eltern jung waren, reichte das, um ganz zufrieden irgendwo im Mittelfeld leben zu dürfen. Heute haben viele meiner Freunde Angst, dass ihre Anstrengungen nicht mehr reichen, dass sie durchrutschen werden, nach unten. Schuld, darin sind wir uns an unserem WG-Tisch stets einig, wären dann nicht wir, sondern die Umstände, die Ungerechtigkeit, der neoliberale Zeitgeist, den viele, die ich bisher getroffen habe, so mühelos und überzeugend verkörpern. So überzeugend allerdings, dass mit ihnen auch die Zweifel an solchen Rechtfertigungen für die eigene Biografie in mein Leben getreten sind, der ungute Verdacht, dass wir vielleicht selber schuld sind, wenn wir scheitern.

Vielleicht müssten wir alle umdenken. Vielleicht sollten wir akzeptieren, dass ein Wettbewerb begonnen hat, in dem die Regeln nicht mehr ausdiskutiert, sondern von anonymen Globalisierungskräften diktiert werden. Vielleicht braucht ein Land wirklich eine Art Auswahl, eine Elite also, die es in diesen Wettbewerb entsendet, um im Kampf um Anteile an der Weltwirtschaft punkten zu können. Aber selbst wenn ich diesen Bedarf, eine Leistungselite zu formen und zu fordern, akzeptiere, bleibt die alles entscheidende Frage: Wem soll dieses Privileg zugutekommen? Für welche Leistung bekommt man im Leben Punkte gutgeschrieben? Und wer maßt sich an, Schiedsrichter zu sein? Wer rechnet am Ende ab und schickt vielleicht Bernd und Mario in die Champions League und uns in den UI-Cup?

DER LEBENSLAUFFORSCHER

Ich bin spät dran. Als ich mein Fahrrad anschließe, fürchte ich, dass der Mann, der mir heute diese Fragen beantworten könnte, schon gegangen ist. Denn jemanden, der nach Professor aussieht, finde ich weder vor noch in dem als Treffpunkt vereinbarten Berliner Café.

Glücklicherweise ist Michael Hartmann noch da. Er steht neben einer kleinen abgewetzten Ledertasche auf dem Bürgersteig. Er ist so unmodisch gekleidet, dass es fast wie ein Statement aussieht. Sein blaues T-Shirt ist zerknittert, sein Schnauzer ignoriert jeden Trend. Hartmann ist Professor, Altachtundsechziger, bekennender Linker. Ungewöhnlich ist, dass er in der Wissenschaftswelt fast unumstritten ist, dass seine Forschungsergebnisse auch von der Wirtschaft akzeptiert sind. Hartmann hat sich anders verhalten als viele andere Linke. Er hat nicht, wie diese, im sicheren Glauben, auf der richtigen, der guten Seite zu stehen, jahrzehntelang seine Thesen wiederholt, sondern er hat die Zeit genutzt, um Beweise zu finden.

Hartmann ist ein Sammler, ein ganz hartnäckiger sogar. Er hat Tausende Lebensläufe Hochqualifizierter ausgewertet und gilt als der einzige Eliteforscher des Landes. Ein Titel, den er stolz trägt, obwohl er den Begriff »Elite« ablehnt. »Ich will von dem Begriff weg. Ich kann mir das für eine Einzelperson alles wunderschön zurechtlegen, aber wenn ich von Elite rede, rede ich von einer sozialen Gruppe. Dann rede ich von Herrschaft und Machtverhältnissen. Sonst macht das keinen Sinn. Der Begriff ist von seiner Herkunft und Verwendung her eindeutig. Es muss immer die anderen geben. Das ist das Konzept, das dahintersteckt. Deshalb sage ich immer, wenn versucht wird, diesen Begriff sozial passförmiger zu machen, dass das einfach nicht geht. Mit dem Begriff ›Elite‹ ist aus vielen Gründen ein Konzept verbunden, das eine Spaltung der Gesellschaft vorsieht. ›Elite‹ heißt ›Masse‹ auf der anderen Seite. Anders lässt sich das nicht denken.«

»Wie wird versucht, den Begriff sozial verträglich zu machen?«

»Indem man darauf hinweist, dass das alles Leistungseliten sind. Leistung, das heißt ja, man steigt Stück für Stück auf. Es gibt eine große Pyramide. Alle haben ähnliche Startvoraussetzungen, und jeder kann es theoretisch schaffen. Dieses Pyramidenbild ist aber falsch. Es gibt keine Pyramide. Es ist eher eine Sanduhr mit einem ganz kleinen Kopf – und einem ganz engen Hals, und ob man den überwindet, das hat auch mit Leistung, aber nicht ausschließlich und nicht mal vorrangig damit zu tun.«

Michael Hartmann ist überzeugt, dass die Leistungselite ein Mythos ist. Ein Mythos, der bewusst geschaffen wurde, weil Leistung das einzige Kriterium ist, das die Masse für die Auswahl einer Elite akzeptieren würde. Heißt es doch, dass jeder, der talentiert, strebsam und fleißig ist, dazugehören kann. Dieser Glaube, sagt Hartmann, sei ein Trugschluss. Das Gerede vom Wettbewerb der Besten sei vorgeschoben. Er hat sich mit seinem Team 6500 Lebensläufe von promovierten Ingenieuren, Juristen und Wirtschaftswissenschaftlern angeschaut. Der Doktortitel ist der höchste Bildungsabschluss, der in Deutschland zu erreichen ist. »Daher sollten Kinder aus Arbeiter- und Angestelltenfamilien mit der Promotion dasselbe Maß an Eignung und Mühe bewiesen haben wie ihre Mitstudenten aus bürgerlichen Familien«, beschreibt Hartmann seine Versuchsanordnung.

Sein Ergebnis ist eindeutig: Nicht die Qualifikation, sondern die soziale Herkunft entscheidet über die Aufstiegschancen. Mittelschichtkinder machen trotz des Doktortitels vor allem in der Wirtschaft wesentlich seltener Karriere als ihre Konkurrenten aus besseren Familien. »Wir haben festgestellt, dass von den Vorstandsvorsitzenden der hundert größten deutschen Unternehmen 85 Prozent aus dem gehobenen Bürgertum und dem Großbürgertum stammen«, sagt Hartmann. Eine enorme Quote, vor allem weil gerade einmal 3,5 Prozent der Deutschen dieser Oberschicht angehören. Nur 15 Prozent der Vorstände seien in Mittelschicht- oder Arbeiterfamilien geboren, Schichten, aus denen die übrigen 96,5 Prozent der Bevölkerung stammen. Die Oberschichten stellten zudem fast zwei Drittel der oberen Verwaltungsbeamten, und auch in der Politik, früher die »Elite der Aufsteiger«, ließe sich ein Prozess der »Verbürgerlichung« beobachten, meint Hartmann. »Selbst durch den Erwerb des höchsten Bildungstitels ist es also nicht möglich, das Handicap einer nichtbürgerlichen Herkunft auch nur annähernd auszugleichen. Das Elternhaus beeinflusst den Zugang zur deutschen Elite ganz direkt.« Im direkten Vergleich ganzer Promotionsjahrgänge hat er festgestellt: Bei gleichem Abschluss ist die Chance eines Kindes aus großbürgerlichem Elternhaus, einen Vorstandsposten in einem Großkonzern zu ergattern, zweieinhalb Mal so groß wie die der Mitstudenten aus der Arbeiterklasse oder der Mittelschicht. Statt einer Auswahl der Besten träfen die Entscheider eine Auswahl der sozial Ähnlichen. Hartmann erzählt stolz von führenden Vertretern der Wirtschaft, die ihm gestanden hätten, wie sehr diese Ergebnisse sie schockiert hätten. Die meisten, sagt er, seien tatsächlich von ihren Auswahlverfahren überzeugt gewesen.

Der Aufstieg in die Elite funktioniert nicht nach formalisierten und nachvollziehbaren Regeln. Es gibt keine Punktetabellen, keine Ranglisten, an denen man die eigenen Chancen ablesen kann. Die Auswahl der Privilegierten erfolgt in Gesprächen. In Gesprächen, die meist die amtierende Elite mit ihren möglichen Nachfolgern führt. »Dabei wird sehr viel weniger nach rationalen Kriterien entschieden, als man gemeinhin vermutet«, stellt Hartmann fest. »Der Druck, unter dem Topmanager bei ihren Entscheidungen stehen, und die häufig äußerst unsichere Informationsbasis, aufgrund derer sie diese Entscheidungen treffen müssen, lassen sie nach Männern suchen, denen sie vertrauen oder deren Persönlichkeit sie zumindest gut einschätzen können.«

Manche Manager begründen ihre Auswahl mit dem Satz: »Die Chemie hat gestimmt«, andere erkennen sich selbst in dem Bewerber wieder und sagen: »Mit dem könnte ich ein Bier trinken gehen.« Wissenschaftler sprechen von Habitus, die despektierliche Variante heißt »Stallgeruch«. Letzten Endes beschreibt alles dasselbe Prinzip: Je ähnlicher ein Bewerber dem, der entscheidet, ist, desto besser. Kinder aus gutem Hause haben in diesem Spiel einfach die besseren Karten, sagt Hartmann. Sie seien mit den in Vorstandsetagen gültigen Dress- und Verhaltenscodes vertraut, hätten meist eine breite, bildungsbürgerlich ausgerichtete Allgemeinbildung, eine ausgeprägte unternehmerische, risikofreudige Einstellung und seien in der Regel souveräner und selbstsicherer. »Aufsteigern fehlt diese Souveränität. Sie haben Angst davor, wieder dorthin zu müssen, wo sie herkommen.«

»Und wie könnte man es hinbekommen, dass Leistung doch mehr zählt als die soziale Herkunft?«

»Obwohl ich eigentlich für individuelle Lösungen bin und es mir völlig widerstrebt, verteidige ich alle Verfahren, die formalisiert sind. Wenn man zum Beispiel nach Noten geht, gibt es auch schon eine soziale Schieflage, weil die Notengebung in der Schule sozial nicht gerecht ist. Aber alles, was an Auswahlverfahren noch dazukommt, macht es nur noch schlimmer.« Leadership, Persönlichkeit, Auftreten – das sind für Michael Hartmann höchst ungeeignete Auswahlkriterien, da sie formbar und schlecht überprüfbar seien. Es sei wie ein Wettbewerb, sagt er, der nach Regeln funktioniere, die nur Eingeweihte kennen könnten. Ein unfaires Rennen, das die, die von oben kommen, gewinnen müssten.

Deshalb sei das mit der Leistungselite eben Unsinn, sagt er, als er mit seiner Ledertasche zur U-Bahn läuft. Zu Hause lese ich seine Studie und bleibe lange vor seinem Fazit sitzen. Er schreibt: »Wenn Manager und Politiker ein Ende der Gleichmacherei fordern und ein Mehr an Leistungsgerechtigkeit, lässt sich aus der Studie nur eine Schlussfolgerung ziehen: Es geht gar nicht um Leistungsgerechtigkeit, sondern um die Bewahrung und den Ausbau ihrer privilegierten Position. Mit dem ständigen Verweis auf das Prinzip der Leistungsgerechtigkeit werden nicht nur die entscheidenden Karrierevorteile, die Bürgerkinder aufgrund ihrer Herkunft besitzen, vollkommen ignoriert, sondern es wird zugleich versucht, die daraus resultierenden, immer krasser werdenden Unterschiede in Macht und Einkommen öffentlichkeitswirksam zu legitimieren.«

Das klingt nach Klassenkampf, ein bisschen sogar nach Verschwörungstheorie. Aber was ist, wenn es stimmt? 49 Prozent der Deutschen, schreibt die *Zeit* im März 2007, sind überzeugt, dass die soziale Hierarchie in Deutschland zementiert ist. In Hamburg begleitet ein Forscherteam seit über zwanzig Jahren das Leben von Menschen, die die Schulen der Stadt im Jahr 1979 verlassen haben. Das Fazit der Forscher ist eindeutig: »Früher haben wir wirklich geglaubt, dass man durch Bildung aufsteigen kann«, schreiben sie. »Inzwischen wissen wir: In Deutschland ist das eine Illusion. Nach wie vor ist die soziale Schicht, aus der jemand kommt, entscheidend für den gesamten Lebensweg.« Wenn Hartmann, die Hamburger Forscher und die 49 Prozent recht haben, dann produzieren wir unter dem Deckmantel der Leistungsauswahl brav neue Eliten, die den alten gleichen. Dann nehmen wir in einem von Beginn an unfairen Wettbewerb Verlierer in Kauf, damit die Gewinner weiter ungestört Macht und Privilegien unter sich aufteilen können. Dann wäre es höchste Zeit, Gräben zu ziehen und in Gefechtsstellung zu gehen: Ihr da oben, wir hier unten.

Aber wo würde ich dann überhaupt hingehören? Nach unten, weil mein Vater eine Schlosserlehre gemacht hat und mein Habitus nicht immer astrein ist? Oder nach oben, weil mein Vater inzwischen studiert hat, genau wie meine Mutter, mein Bruder und ich, und weil ich mich bislang auch in persönlichen Auswahlgesprächen oft gut verkaufen konnte? Sieht Hartmann die Welt vielleicht ähnlich schwarz-weiß wie Rektor Jahns? Nur eben andersherum? Trotzdem: Warum spielt in der Elite-Diskussion die Frage, wer dazugehören soll und wer darüber entscheidet, eine so untergeordnete Rolle? Hartmann würde wohl sagen: Weil die Menschen, die die Diskussion vorantreiben, die Privilegierten in der Gesellschaft, kein Interesse daran haben, dass über die Regeln der Eliteauswahl debattiert wird. Denn dann könnte auffallen, dass sie diese Regeln in ihrem Sinne gestaltet haben. Das kann nicht sein, denke ich. Es klingt zu sehr nach Verschwörungstheorie. Gleich ballst du die Faust und singst die Internationale, ermahne ich mich selbst. Außerdem ist es für solche Schlussfolgerungen nach Recherchen bei McKinsey und der EBS viel zu früh. Ich schaue auf meinen Reiseplan: Westerham. Elite-Akademie, steht da. Neun Stunden Zugfahrt sollten reichen, um die Verschwörungstheorien wieder vergessen zu können.

Bayern ist in puncto Elite das, was es im Fußball mal war: unangefochtene Spitze, das Maß aller Dinge. Gut sechshundert Kilometer liegen zwischen Berlin und Westerham, einem Dorf in der Nähe von München. Und doch ist es, als würde ich in ein anderes Land reisen. Überall sehe ich Dirndl und Lederhosen. Es ist das erste Oktoberfest-Wochenende. Bayern München hat gegen Arminia Bielefeld verloren. Draußen sind 25 Grad. Ich bin vergnügt, als ich meinen Koffer zu Carls Auto ziehe.

»Willkommen im Schullandheim«, sagt Carl, als wir wenig später aus seinem alten grauen Golf steigen. Wir sind durch kleine Straßendörfer gefahren, vorbei an Zwiebeltürmen, bis zum Waldrand, wo nur noch ein paar Lichter leuchten.

Meine Reise nach Bayern ist an diesem Punkt der logische nächste Schritt auf der Suche nach der Elite. Man könnte den Freistaat die Heimat der Eliten nennen. Bayern war schon immer stolz darauf, ein Schulsystem zu haben, in dem Leistung zählt. Auslese gilt als wichtig und sinnvoll und ist Ziel des »Eliteförderungsgesetzes«, das in Bayern im Mai 2005 in Kraft getreten ist und für das sich alle bayerischen Abiturienten bewerben können, die mindestens die Note 1,3 geschafft haben. Das Land leistet sich zudem ein teures Elite-Netzwerk, zu dem einundzwanzig Elitestudiengänge und zehn Doktorandenkollegs gehören. Und schon vor Jahren gründete der Freistaat eine eigene Elite-Akademie, wie mir Akademie-Sprecher Markus Huber am Telefon in breitem Bayerisch erklärte. »Wir haben provoziert damals mit dem Begriff, denn von Elite hat sich ja keiner zu sprechen getraut.«

Ich bin gespannt, habe vorher extra mein weißes Cordjackett in die Reinigung gebracht. »Musst dich schon ein bisschen schick machen, wenn du die Elite besuchst«, hatte mein Freund gesagt. Und nun bin ich overdressed. Denn Carl, der erste Vertreter der bayerischen Elite, den ich kennenlerne, trägt ein Sweatshirt mit Aufdruck.

Vielleicht liegt es an seinem Pulli, dass Carl, der gerade siebenundzwanzig Jahre alt geworden ist, viel jünger aussieht. Vielleicht sind es auch die blonden Haare, die im typischen Kleinjungenschnitt in gerader Linie kurz über den Ohren enden. Vielleicht ist es die Harry-Potter-Narbe zwischen den Augenbrauen. Oder es ist die Stimme, die noch längst nicht so erwachsen klingt wie Bernds.

Carl ist einer der Auserwählten, die die Elite-Akademie besuchen. Der Junge mit dem Sweatshirt ist einer mit »Führungsanspruch«, wenn es stimmt, was Huber mir vorher über die Studenten erzählt hat. Parallel zum Studium soll ihnen hier beigebracht werden, wie sie ein Unternehmen zu leiten haben. »Führen, Sich-Führen und Sich-führen-Lassen – Der Weg zur Leadership-Excellence« oder »Führung mit christlichen Tugenden« heißen die Seminare, die Carl und die anderen besuchen. Sechzehn Wochen, auf zwei Jahre verteilt, sind sie hier im kleinen Westerham, vierzig Kilometer von München entfernt. 2600 Euro bezahlen sie dafür. »Gestern hättest du da sein sollen«, sagt Carl. »Da ist der siebte Jahrgang mit einer großen Party verabschiedet worden.« Ich rechne: dreißig Studenten pro Jahr, sieben Durchgänge bislang. Die bayerische Elite hat also durch die Akademie zweihundertzehn neue Mitglieder empfangen können. Respekt.

»Nimm ihren Koffer, Carl«, unterbricht Alexa meine Gedanken. Sie zeigt mir mein Zimmer, erklärt mir, wann und wo es Abendessen gibt, und ermahnt mich, bloß mit allen Fragen zu ihr zu kommen. Carl und Alexa sind wie fast alle Studenten, die ich in den nächsten Stunden treffe, nicht nur nett, sie sind herzlich. Wenn das die christlichen Tugenden sind und sie später ihre Mitarbeiter ähnlich behandeln, unterstütze ich ab sofort die Inhalte der Akademie, denke ich.

Auch das »Schullandheim« gefällt mir sofort. Bayerische Elite-Akademie – da hatte ich prunkvollen Barock erwartet. Dieses Haus aber ist schlicht und stilvoll. Durch riesige Glasfenster blickt man in Richtung Wald. In meinem Zimmer finde ich lasierte Holzmöbel und Wäsche, die weißer und weicher ist, als es der WG-Waschmaschine je gelang. Ich fühle mich wie in einem Landhotel. »Eigentlich ist das hier viel schicker, als es für uns nötig wäre«, sagt ein Student, als wir gemeinsam zum Restaurant gehen. Bescheiden sind sie also auch, denke ich beeindruckt.

Carl, Jahrgangssprecher und charmanter Chauffeur, ist schon da. Höflich macht er mich mit den anderen bekannt. Carl prescht nicht nach vorn wie Mario. Er ist zurückhaltend und überlegt, trotzdem widerspricht er sich manchmal in zwei Sätzen drei Mal. Das gefällt mir. Besonders schwer tut er sich damit, die für mich entscheidenden Fragen zu beantworten: »Was ist Elite? Und warum gehört ihr dazu?«

»Elite sein, das heißt, Verantwortung zu übernehmen, sich für andere zu engagieren«, sagt er. »Aber ich finde es nicht gut, dass die Akademie sich selbst so nennt. Besser wäre es, wenn andere das über uns sagen würden.«

Von wem Carl diese Einschätzung wohl akzeptieren

würde? Denn die anderen, die gern über Elite reden, die Berater, die Absolventen der privaten Wirtschaftsunis, die mag er nicht so sehr. Ihm graust vor Menschen, denen es nur um die eigene Karriere geht – Karriere ohne eine große Idee dahinter, wie er sagt.

»Was ist deine Idee?«, frage ich.

»Ich möchte christliche Ideale vertreten, möchte, dass Nächstenliebe auch in der Wirtschaft und Politik zählt. Wer Geld verdient, soll Stiftungen gründen, Gutes tun, dafür möchte ich kämpfen.« Carl will als Trainee bei der Deutschen Bank einsteigen, der Ackermann-Bank. »Da hast du dann ja viel zu tun«, lache ich.

»Ja«, sagt Carl ernst. »Aber soll man deshalb aufgeben?«

Wie billig von mir, seine Ziele sofort als vorgeschoben, als naiv abzuqualifizieren. So kontert man Idealisten doch immer aus. Stiftungen also, der große Trend aus den USA. Warum nicht? Carls Stiftung wäre die »Von-Tippelskirch-Foundation«, denn so heißt Carl, der Spross eines alten Adelsgeschlechts. Ihm ging es nie schlecht. Sein Jurastudium an einer Privatuni kostete über 30 000 Euro. Jetzt promoviert er in München. Ihm geht es darum, zu untersuchen, ob man nicht Straf- und Zivilprozesse in vielen Fällen zusammenziehen könnte. Das spare Zeit und Geld, sagt er und wäre gut für die Opfer. Die bekämen nicht nur zügig recht, sondern auch schnell Entschädigungen oder Schmerzensgeld.

Carl ist einer, der Ungerechtigkeiten schlecht erträgt, der sich für andere einsetzt, sich um sie kümmert. Während seines Studiums hat er in St. Pauli bei einer kirchlichen Rechtsberatung geholfen. Früher hat er Pfadfinder durch die Wälder geführt, jetzt betreut er im Sommer junge Menschen mit geistigen und körperlichen Behinderungen. Einer, ein geistig behinderter Junge, ist sein Patenkind. »Alle hier engagieren sich«, sagt Carl. »Das muss man, um aufgenommen zu werden.«

FIT FOR MORE? Qualify! Enter! Was klingt wie das Intro zum nächsten Level eines Videospiels, ist der Text des neonfarbenen Flyers der Akademie. Da steht, dass der, der reinwill, neben gesellschaftlichem Engagement auch überdurchschnittliche Leistungen in der Schule und an der Uni vorweisen muss. Was aus klugen, motivierten Menschen gleich eine Elite macht, steht hier nicht. Nicht einmal, wie die Leitung den Begriff definiert, ist erklärt.

Ich frage also weiter. Alle, die ich anspreche, kichern. Gerade hat der Pressesprecher eines großen bayerischen Unternehmens, dessen Namen ich nicht nennen darf, den Studenten beigebracht, dass sie niemals allein mit Journalisten reden und auf keinen Fall ihre Visitenkarte abgeben sollen. »Im besten Fall haben Sie später im Unternehmen eine Kultur, die negativ sanktioniert, wenn jemand an die Medien geht«, sagte er. Als Merksatz schärfte er den Studenten ein: »Journalisten sind brandgefährlich.« Endlich erfahre ich, wie konsequent Pressesprecher Managern die Lust an einem offenen Interview austreiben. Zum Glück haben Carl und die anderen diese undemokratischen Lehrsätze noch nicht verinnerlicht. Das Mauern und Schweigen, das viele Führungskräfte so unerträglich macht, ist ihnen bislang fremd. Meine Frage »Was heißt denn Elite?« darf ich noch jedem von ihnen stellen.

Anne, die gerade dreiundzwanzig Jahre alt ist, in Deutschland und den USA aber schon mehr Studiengänge belegte, als ich mitschreiben kann, und gerade ihren Abschluss in »Internationalem Kapitalrecht« macht, die sich gleichzeitig bei der Jungen Union engagiert und eine Computer-Community für sozial benachteiligte Jugendliche organisiert, die außerdem begeisterte Tangotänzerin und -lehrerin ist, meint, Elite unterscheide sich von anderen durch eine höhere Leistungsfähigkeit, eine höhere Leistungsbereitschaft. Das glaube ich ihr auf der Stelle. An der Uni habe sie schon oft erlebt, dass manche sich bei Gruppenprojekten mitziehen lassen, nichts tun, faul dabeisitzen, das gäbe es hier nicht. »Ich kann auch in Debatten ein viel breiteres Wissen voraussetzen«, sagt sie. »Wenn ich zum Beispiel ›Five-Forces-Modell‹ in den Raum werfe, versteht es jeder. An der Uni nicht.«

Ich denke daran, dass ich schon Gruppenreferate gehalten habe, bei denen andere die Arbeit gemacht haben. Ich erinnere mich, dass ich gern die Letzte in der Reihe der Vortragenden war, in der Hoffnung, die anderen würden so lange reden, dass ich nicht mehr drankäme. Da ist es wieder, das mulmige Gefühl bei dem Gedanken an einen ständigen Wettbewerb. Lass den anderen doch das bisschen Faulheit, will ich sagen. Aber Anne ist schon sieben Themen weiter. Sie erklärt mir gerade, dass die Studenten hier auch zu einer »Elite der Menschlichkeit« erzogen würden. »Wir haben schon einen Grundkonsens an Werten.«

Höflichkeit, Respekt und Bescheidenheit habe ich ja schon genießen dürfen. »Eher wirtschaftsnah und sehr brav«, würden wohl Leute sagen, die es schlecht mit ihnen meinen, erzählt mir ein Student. Brav und bescheiden, fleißig und vernünftig. Die Elite des Freistaats scheint die »pragmatische Generation«, wie die Macher der Studie »Jugend 2006« die bis Fünfundzwanzigjährigen getauft hat, gut zu repräsentieren. Seit 1968 habe die Jugend Werte wie »Selbstverwirklichung« und »Engagement« hochgehalten. Das sei jetzt vorbei, schreiben die Forscher. Stattdessen erlebten Werte wie Leistung, Sicherheit und Macht, Tugenden wie Fleiß und Ehrgeiz nun eine Renaissance. Die Zeitschrift *Karriere* hat im Jahr 2006 über siebenhundert Oberstufenschüler nach ihren Träumen und Zielen befragt. Revoluzzer, Rambos und Jammerlappen suche man unter den Jugendlichen vergebens, lobt die Zeitschrift. »Die Erwachsenen von morgen sind leistungsbereit, pragmatisch und optimistisch.« Auch mein Fast-Arbeitgeber, die Unternehmensberatung McKinsey, hat gemeinsam mit dem *manager magazin* die Ansichten junger Menschen untersucht. McKinsey werden die Ergebnisse gefallen haben: 73 Prozent sagen, ihr Traumjob sei ein sicherer Job. Im Schnitt erwarten die Studenten, achtundvierzig Stunden pro Woche arbeiten zu müssen, nur 22 Prozent glauben, schon mit fünfundsechzig in Rente gehen zu können. Wer im Job so viel leistet, sehnt sich privat offenbar nach ein bisschen Ruhe. Werte wie Familie, Treue oder Religion sind der »pragmatischen Generation« so wichtig wie kaum einer vor ihr.

An diesem Abend wird in Berlin und in Mecklenburg-Vorpommern gewählt. Ich liebe Wahlen: den Countdown vor der ersten Prognose, die Hochrechnungen mit im besten Fall ständig wechselnden Mehrheiten, das amtliche Endergebnis und natürlich meine Lieblingsgrafik, die zur Wählerwanderung. Ich weiß, dass meine Freunde jetzt in der WG vor dem Beamer hocken. Vielleicht servieren sie Kanapees und Sekt wie bei der letzten Bundestagswahl.

An der Elite-Akademie kann von Wahlbegeisterung nicht die Rede sein. Um kurz nach sechs hatte einer gejauchzt, weil die Grünen in Mecklenburg den Einzug in den Landtag verpasst haben. Aber schon jetzt, um

18 Uhr 11 bei der ersten Hochrechnung, hocke ich allein vorm Fernseher. Nur 39 Prozent der »pragmatischen Generation« interessieren sich überhaupt für Politik, schreiben die Jugendforscher. Auch in diesem Punkt scheint die Elite nichts weiter zu sein als Repräsentant des Durchschnitts, nur eben mit besseren Leistungen. Ich vermute, es werden fleißige, moralisch integre und verantwortungsbewusste zukünftige Führungskräfte sein, die hier in einem Jahr ihr Abschlusszeugnis, ihr Elite-Zertifikat, erhalten werden. Aber reicht das? In dem Wort »Elite« schwingt so viel mehr mit als in der funktionalen Beschreibung »die besten zehn Prozent jedes Jahrgangs«. Wer »Elite« sagt, meint doch auch Vorbild, Orientierung und Avantgarde, oder? Der Nationalökonom Wilhelm Röpke hat gesagt: »Eine wahre Elite würde eine Stellung über den Klassen, Interessen, Leidenschaften, Bosheiten und Torheiten der Menschen einnehmen. Sie würde sich auszeichnen durch ein exemplarisches und langsam reifendes Leben der entsagungsvollen Leistung für das Ganze, der unantastbaren Integrität und (…) durch unerschütterlichen Mut im Eintreten für das Wahre und Rechte.« Sicher, das ist viel verlangt. Aber es wird ja auch niemand dazu gezwungen, sich Elite zu nennen.

Beim Abendessen ist das große Thema die Bayern-Reise von Papst Benedikt. Einige Studenten haben ihn getroffen. »Mit dem Wolfgang«, erzählen sie mir, »hat er sogar zwei Minuten geredet. Das Hemd, das der anhatte, hängt er jetzt hinter Glas.« Die niedlichste Geschichte über Werte erzählt mir ein Student abends, als wir nebeneinander auf einem der Cordsofas sitzen. »Es gibt hier gerade nur zwei Paare«, sagt er. »Zwei Paare bei sechzig jungen Menschen. Das finde ich schön.« Ich schaue überrascht – und meine, dass das eine extrem schlechte Ausbeute sei. Er sagt, dass ich wissen müsse, dass seine Freundin Sozialwissenschaften studiere und ihm erklärt habe, dass sich genau in dem Alter, in dem sie jetzt seien, mit Anfang zwanzig eben, die meisten Paare fänden. »Trotzdem sind hier alle bei ihren alten Partnern geblieben und haben sich keine neuen in der Akademie gesucht. Das finde ich sehr gut.« Die bayerische Elite ist also eine treue.

»Ich werde nicht Karriere um jeden Preis machen«, sagt Anne. Sie sei ehrgeizig. »Aber hundertzwanzig Stunden pro Woche zu arbeiten würde mich stören.« Sie will Familie. Und das bedeute, erklären mir ihre männlichen Kollegen, dass die Frau nun mal eine Zeit lang nicht arbeiten könne. »Das ist die Natur«, sagen sie. »Wie willst du das denn sonst machen?« – »Krippenplatz, die Großeltern kümmern sich, der Mann bleibt zu Hause«, beginne ich aufzuzählen. Sie starren mich an, ich sie. Wir sind uns in diesem Moment ziemlich fremd. »Vielleicht ist das Bayern«, schlägt mein Freund am Telefon vor. Dann fragt er: »Was erwartest du an solch einer Akademie? Protestler und Revolutionäre?« – »Wäre schön gewesen«, sage ich. Wahrscheinlich hat er recht. Die Elite hier wird von Gremien gekürt, in denen Menschen aus Wissenschaft und Wirtschaft sitzen. Die werden kaum nach Leuten suchen, die zum Beispiel die Verteilung von Macht und Einfluss grundsätzlich infrage stellen. Man holt sich ja nicht die eigenen Grabschaufler ins Haus. Dachte ich. Bis ich mit Professor Franz Durst und Christine Hagen, den akademischen Leitern der Akademie, zusammensitze.

»Ich hätte gern ein bisschen mehr Rebellen«, sagt Professor Franz Durst, ohne dass ich ihn auf meine Zweifel angesprochen habe. Man versuche, die Jury zu ermuntern, auch anderen, vielleicht auch schwierigen Kandidaten eine Chance zu geben. Aber das sei nicht so einfach. »Ich habe das Gefühl«, sagt er, »dass die deutsche Wirtschaft die Smoothlinge möchte. Nicht die, die anecken. Ich kann mir vorstellen, dass das problematische Leute sind. Aber ich bin der Auffassung, wenn ein Vorstandsvorsitzender als seinen Assistenten den einstellen würde, der ihn vom Stuhl fegen kann, dann würde die deutsche Wirtschaft funktionieren.« – »Und mehr Frauen wären schön«, fügt seine Kollegin Hagen hinzu. Wie an der European Business School liegt auch hier der Anteil der Studentinnen bei etwa einem Drittel. Die deutsche Nachwuchselite ist noch immer männlich dominiert. »Man muss das konservative Familienbild verändern«, sagt Christine Hagen, selbst Mutter zweier Kinder. »Vor allem hier in Bayern.« Ich blicke auf Franz Durst, den sechsundsechzigjährigen Professor im schwarzen Anzug, und auf Christine Hagen, die achtundvierzigjährige Juristin im strengen blauen Rock. Ich ahne, dass ich meine Rebellen gefunden habe.

Wenn man sich viele Privatschulen oder teure Universitäten anschaue, sagt Christine Hagen, müsse man den Eindruck gewinnen, dass es nicht mehr darum gehe, die »wirkliche Elite, die Potenziale hat«, zu fördern, sondern eine Art neuen Adel zu begründen. Dies widerspräche der ursprünglichen Bedeutung des Begriffs »Elite«, wie er zur Zeit der Französischen Revolution geprägt worden sei. Elite, Menschen, die sich ihre gesellschaftliche Rolle durch Begabung und Leistung selbst verdient hätten, hätte im Gegensatz zu Adel und Klerus gestanden, die ihre soziale Position nur geerbt hätten. »Auch heute werden Geld und Einfluss vererbt«, sagt Christine Hagen. »Eine Gesellschaft aber, in der nur Erben und nicht Leistungsträger an der Spitze stehen, wäre eine Katastrophe.« Sie hoffe, dass ihre Studenten zu solch einer Gesellschaft Nein sagen.

Ziel dürfe nicht allein der persönliche Machterhalt sein, sondern die Verantwortung für die Gemeinschaft. »Die Elite-Akademie will junge Menschen mit großem Potenzial fördern und ihr Wertebewusstsein schärfen. Wir suchen Menschen, die langfristig denken, die nachhaltig wirtschaften wollen, die nicht kurzfristig den Shareholder-Value steigern wollen, sondern an alle Beteiligten denken.« Immer wieder betont sie, dass es ihr Wunsch sei, den Studenten mitzugeben, dass es wichtigere Ziele im Leben gibt als den schnellen Erfolg. Sie plädiert für Mitgefühl statt Ellenbogen, für Menschlichkeit statt Profit. Man solle selbst viel leisten, fordert sie, aber den Blick für Schwächere nicht verlieren. »Wir wollen nicht die Leute, die sagen: Mensch, wie komme ich in der Firma voran? Wie bin ich in der Karriere spitze?«, fügt Professor Durst hinzu. – »Sondern?«, frage ich. »Die Studenten sollten Vorbild sein, Elite als Verpflichtung erleben, Verantwortung übernehmen«, antwortet Durst.

Dennoch hat sich fast ein Drittel der Absolventen zuletzt für eine Karriere in einer der großen Unternehmensberatungen entschieden. Sie haben bei McKinsey unterschrieben oder bei Boston Consulting. Sie verdienen jetzt viel Geld, fahren ein schickes Auto und müssen sich über ihren Aufstieg in der Wirtschaftswelt kaum Sorgen machen. Christine Hagen bestreitet nicht, dass diese Firmen für vieles stehen, was sie ablehnt: für Profit um fast jeden Preis, für Effizienz und Kostenoptimierung. Sie hofft, dass ihre Studenten dennoch resistent bleiben. »Man kann auch einen Beratungsjob anders machen, als er normalerweise durchgeführt wird. Man kann auch integer und menschlich bleiben.« – »Wir sind verärgert über den hohen Zulauf dort«, sagt Franz Durst offen. Und Christine Hagen meint, immer noch freundlich, aber fast fatalistisch: »Wir können nur hoffen und sie begleiten.«

Am Abend treffe ich zwei Studenten, die vor drei und vor fünf Jahren ihren Abschluss an der Akademie gemacht haben. Sie sind also ausgebildete Elite. Ich hatte gehofft, mit ihnen darüber reden zu können, was sie konkret anders machen als Nicht-Elite-Studenten. Wie genau es ihnen gelingt, beruflichen Erfolg und ethische Ansprüche zu verbinden. Aber Oliver studiert noch, und Thomas arbeitet inzwischen bei Marios Firma, bei McKinsey also, und darf mit mir weder über seine Aufträge noch über seine Arbeitsweise sprechen. Daher bleibt unser Gespräch abstrakt.

»Handelt ihr anders als die, die nicht an der Akademie waren?«, frage ich.

»Das Dumme ist, dass man das nicht klar messen kann«, sagt Thomas. »Das ist keine physikalische Funktion, bei der man sagen kann: Da kommt so viel rein und so viel wieder raus.« – »Vielleicht kann man erwarten, dass wir die richtigen Fragen stellen, nicht unbedingt, dass wir immer die richtigen Antworten haben«, findet Oliver. »Ich glaube, es wäre auch vermessen zu denken, nur weil man zwei Jahre vermeintlich Elite studiert hat, kann man alles besser und alles ethisch super korrekt und wasserdicht und fair«, meint Thomas. »Ich glaube, das ist nicht leistbar. Ich hoffe, wir sind nach unserer Ausbildung durch die Bayerische Elite-Akademie auf alle Fälle sensibler als andere«, sagt er. Das klingt wesentlich bescheidener als der Dreiklang Vorbild, Verpflichtung und

Verantwortung, den die Akademieleitung immer wieder betont. Reicht das, um den Elitebegriff zu rechtfertigen? Mal ein bisschen sensibler sein? Ein paarmal häufiger nachfragen? »Wir können nur einen Kern legen und dann auf die Vorbildwirkung hoffen«, hatte Christine Hagen gesagt. »Ich glaube, wenn jeder die Welt ein bisschen verändert, verändert sie sich insgesamt schon.«

Es ist noch dunkel, als wir am Morgen in den Bus steigen. Die Studenten haben sich schick gemacht. Die Herren tragen Anzüge, die Damen Kostüme, nur drei von dreißig kommen in Jeans. Wir fahren nach München zum Bayerischen Rundfunk. Die Studenten absolvieren heute ein »Talkshow-Training«. Während die ersten in der Maske sitzen, sehe ich die Bilder der Wahl-Nachberichterstattung. NPD-Funktionäre greifen Kameraleute an, blonde Frauen tragen schwarz-rot-goldene Kerzen. Was passiert da draußen? Ich schaue auf die Studenten, die nebenan gepudert werden. Werden sie sich dem entgegenstellen?

Jetzt muss die Elite erst mal in die Sendung. Steif stehen sie im Halbkreis hinter ihren Glaspulten. Zehn Studenten, die jetzt gleich Talkshow-Gäste mimen werden. In der Regie herrscht Hektik. Der Grafiker, der den Titel der Diskussion auf den Monitor im Studio bringen sollte, ist nicht da. Zwar wird die Sendung niemals ausgestrahlt werden, aber es soll trotzdem alles so aussehen, als ob. Und deshalb kann es ohne Grafik nicht losgehen. Eine Regieassistentin erbarmt sich schließlich. »Wofür brauchen wir Eltern?«, tippt sie ein. Logischer Titel, wenn ein Haufen gerade eben Erwachsener vor ihr steht. Könnte man mal diskutieren. »'tschuldigung«, tönt es entnervt aus dem Studio. »Das Thema ist eigentlich: Wozu brauchen wir Eliten?« Die Eltern fliegen also raus.

Wenig später ertönt endlich der Jingle, der die Sendung eröffnet. Die Kamera schwenkt vom Moderator auf die zehn Studenten. Und schon nach wenigen Minuten ist klar, dass die ihre Talkshow-Vorbilder sehr gut kopieren. Die meisten reihen inhaltsleere Luftblasensätze und politisch korrekte Floskeln aneinander. »Es geht einem an der Elite-Akademie nicht darum, Karriereoptimierung für sich selbst vorzunehmen, sondern um ein Verantwortungsgefühl für Gesellschaft und Wirtschaft.« Oder: »Für mich war es nicht relevant, besser zu sein als andere, für mich war es relevant, gut zu sein.« Das klingt schon wie ein Generalsekretärsstatement. Ein anderer sagt: »Wichtig ist, mir Mut zum Handeln durch eigenes Handeln zu machen. Solche Menschen braucht das Land, damit es nicht stehen bleibt.« Die Frage, die dieses Geschwurbel auslöste, war eine simple. Es war die, die auch mich in den letzten Tagen umgetrieben hat: »Was«, fragte der Moderator die Studenten, »macht aus Ihnen Elite? Warum haben Sie gesagt, Bayerische Elite-Akademie, da gehöre ich hin?«

Die meisten weichen aus, erzählen, dass sie den interdisziplinären Ansatz an der Akademie schätzen, die guten Ethik-Kurse oder dass sie nette Leute aus den Vorgängerjahrgängen kannten. »Das ist ja schön«, sagt der Moderator. »Aber warum sind Sie Elite?« Anne sagt zögernd: »Ich habe ein sehr, sehr gutes Vordiplom und engagiere mich im parteipolitischen Bereich. Das macht mich zu einem guten Teil der Gruppe.« Einer meint, hier zu sein, weil er mehr tue als das absolut Notwendige, den Pflichtteil. Carl sagt, genau dieses Engagement gefalle ihm an der Gruppe. Und einer meint: »Es geht darum, eine gute Stimmung in unserem Land zu verbreiten. Darauf bereitet uns die Akademie vor.«

Will diese junge Elite den Deutschen etwa Partyhütchen aufsetzen und aus dem Land eine Feiermeile machen? Oder wollen sie sich mit Megafonen auf den Straßen postieren und schreien: »Ärmel hochkrempeln! Dann klappt es auch mit dem Aufschwung!« Hoffentlich nicht. Kollektive gute Laune konnte ich noch nie leiden, und ich fand es schon immer vermessen, Arbeitslosigkeit als eine Folge mangelnden Willens zu bezeichnen.

Viele in der Runde sagen, sie wollten später Verantwortung übernehmen, Verpflichtungen eingehen und der Gesellschaft etwas zurückgeben. »Und wie?«, fragt der Moderator. »Vielleicht ist es schon etwas, wenn man im Kleinen Vorbild ist, in der Familie«, meint einer. Die anderen flüchten sich wieder in abstrakte Statements: »Die Menschlichkeit ist der einzige Weg, um in der globalisierten Welt zurechtzukommen«, meint eine Studentin. Ihr Kollege glaubt, durch die Akademie für die »Versuchung der Macht ethisch gerüstet zu sein«. Der Moderator scheint ähnlich unzufrieden wie ich auf meinem Logenplatz in der Regie. Er will konkrete Beispiele. »Sie sind Manager bei der Deutschen Bank. Was würden Sie konkret anders machen als die aktuellen Eliten?«, insistiert er. »Würden Sie keine sechstausend Arbeitnehmer entlassen?«

Wenn das für den Fortbestand der Bank nötig sei, sagt ein Student, würde er genauso handeln. »Ich würde auch sechstausend entlassen, aber dabei den einzelnen Menschen im Blick haben.« Sein Nebenmann assistiert: »Die Entscheidung wird nicht anders ausfallen, aber wir haben gelernt, es besser zu kommunizieren.« Mein Stift stockt.

Ich fürchte, dass das absolut nicht ironisch gemeint war. Da zieht ja eine rosige Zukunft heran. Im Land der Gute-Laune-Eliten werden Massenentlassungen den Menschen richtig gut rübergebracht. Wieso zögere ich da überhaupt noch, die Eliten auf ihren Thron zu heben und ihnen zuzujubeln? Währenddessen hat im Studio wieder die Gruppe die Wortführerschaft übernommen, die offensichtlich die Mehrheit stellt. Das Gespräch driftet jetzt wieder in die »Wir-sind-gar-keine-Eliten«-Richtung. »Der Begriff Elite hat mich eher abgeschreckt«, sagt einer. »Ich würde den Begriff meiden«, sagt ein anderer. »Mir ist bei dem Wort Elite unwohl. Ich möchte mich nicht mit dem Status schmücken.« Und eine Studentin meint, dass sie ihren Freunden immer erst lange erzählt, was sie in der Akademie Gutes und Schönes unternimmt. »Erst am Ende sage ich dann: Es heißt übrigens Elite-Akademie, aber wir meinen's nicht so.«

Irritiert fahre ich danach mit der U-Bahn durch München und weiß partout nicht, was ich von dieser institutionalisierten Elite-Ausbildung halten soll. Die Akademie ist längst nicht in dem Maße sozial selektiv, wie ich es in Oestrich-Winkel erlebt habe. »Manche kommen aus wohlhabenderen Familien, und die Eltern von manchen sind Beamte. Wir sind bunt gemischt«, hatte eine Studentin etwas ungeschickt formuliert. Aber im Grunde hat sie recht. Die Studenten werden vor allem nach Leistung ausgewählt.

Die Akademie hat ein aufwendiges Punktesystem entwickelt, das helfen soll, aus denen mit den besten Vordiplomnoten in ganz Bayern die dreißig Allerbesten herauszufiltern. Wenn der Naturwissenschaftler Professor Franz Durst das Verfahren erläutert, klingt es ein wenig wie eine Elitebauanleitung. Um in der Kategorie Intelligenz zu punkten, bräuchte man gute Noten in Fächern wie Mathematik, Physik oder Latein, hatte mir Durst erklärt. »Es gibt aber Leute, die sind blitzgescheit, können jedoch mit ihrer Gescheitheit nichts anfangen. Denen fehlt es an Kreativität.« Deshalb gibt es auch Punkte für gute Noten in Kunst oder Deutsch. »Aber wenn die Intelligenten und Kreativen stinkfaul sind, geht es auch nicht gut«, erklärte mir Durst. »Deswegen haben wir die Aktiven gesucht. Die mehr machen, als sie von der Schule auferlegt bekommen. Das hat natürlich dazu geführt, dass wir dann eine gute Gruppe beisammenhatten.«

Diese Gruppe eint, dass die Studenten fleißig und ehrgeizig sind, nicht, dass ihre Eltern viel Geld haben. Es gibt natürlich viele Akademikerkinder, aber auch Söhne von Landwirten, Töchter von Angestellten. Einer der Studenten, Michael, ist Sohn einer alleinerziehenden Mutter, die bei der US-Armee arbeitet. Seine Großeltern hatten ein kleines Textilgeschäft. Als er studieren wollte, konnte die Familie das nötige Geld nicht auftreiben. Er begann eine Ausbildung beim Zoll und dann, mit dem Beamtengehalt im Rücken, doch noch ein Studium. Er hat sich hochgearbeitet. Seine Tage waren vierzehn, fünfzehn Stunden lang. Die Akademie hat das honoriert und auch ihn, der keinen glatten Studium-Praktika-Auslandssemester-Lebenslauf hat, aufgenommen. Seine Großmutter war stolz zu lesen, dass ihr Enkel einer von dreißig Elitestudenten in ganz Bayern ist. Auch Michael hat sich gefreut, es geschafft zu haben. Es habe ihn aber auch massiv verunsichert, dass er, der aus einem völlig anderen »sozialen Umfeld« stammt, wie er sagt, plötzlich Elite sein sollte. Und auch nach über einem Jahr an der Akademie hat er mit dem Begriff noch keinen Frieden geschlossen. Er wolle ein »Leistungsträger dieser Gesellschaft« sein, sagt er lieber. Nach der Ausbildung will er in die Verwaltung und wieder dem Staat dienen. Aber er will noch mehr machen. Er will etwas zurückgeben, sich für Schwächere einsetzen, für die, die nicht so viel Glück hatten wie er.

Zur Ausbildung an der Akademie gehört auch ein Sozialtag. Die Studenten waren in Kindergärten, bei der Bahnhofsmission oder im Gefängnis. Es waren die Tage, in denen viel über das Schmiergeldsystem bei Siemens geschrieben wurde, und der Seelsorger in einer Justizvollzugsanstalt, in der auch Wirtschaftskriminelle einsitzen, hatte gescherzt, die zukünftige Elite wolle wohl sehen, wo sie mal lande. Aber tatsächlich ging es natürlich darum, zu erleben, wie es denen geht, die es nicht so gut haben. Michael war bei der Aids-Hilfe. Er hat sich zeigen lassen, wo die Fixer die Spritzen tauschen, er saß einem Mitarbeiter gegenüber, der selbst seit über zwanzig Jahren HIV-positiv war und der ungerührt erzählte, dass er längst tot wäre, wenn nicht die Medikamente so viel besser geworden wären. Michael beschließt, hier ehrenamtlich zu arbeiten. Trotz seiner hohen Arbeitsbelastung. Die Arbeit sei sinnvoll, sagt er. Er könne helfen. Sein wirtschaftliches Wissen könne dort vielleicht wirklich nützen. So wie Michael denken viele an der Akademie.

Die meisten der Studenten sagen, dass sie später Verantwortung übernehmen und der Gesellschaft etwas zurückgeben wollen. Klar, es gibt auch die, die Michael hart und absolut zielorientiert nennt, »Managertypen«, wie er sagt, die Karriere machen wollen und sonst nichts. Aber den meisten nehme ich ab, dass sie mehr wollen. Man spürt, dass sie sich schon häufig gefragt haben, wie die

Welt besser werden könnte, und dass sie den Wunsch haben, daran mitzuarbeiten. Dagegen habe ich überhaupt nichts einzuwenden.

Aber die Fragen bleiben: Wie viele junge Menschen gibt es, die gleichermaßen ehrgeizig und engagiert sind? Warum belastet man gerade diese dreißig mit dem Begriff »Elite«? Sie sträuben sich doch, so genannt zu werden. Sie zieren sich, klar zu sagen, was sie über die Nicht-Elite erhebt. Weil sie ahnen, dass jede Begründung falsch klänge? Warum schreibt Bayern nicht einfach fest, dass gute Studenten gefördert werden? Meinetwegen die besten zehn Prozent eines jeden Jahrgangs. Warum Elite? Warum dieses Wort, das spaltet, das von Privilegien und Macht erzählt, aber auch von Vorbildern, von Menschen, zu denen man aufschaut. Ich bezweifle, dass es sinnvoll ist, Anfang-Zwanzigjährigen dieses Label per Akademie, per Zeugnis aufzukleben.

»Der Begriff soll ins positive Licht gerückt und wieder hoffähig gemacht werden«, hatte ein Student gesagt. Und ich glaube, dass es genau darum geht. Es ist politisches Programm des Freistaats, um den Begriff zu pushen. »Leistungseliten wie Sie brauchen wir in Bayern«, hatte Edmund Stoiber stolz verkündet, als er dem sechsten Jahrgang der Akademie das Zeugnis überreichte. Gern kommen Landesminister zum Kamingespräch in die Akademie. Fast jeder Student ist von der Lokalzeitung seiner Heimatstadt porträtiert worden. »Kemptnerin in Eliteakademie aufgenommen«, »Zwei Oberpfälzer auf Tuchfühlung mit der Elite« oder »Bayerns Elite-Akademie weist Dessauer den Weg«. Sie sind Aushängeschilder ihrer Region und Werbefiguren für einen leistungsstarken Freistaat, der sich gegen jede Gleichmacherei sträubt.

Auch wenn das pathetisch klingt, wünsche ich den Studenten, dass sie nicht unter der Last dieses Begriffs zusammenbrechen. Sie sind zielstrebig, freundlich und alle mehr oder weniger dem Gedanken verpflichtet, ein guter Mensch werden zu wollen. Vielleicht gelingt ihnen das im Lauf ihres Lebens. Ich werde sie fragen, ob wir uns wiedertreffen wollen, wenn wir alt sind. Dann können wir darüber diskutieren, ob das mit der Elite geklappt hat.

Die Elite-Akademie-Studenten sind Anfang zwanzig, wenn eine Kommission entscheidet, dass aus dreißig begabten, fleißigen Studenten ab sofort die zukünftige Elite Bayerns werden soll. Als ich Carl fragte, ob das nicht viel zu früh sei, zuckte er mit den Schultern und erklärte mir, dass man in Bayern das Elite-Ticket noch Jahre früher lösen könne. An der Akademie braucht man ein Vordiplom, es gebe aber noch etwas für Leute, die direkt von der Schule kommen. »Kennst du das Maximilianeum?«, hatte er gefragt und mir dann von einer Art Luxuswohnheim mit Vollpension für ausgewählte Abiturienten erzählt. Deshalb sitze ich jetzt hier und warte auf Maria.

DER STOLZ DES FREISTAATS

Als sie um die Ecke biegt, denke ich, im Film wäre nun der Moment für eine Slow Motion gekommen: Mit wiegendem Schritt kommt sie mir entgegen, setzt ihre hellen Schuhe voreinander. Ihr schwarzer Rock wippt, die kleinen weißen Punkte verschwimmen im Gegenlicht. Aber schließlich, das wird sie gewohnt sein, bleibt der Blick doch an den Haaren hängen: Blond und glatt fallen sie bis zur Hüfte. Ich starre, als Maria mir die Hand schüttelt.

Maria ist so eine ausgewählte Abiturientin, der Stolz des Freistaats. Sie lebt in einem Gebäude, das König Max II. einst als bayerische Akropolis errichten ließ. Ich stelle mir vor, wie sie Freunden, die sie zum ersten Mal besuchen, den Weg beschreibt: »Du überquerst die Isar auf der Maximiliansbrücke. Dann ragt direkt vor dir ein riesiges ummauertes Gebäude auf. Da sitzt auch der bayerische Landtag drin. Aber du kannst einfach zum Pförtner gehen und sagen, du willst zu mir, ins Maximilianeum.«

Eine lustige Vorstellung, ungefähr so, als würde man in Berlin in der Reichstagskuppel leben. Leider finden solche Gespräche sehr selten statt, denn Maria lädt fast nie Freunde zu sich ein. Neid ist ein großes, fast das einzige Problem in ihrem Leben. Maria hatte im Abitur einen 1,0-Schnitt »und keinen Zweier auf dem Zeugnis«, wie sie betont. Damit galt für sie das bayerische Eliteförderungsgesetz. Der Hauptpreis ist der Einzug ins Maximilianeum, das der König für »talentvolle bayrische Jünglinge« errichten ließ.

Carl hatte recht: Fünfzig Schüler dürfen hier gratis wohnen und werden für die Dauer ihres Studiums verwöhnt. Morgens ist ein Frühstücksbüfett aufgebaut, mittags wird ihnen um »Schlag eins« ein Drei-Gänge-Menü serviert. Sie haben eine Bibliothek, für sie sind Plätze in der Philharmonie und beim Oktoberfest reserviert. Die Zimmer putzt das Personal, das auch die schmutzige Wäsche mitnimmt. »Förderungsziel ist ein sorgenfreies Studium«, erklärt mir Maria. Dafür müssen sie Szenen wie die beim letzten Neujahrsempfang in Kauf nehmen. Da stürmte der damalige Ministerpräsident Edmund Stoiber auf die Studenten zu und ließ sich mit ihnen fotografieren. »Die Politiker zeigen sich gern mit uns. Dann heißt es schon mal: Unsere Elite, unsere Hochbegabten.«

»Und seid ihr Elite?«

»Man scheut sich, sich selbst so zu benennen. Im Maximilianeum gibt es welche, die sind offensichtlich hochbegabt. So krasse Mathematiker zum Beispiel. Die lösen Aufgaben, für die andere eine Woche brauchen, sofort.« Maria lacht und sagt, sie selbst sei normal, sie koche auch nur mit Wasser. Sie rührt in ihrem Cappuccino und erzählt, wie sie während der Fußball-WM jubelnd über die Leopoldstraße gerannt sei. Ich bin versucht, ihr das mit dem Normalsein zu glauben. »Ich bin Fußballfan, seit ich klein war«, sagt sie. Außerdem schwimmt sie gerne. Im hauseigenen Schwimmbad. Wie normal kann so ein privilegiertes Leben sein?

Maria ist in einem kleinen Ort bei Augsburg aufgewachsen. Ihre Eltern sind Lehrer, ihr kleiner Bruder baut gern Roboter nach. Maria war immer die Musikerin. Sie spielte Klavier und vor allem Kontrabass, in insgesamt vier Orchestern. Das sollte auch ihr Beruf werden. Bis sie irgendwann aufgeben musste, weil eine chronische Sehnenscheidenentzündung das Spielen unmöglich machte. Maria entschied sich dann wie so viele gute Schülerinnen für Jura. Ihr Vater hatte gespart und hätte seiner Tochter die Studienjahre finanziert. Und hier endet die Geschichte vom normalen, behüteten Leben eines klugen Mädchens, und es beginnt die Erzählung von einer, die zu den Besten eines Landes gehört, in dem Leistung schon immer wichtig war.

Denn ihre Schule, ein Franziskanerinnen-Gymnasium, schlug Maria für die Begabtenförderung vor, weil sie die strengen Kriterien erfüllte, die seit 1876 fast unverändert gültig sind und die heute ausgesprochen angestaubt klingen. Kandidaten müssen von »tadelloser sittlicher Führung« sein, sie müssen das christliche Glaubensbekenntnis abgelegt haben und im Besitz des »bayerischen Indigenats« sein. Das heißt, man muss im Bayern Maximilians II. geboren worden sein. Auch Saarländer oder Pfälzer sind deshalb nach den Statuten echte Bayern. Maria hat zudem davon profitiert, dass auch Bayern trotz dieses Traditionsbewusstseins langsam liberaler wird. Im Jahr 1980, kurz vor ihrer Geburt, wurde nach langem Ringen die erste Frau aufgenommen. Mittlerweile sind knapp 30 Prozent der »talentvollen Jünglinge« Mädchen.

Maria fuhr also von dem kleinen Dorf bei Augsburg in die Landeshauptstadt. Hier, im Münchner Zentrum, wo alles alt und stolz aussieht, hatte sie einen Termin im Kultusministerium. Dreizehn Beamte prüften sie in fast ebenso vielen Fächern. Mathe, Englisch, Latein, Physik – im Schnelldurchlauf ging es durch das gesamte Schulwissen. »Am Ende kommt immer noch eine Todesfrage, eine, die man gar nicht lösen kann«, sagt Maria und erzählt mir von der Mutter aller »Todesfragen«, der Wiesenblumen-Bestimmung. »Sie geben dir einen Strauß, und du sollst die Namen der Blumen nennen. Am besten auf Latein.« Ich schlucke. Wer zum Teufel kann das? Und vor allem: Inwiefern ist das eine sinnvolle Elite-Rekrutierung?

Die Prüfung zu schaffen ist für junge Bayern eine gewaltige Ehre. Medaillen aus Jugend-forscht-, -musiziert- oder -treibt-Sport-Wettbewerben sind nichts dagegen. Vierhundert Schüler verlassen jeden Sommer die Gymnasien im Bayern Maximilians des II. mit einem 1,0-Schnitt. Sechs bis acht von ihnen werden angenommen. Maria hat eine Woche gefeiert, als die Zusage kam. Jetzt ist sie Maximilianeerin, was ihren ohnehin schon großen Ehrgeiz noch weiter anstachelt. Um sechs Uhr klingelt ihr Wecker, dann lernt sie den Stoff, den sie am Vortag noch nicht geschafft hat. Wenn sie nicht zur Universität muss, setzt sie sich in die Bibliothek und lernt weiter, mindestens bis 18 Uhr. Sechs Tage pro Woche lebt sie nach diesem Rhythmus, am siebten Tag ist frei, wenn nicht, wie im Moment, Prüfungen anstehen. »Seit knapp drei Monaten lerne ich durch«, sagt Maria. Sie ist eben Maximilianeerin und damit Erbin einer langen Tradition. Der Physiknobelpreisträger Werner Heisenberg war ihr Vorgänger, der Schlagerschreiber Michael Kunze, dem vielleicht hinter den Mauern die Idee für seinen Hit »Ein Bett im Kornfeld« kam, auch und natürlich FJS, der ewige Landesvater Strauß.

Wie viele hier hat auch Maria sich in einen Mit-Maximilianeer verliebt. Er, auch werdender Jurist, studiert gerade in Oxford. Die Fernbeziehung werden sie überstehen, beide wollen sie Familie, auch wenn es Maria Sorgen macht, wie sich das mit der Karriere vereinbaren ließe. Eine schöne Geschichte, wenn nur der Neid nicht wäre. Es fing schon in der Schule an. Die Eltern ihrer besten Freundin waren sauer, weil Maria vorgeschlagen wurde, nicht die Tochter, die fast genauso gut war. Sie hat ein kleines Computerspiel programmiert, bei dem Teenager virtuelle Pferde pflegen können. »Auch da im Forum werde ich oft als arrogant beschimpft, weil ich mich anders ausdrücke als die meisten.« Manche Mitschüler dagegen wollten plötzlich unbedingt mit ihr befreundet sein, um sich in ihrem Glanz zu sonnen, wie sie vermutet. Deshalb ist sie vorsichtig geworden. An der Uni erzählt sie kaum jemandem, wo sie wohnt, und sagt lieber, sie habe ein Zimmer in einem Wohnheim am Max-Weber-Platz.

Glaubt man Maria, steht sie über diesen Neidern. »Witzig ist, dass es einige gibt, die damit angeben, dass sie die Prüfung auch geschafft haben, dass sie das Stipendium aber nicht annehmen wollten. Das kann ja gar nicht stimmen.« Diese Geschichten gehören zum Standardwitzrepertoire im Maximilianeum, erzählt Maria.

Ich erinnere mich daran, wie schlecht es mir ging, als ich eine Absage von der Studienstiftung des Deutschen Volkes bekam. Sofort fing ich an, mir einzureden, die ganze Auswahl quasi unterlaufen zu haben. »Uns war die Party am Auswahlwochenende wichtiger«, erzählte ich cool, obwohl ich wusste, dass das nicht stimmte. Ich habe über die Spießer geschimpft, die angenommen wurden, und über die Sexisten in der Auswahlkommission. Nie habe ich gesagt, gedacht oder akzeptiert, dass es vielleicht an mir gelegen haben könnte. Wie unfair kann man sein, schäme ich mich, als ich jetzt Maria gegenübersitze. Sind wir, die Ausgeschlossenen, schuld an dieser Trennung in »wir« und »ihr«? Bleibt einem, der besser ist, vielleicht gar nichts anderes übrig, als sich abzukapseln, um sich nicht ständig wehren zu müssen?

Während ich denke, ist Maria schon weiter, beantwortet genau und geduldig meine Fragen. Was hält sie von der Welt außerhalb der Stiftung? Wie erlebt sie die großen deutschen Debatten über Arbeitslose, Sozialsysteme und mehr Wettbewerb?

»Ich kenne niemanden in der Stiftung, der arbeitslos ist oder Angst davor hat«, sagt Maria. Und wenig später – das hat in unserem Gespräch nichts mehr miteinander zu tun, in Wirklichkeit aber wahrscheinlich doch – beschwert sie sich darüber, dass manche an der Uni oder einige der Mädchen, mit denen sie im Forum ihres Pferdespiels rede, bequem seien, aber trotzdem Ansprüche hätten. »Die sagen: Ich bin toll, so wie ich bin, und mir soll alles in den Mund fallen.« Sie erinnert sich daran, dass das schon in der Schule so war. Immer wenn die Klasse Arbeitsgruppen bilden sollte, seien die Faulen zu ihrer Freundin und ihr gekommen, um von deren guten Leistungen zu profitieren. »Trittbrettfahrer« nennt Maria solche Menschen, und sie mag sie nicht sonderlich. Wer viel leistet, soll eine Anerkennung bekommen, findet sie. Deshalb sei das Prinzip der Stiftung fair.

Der Cappuccino ist fast ausgetrunken. Ich frage nach ihren Plänen für die Zukunft. Sie möchte ein gutes Examen machen und dann eine erfolgreiche Juristin werden, im Staatsdienst, in einer Kanzlei oder in der Wirtschaft, wie ihre Cousine es gerade vorgelebt hat. Genaues wisse sie noch nicht, entschuldigt sie sich. Ich habe vergessen, dass sie gerade erst neunzehn ist. Und ihre Träume? »Willst du etwas verändern im Land?«, will ich wissen. Maria schaut, zögert, dann schüttelt sie den Kopf. »Ich konzentriere mich auf den Bereich, in dem ich mit meinen jetzigen Mitteln etwas verändern kann: Das bin ich selber. Mit mir bin ich ziemlich streng.«

Kurz darauf verabschieden wir uns wieder. Maria kehrt in die bayerische Akropolis zurück, in ihr kleines Apartment. Ihre Privilegien, das weiß ich jetzt, hat sich die bayerische Elite hart erarbeitet. Sie alle werden wohl ähnlich fleißig, ähnlich intelligent sein wie Maria. Nur dass sich die Stipendiaten auch in einem dritten Punkt auffallend ähnlich sind, lässt mich am Sinn der Förderung zweifeln: »Wir sind viele Lehrer- und Professorenkinder«, hatte Maria mir gesagt. Maximilianeer, deren Eltern aus der Unterschicht kämen, gebe es nicht.

Als ich durch München laufe, frage ich mich, ob dieser Satz für die ganze Stadt gilt. Die gewohnten Spuren urbaner Armut suche ich vergeblich. Stellt hier niemand leere Bierflaschen auf die Mülleimer, um den Sammlern das Leben zu erleichtern? Wo sind hier die Penner, die zu Hause allein vor dem Supermarkt in meiner Straße in Handballmannschaftsstärke leben? Und warum will niemand mein U-Bahn-Ticket haben, um es für die Hälfte weiterzuverkaufen? Wer ist Kunde all dieser Seifenläden, dieser Geschäfte mit Heizstangen für Handtücher, dieser Boutiquen mit Kinderkleidung, die versprechen, den Jüngsten in einen »Dolce & Gabbana Junior« zu verwandeln? Ich tue, was mir in München natürlich erscheint, und setze mich in einen Biergarten, der aussieht wie in der Werbung, und bin überrascht, wie wohl ich mich fühle. Bierflaschen auf Mülleimern zu vermissen kann nur ein Symptom idiotischer Sozialromantik sein. Vermutlich finden alle Menschen saubere Straßen auf Dauer besser. Wahrscheinlich lebt es sich wirklich ganz gut in einer wohlhabenden Stadt. Ganz sicher ist die Arm-aber-sexy-Logik ein schwacher Trost.

Neben mir findet gerade ein großes Boule-Turnier statt. Hinter mir hat die Stadt für einen Biomarkt die Straßen gesperrt. Kleine Mädchen im Kimono stolzieren an mir vorbei. Vielleicht ist es selbstverständlich, dass die Menschen hier das von Maria beschriebene Leistungsprinzip noch immer als fair empfinden, weil es für ihr Leben noch gilt. Wer die, die verloren haben, nie sieht und schon gar nicht kennt, dem fällt es leichter, die drängenden Fragen auszuschalten. War der Onkel, der jetzt Hartz IV bekommt, wirklich fauler als der Vater, der Beamter ist? Scheitert der Cousin in der Schule, weil er dümmer ist? Warum werden die Söhne von Türken, Arbeitslosen oder Bauarbeitern so selten Einser-Abiturienten und nie Maximilianeer?

Ich denke an Michael Hartmann, den Eliteforscher, und seine Zweifel an der Leistungselite. Er meinte: »Aus Sicht des Bürgertums ist die derzeitige Struktur des Bildungswesens ein entscheidendes Problem.« Der Nachwuchs der Reichen und Erfolgreichen werde dort schließlich mit den Mängeln des öffentlichen Systems konfrontiert. Oft komme als einziger Ausweg ein Schulwechsel ins Ausland infrage. »Bei einer verstärkten Binnendifferenzierung sähe das aber anders aus. Dann könnte das Bürgertum die eigenen Kinder in Bildungseinrichtungen schicken, die aufgrund einer wesentlich besseren finanziellen Ausstattung und selektiver Aufnahmeregelung das gewünschte Niveau aufweisen, und dem Rest der Bevölkerung das zunehmend marode Restsystem überlassen.« Verstärkte Binnendifferenzierung – das meint wohl, dass es nicht mehr den Kindergarten, die Schule, die Uni für alle gibt, sondern ein Parallelsystem. »Der Vorsprung der Bürgerkinder, den sie aufgrund ihrer familiären Bedingungen schon mitbringen«, sagt Hartmann »würde dadurch ausgebaut und verfestigt.«

DIFFERENZIERUNG

Ich sitze wieder in meinem Zimmer. Über mir wird seit zwei Wochen der Dielenboden herausgerissen. Es hört sich an, als stünde ein Zahnarztbohrer kurz vor dem Durchbruch in meinen Gehörgang. Das Bürgertum habe ein Interesse an einer Differenzierung des Bildungssystems, hatte Hartmann gesagt. Nur so könne es seinen Kindern die Nachteile des öffentlichen Systems ersparen. Nur so sei gewährleistet, dass die Kinder der Elite früh selbst das Eliteticket lösen.

Johann Comenius, einer der bedeutendsten Pädagogen des 17. Jahrhunderts, empfahl, wer eine gute Bildung wolle, solle die »Langsamen unter die Geschwinden, die Schwerfälligen unter die Wendigen, die Hartnäckigen unter die Folgsamen mischen«. Das wäre das Gegenteil von Ausdifferenzierung. Das wären Finnland und Schweden, die Sieger aller Schulstudien. Was aber ist, wenn die Geschwinden, die Klugen und die Wohlhabenden entscheiden, dass sie lieber unter sich sein wollen? Was ist, wenn sie am liebsten vergessen wollen, dass es auch Langsame, Dumme und Arme gibt?

Seit der Bohrer lärmt, habe ich mir selbst Beschäftigungstherapien auferlegt und meinen Stapel zum Thema »Elite« in Aktenordner gezwängt. Immer wieder blättere ich die Texte durch. »Binnendifferenzierung« – das Wort legt sich in meinem Kopf langsam über das Dröhnen. Als ich in Bayern war, erschien es mir noch absurd früh, Abiturientinnen wie Maria oder Studenten wie Carl per Kommission zur Elite zu küren. Je häufiger ich meinen Ordner durchsehe, desto klarer wird ein Gedanke: Maria und Carl sind Spätberufene. In Deutschland, wo Generationen von Dreijährigen im Kindergarten allenfalls den korrekten Einsatz von Prittstift und Prickelnadel lernten, ist urplötzlich ein Wettbewerb zur Förderung einer Elite entbrannt, deren jüngste Mitglieder noch in den Windeln stecken. Die Binnendifferenzierung beginnt mittlerweile kurz nach der Geburt.

Als ich vier war, konnte ich lesen und schreiben. »APAP OLLAH«, haben meine Eltern stolz aufbewahrt. »Hallo Papa«. Ich habe falsch herum geschrieben, weil das für Linkshänder einfacher ist, aber immerhin. Mit viel gutem Willen hätte man daraus eine besondere Begabung und damit einen besonderen Förderbedarf konstruieren können. Hat man aber nicht. Ich bin in den städtischen Kindergarten gegangen, in die Grundschule unseres Viertels, aufs Gymnasium, dann zu einer Uni, die das angeboten hat, was ich studieren wollte. Ganz normal – wie alle eben. Etwas anderes stand überhaupt nicht zur Diskussion. Ich habe den Eindruck, dass es dieses »ganz normal« seit einigen Jahren nicht mehr gibt. Der Druck, möglichst früh möglichst viel zu leisten, wächst.

In Hamburg bietet eine private Sprachschule Englischkurse für Schüler an, die nicht einmal sitzen, geschweige denn sprechen können. Sie sind erst drei Monate alt. Sie lauschen also den Englischstunden wie andere Säuglinge ihrer Spieluhr. In München können Eltern ihre Kindergartenkinder in den Chinesischkurs schicken, und in Passau bietet eine Firma Word-, Excel- und Powerpoint-Kurse für Kinder ab vier an.

In Berlin hat Anfang 2007 eine Filiale der amerikanischen Bildungskette »FasTracKids« eröffnet. *FasTracKids*, das heißt frei übersetzt »Überholspurkinder«. In einer schicken Altbauwohnung in Steglitz sitzen Zwei- bis Sechsjährige vor einer Tafel, aus der eine Computerstimme dröhnt. »Stellt euch vor«, sagt die Stimme, »ihr wollt eure Freunde zum Insektensammeln einladen. Was müsst ihr auf die Postkarte schreiben?« Da sie noch nicht schreiben können, tippen die Kinder Symbole auf der Tafel an. »Richtig«, freut sich die Tafel. Oder sie sagt, als ein Junge auf das Bild eines Fisches zeigt: »Meinst du wirklich, dass ein Fisch auf die Einladung muss?« Die Kinder haben heute das Fach Kommunikation, ein Wort, das die meisten der kleinen Schüler nicht einmal aussprechen können. Mathematik und Biologie standen in den Wochen davor auf dem Stundenplan. Literatur, Astronomie und sogar ein Block zum Thema Lebensstrategien werden noch folgen.

»Warum müssen Dreijährige das können?«, frage ich. Die Verbindungen im Gehirn der Kinder seien jetzt besonders verknüpfungswillig, heißt es bei »FasTracKids«. So schnell wie in diesem Alter, sagt die Leiterin, würden die Kinder nie wieder lernen. Während Deutschland bei der Frühförderung hinterherhinke, sei das Programm in Ländern wie Russland, Mexiko oder Portugal längst ein riesiger Erfolg.

Im Werbeprospekt der Kleinkindschule lese ich das Protokoll eines Gesprächs zweier FasTracKids aus Mexiko: »Wusstest du, dass Leonardo da Vinci die Mona Lisa gemalt hat?«, fragt der vierjährige Diego. »Ja, natürlich«, antwortet sein sechsjähriger Klassenkamerad Fernando. »Wusstest du, dass er vor allem das Lächeln der Mona Lisa malen wollte?« Und die fünfjährige Julia aus Denver, die gefragt wird, warum sie die Namen aller neun Planeten kenne, wird mit der Antwort zitiert: »Ich habe sie behalten, weil ich ein FasTracKid bin.«

Diese Art der Werbung wirkt. In Berlin steigt die Zahl der Klassen stetig. Filialen in Düsseldorf und Hamburg sollen folgen. Bildung für Kleinstkinder ist ein neuer, ein wachsender Markt. Denn Bildung ist zum Statussymbol geworden. Vor allem Eltern aus der Mittelschicht haben Angst, dass ihr Kind zum Verlierer werden könnte, wenn es den ganz normalen Weg geht. Und so statten sie ihr Kind schon im Windelalter mit Zusatzqualifikationen aus. »Hier werden die Kinder auch rhetorisch fit gemacht«, erzählt mir eine Mutter, die ihre Söhne zu »Fastrackids« schickt. »Sie lernen Präsentationsformen, die ihnen später nützen werden.«

Hört man sich um, hat man das Gefühl, dass sich viele Eltern in eine Art Wettrüsten um den beeindruckendsten Kleinkindlebenslauf gestürzt haben. Die Söhne der Fas-TracKids-Mutter gehen in einen englischsprachigen Kindergarten. Englisch, erklärt sie mir, sei in Zeiten der Globalisierung eben wie Zähneputzen. »Wir haben gemerkt, dass die große Schwester, die erst mit fünf angefangen hat mit Englisch, einfach zu spät dran war. Deshalb haben wir entschieden, dass die Jungs gleich mit zwei anfangen.« Über 1000 Euro kostet die Förderung ihrer beiden Söhne pro Monat. Geld, das gut investiert sein soll.

Also wird der ältere der beiden Jungs im Herbst nicht auf eine normale Grundschule wechseln. Er könne sein Englisch wieder verlernen, fürchtet die Mutter. Ihr Sohn soll auf eine bilinguale Grundschule. Doch die sind begehrt, die Wartelisten lang. Die Familie nahm einen Anwalt und war bereit, für den Platz an der Schule zu klagen. Aber dann zog ein Zwillingspaar aus Berlin weg, der Sohn der FasTracKids-Mutter rückte nach. »Die richtige Schule zu finden dauert Monate«, sagt sie. »Aber es ist eine so wichtige Entscheidung.« Sie hat ihren Sohn zu Probestunden geschickt. Er hat Einstufungstests absolviert. Zur Sicherheit hat die Familie schon früh einen Vertrag mit einer Privatschule unterschrieben, falls es mit der begehrten Europaschule doch nicht geklappt hätte. »Das ist sicherlich ein Trend – dass die Leute, die es sich leisten können, sehr genau hingucken und sich fragen: Wo kann ich für mein Kind das Optimum rausholen?«, sagt sie.

Als ich eingeschult werden sollte, sind wir vorher einmal den Weg abgegangen. Durch unsere Straße, dann rechts, über die Ampel, noch ein bisschen geradeaus, am Friedhof vorbei. Ich habe gelernt, dass ich links, rechts, links gucken soll. Dann haben wir eine hellblaue Uhr und einen roten Ranzen gekauft, und alle fanden, ich sei nun fit für die Schule.

Heute gilt schon die Wahl des Kindergartens als berufliche Weichenstellung. Jeder kennt Leute, die vor der Einschulung in einen schickeren Stadtteil zogen. Einer erzählt von Bekannten, deren Tochter schon in der ersten Klasse mit Chinesisch beginnt. Eine Erzieherin, deren Kindergarten in einem bürgerlichen Berliner Stadtteil liegt und als pädagogischer Modellkindergarten gilt, berichtet mir, dass die Eltern nervös werden, weil die Kleinen basteln, Experimente machen und spielen – aber kein Englisch lernen. »Die Eltern«, sagt sie, »haben Angst, dass ihre Kinder dadurch den Anschluss verlieren.« Im Magazin der *Süddeutschen Zeitung* erzählt Karina Lübke von einem Volkshochschulkurs für Achtjährige. »Und? Was machst du so?«, fragt einer der kleinen Schüler seinen Sitznachbarn. »Ich bin hochbegabt«, sagt der. Was wie ein Witz klinge, schreibt die Autorin, sei in Bildungsbürgerkreisen Normalität, »ebenso die Gesprächseröffnung beim Kinder-Small-Talk«: »Bist du getestet?«, fragen sich die Kleinen und reden über Intelligenztestergebnisse wie wir, die ungetestete Generation, vielleicht über die Anzahl unserer Legosteine oder Schlümpfe.

Der *Zeit*-Autor Bartholomäus Grill erlebte dieses neue Denken, das er als »Bildungsdarwinismus« bezeichnet, am ersten Schultag seines Sohnes Leo an einer Steglitzer Privatschule. Leos Schulzeit begann nicht mit Schultüte und Familienfoto, sondern mit einer Eröffnungsgala. »Die Familienclans, Opa und Oma inklusive«, schreibt Grill, »umtanzten die verunsichert dreinschauenden Kandidaten wie Filmsternchen. Man hatte gleich das Gefühl, dass in dieser Anstalt die Nachzucht für die Globalisierung zugerüstet wird.« An den Klassenzimmertüren las der verunsicherte Vater Grill: *Our subject is our success* – »Unser Lernziel ist unser Erfolg«. An dieser Schule wollte Leo nicht bleiben. Grill meldete ihn ab. Der Steglitzer Schule dürfte das egal sein. Die Warteliste ist lang. Privatschulen boomen. 2007 wurden pro Woche ein bis zwei private Schulen gegründet. Die Zahl der Schüler ist seit dem Jahr 2000 um fast zwanzig Prozent gestiegen. Immer mehr Eltern wollen, dass ihre Kleinen schon früh zu den Gewinnern gehören, und man ist bereit, dafür zu zahlen. 40 Euro im Monat kostet der Englischkurs für Säuglinge. 100 Euro bezahlen die Eltern bei »FasTracKids«, zwischen 300 und 800 Euro pro Monat kostet ein Platz in einer Privatschule, 600 einer in einem guten privaten Kindergarten. Mindestens.

Ich steige in der »Berliner Vorstadt« aus der Straßenbahn. Was nach Problemkiez klingt, ist die neue Nobelmeile am Rand der Hauptstadt. Hier, direkt hinter dem Ortsschild Potsdam, am Ufer des Heiligen Sees wohnen Prominente und Superreiche, und hier sollen ihre Kinder auch bald angemessen betreut werden. Deshalb haben Privatleute das ehemalige Standesamt der Stadt gepachtet. Sie haben 700 000 Euro investiert, damit aus dem klassizistischen Bau aus dem Jahre 1800 die »Villa Ritz« wird: eine Fünf-Sterne-Kita mit dreitausend Quadratmetern Grundstück. Bis zu fünfzig Kinder sollen hier bald jeden vorstellbaren Luxus genießen. 980 Euro wird die Betreuung pro Monat kosten. Allerdings ist das der Basissatz. Die Eltern können einen Chauffeur oder einen Bodyguard buchen, einen Geigen- oder Chinesischlehrer oder den Villa-Ritz-Dokumentarfilmer, der dann die Party zum dritten oder vierten Geburtstag aufzeichnet. Das alles kostet aber extra.

»Fast tausend Euro ist ja schon ziemlich viel«, sage ich, als ich hinter Raymond Wagner, dem Geschäftsführer der Villa, durch die Eingangshalle laufe, eine Kuppel über uns, ein roter Teppich unter uns. Mein Freund hat gerade einen neuen Vertrag an der Uni unterschrieben. Der öffentliche Dienst spart. Deshalb verdient er jetzt 300 Euro weniger als zuvor. Als wissenschaftlichem Mitarbeiter mit halber Stelle bleiben ihm rund 1000 Euro netto. Er müsste sich dann wohl entscheiden, ob er den Kita-Platz für sein Kind oder die Miete seiner Wohnung und seine Einkäufe bezahlt. Man konkurriere um die Eltern, die sich auch eine Kinderfrau leisten könnten, unterbricht Wagner meine Kalkulation. Außerdem müsse man den Preis in Relation zum Angebot sehen. Eine Erzieherin müsse sich hier um nur sechs Kinder kümmern. In der normalen Welt sind es je nach Bundesland bis zu zwanzig. Die Kinder lernen Englisch. Ihnen wird mittags ein dreigängiges Vollwertmenü gekocht, morgens und abends können sie sich am Büfett bedienen. Wer wichtige Termine hat, kann sein Kind auch mal über Nacht dalassen. Das allerdings kostet wieder extra.

»Buchen können die Eltern die Übernachtung hier«, sagt Raymond Wagner. Wir stehen an einem Tresen, aus dem die Rezeption des Kindergartens werden soll. Wenn die Eltern ihr Kind bringen oder holen, sollen sie nicht lange suchen müssen. An diesem Empfangstresen sollen sie ihr Kind und alle nötigen Infos erhalten. »Das ist unser Komfort«, freut sich Wagner. Und das ist verrückt, denke ich, denn jetzt stehen wir im Wellnessbereich der Kita. Noch ist dort, wo ein großes Aquarium entstehen soll, ein Loch in der Wand. Die Sauna ist aber schon gut zu erkennen. Im Nebenraum werden die Masseure und Physiotherapeuten arbeiten. Auch deren Leistungen können die Eltern dazubuchen. Genau wie Yoga, Ballett oder Meditation. »Manche Dreijährigen haben schon Rückenprobleme«, erklärt mir Wagner, während wir durchs Treppenhaus laufen. »Uns wird ja stets der Vorwurf gemacht, wir zögen hier eine Geldelite heran«, sagt er. »Aber uns geht es um eine Bildungselite, eine geistige Elite.«

»Zu der können dann aber doch nur die gehören, die pro Kind und Monat tausend Euro zahlen«, entgegne ich und animiere Wagner damit zu einem Vortrag über unser »schreckliches System« der Gleichmacherei. »Der Sozialstaat«, erklärt er mir, »orientiert sich stets am Schwächeren. Aber was ist mit dem Stärkeren?« Seit den achtziger Jahren sei es nur darum gegangen, diese Starken schwach zu halten, damit niemand aus einer Gruppe herausragt. So habe Deutschland Ressourcen verschwendet und den Anschluss im internationalen Wettbewerb verloren, findet er. »Wir müssen von der Idee weg, dass der Ernst des Lebens erst in der Schule beginnt.« Schon Kleinstkinder seien zu erstaunlichen Leistungen fähig. Und wenn ein Kind schon mit drei Jahren multiplizieren könne oder mit vier Jahren Englisch spreche, dann werde er dieses Kind nicht bremsen, sondern fördern und fordern.

»Werden sich denn Kinder, die mit sechs die Villa Ritz verlassen, die rechnen können, Englisch und vielleicht auch Chinesisch sprechen, in der Grundschule nicht langweilen?«, frage ich.

»Da gibt es eine Diskrepanz. Aber das ist nicht unser Problem«, sagt Wagner. Schließlich hätten die Kunden der Villa Ritz sowieso kein Interesse daran, ihr Kind auf eine Regelschule zu schicken. Die Villa werde bald mit Privatschulen kooperieren, um den Eltern zu helfen, einen geeigneten Platz zu finden.

Gewinner hier, Normale und Verlierer dort: Diese Einteilung soll also künftig schon im Kindergarten vorgenommen werden. Darauf setzt nicht nur die Villa Ritz. In Stuttgart eröffneten im Jahr 2006 die »Little Giants«. Auch hier kostet der Platz knapp 1000 Euro im Monat. Trotzdem ist die Kita ausgebucht, die Warteliste lang. Die »Little Giants« haben bereits Filialen in Frankfurt und München. Jetzt sucht die Firma Franchise-Nehmer in achtzehn anderen Städten. »Mir wäre es auch lieb, wenn alle Kinder optimal gefördert würden«, sagt Raymond Wagner. Aber das sei nicht bezahlbar. Ob ich fordere, dass deswegen Menschen, die sich eine teure Betreuung leisten können, verzichten sollen, will er wissen. »Wollen wir alle auf der untersten Stufe zugrunde gehen?«, fragt er. Gerecht sei das natürlich nicht. »Aber wo gibt es eine gerechte Welt?«

In Deutschland auf jeden Fall nicht. In zweiunddreißig Ländern untersuchten Wissenschaftler für die PISA-Studie den Abstand zwischen der Leistung von Schülern aus reichen und armen Familien. Nirgendwo war er so groß wie in Deutschland. Das brachte Platz 32. Die für ihre Zweiklassengesellschaft viel geschmähten Vereinigten Staaten belegten Platz 8. Die Zahl der armen Kinder steigt in Deutschland seit Jahren – Anfang 2007 waren es 17 Prozent, fast zwei Millionen. 208 Euro pro Kind, ein Fünftel der Gebühr, die die Villa Ritz verlangt, überweist der Staat Hartz-IV-Familien. Das sind 6,80 Euro pro Tag. Damit müssen sie das Kind ernähren, kleiden und bilden.

Melina ist eines dieser Kinder. Sie ist elf Monate alt. Ihr Großvater lebt von Hartz IV, ihre Eltern auch. Kevin und Mike, ihre Onkel, sind sieben und neun Jahre alt und gehen auf die Wattenscheider Förderschule. Eine Schule, die sagt, dass sie die Kinder nicht auf den Beruf, sondern auf ein Leben von der Stütze vorbereite. Man wolle keine falschen Hoffnungen machen. Bisher begann die Förderschule mit der vierten Klasse. Das ist seit Kurzem anders. Eine erste, zweite und dritte Klasse sind dazugekommen. Der Weg in Richtung Hartz IV beginnt also schon für Sechsjährige. Oder noch früher. Melina hat kaum Spielzeug. Schon morgens sitzt sie oft auf der schwarzen Ledercouch, während das Frühstücksfernsehen läuft. Sie hat kein Stühlchen, in das sie zum Füttern gesetzt werden kann, und in ihren ersten Lebensmonaten hat sie wahrscheinlich mehr Zigarettenqualm eingeatmet als andere in ihrem Leben. Oft fehlt ihren Eltern am Ende des Monats das Geld für Windeln, manchmal auch fürs Essen. Weil sie wenig haben und weil sie mit dem wenigen schlecht umgehen können.

Vielleicht ist Melina sehr klug. Vielleicht könnte sie auch mit drei Jahren schon multiplizieren oder mit vier schon Englisch sprechen. Vielleicht hätte sie Spaß an Yoga oder am Geigenunterricht. Erfahren wird man das wohl nicht. Melina ist ein Kind der Unterschicht, keines der Villa Ritz. »Gerecht ist das nicht. Aber wo gibt es eine gerechte Welt?« Melinas Schicksal mit diesem Satz fast achselzuckend hinzunehmen ist zynisch. Es gab mal die Idee der Solidarität. Dass die, die viel haben, auch viel dazu beitragen, dass es allen besser geht. Wenn die einen erst in die Luxus-Kita und dann in die Privatschule gehen, während die anderen erst vor dem Fernseher sitzen und dann die Förderschule besuchen, ist von dieser Idee nichts mehr übrig. Dann sollte aber auch jemand den Mut haben, Melina das zu sagen.

ELITE MIT MIGRATIONSHINTERGRUND

Es ist gerade dunkel geworden. Ich stehe in Brüssel, am Place Schumann, blicke auf das Berlaymont-Gebäude, das vielstöckige Verwaltungszentrum Europas. Wäre heute nicht Samstag, würden fünfundzwanzigtausend Europa-Beamte, Hunderte Parlamentarier und unzählige Interessenvertreter hier verwalten, verhandeln und dinieren, im Takt der vollen Terminkalender. Hier, wo ich stehe, würden Menschen aus der Metro-Station quellen, Autos würden sich stauen. Jetzt ist um mich herum alles leer. Kein Mensch, keine fahrenden Autos, nur ein einsam wartendes Taxi. Das Europaviertel rund um den Place Schumann führt an Werktagen ein hektisches Leben, das am Wochenende fast völlig erlischt.

Dies hier ist einer der Orte, an denen deutlich wird, wie konsequent sich die Elite manchmal von der Masse abwendet. Im Rücken der dreckigen, aber lebendigen Stadt Brüssel hat sich Europa ein eigenes Reich errichtet. Normale Menschen trifft man hier nur als Dienstleister in Hotels, Restaurants und Kiosken an. Am Wochenende, wenn Europa nach Hause gefahren ist, essen, feiern und schlafen diese Menschen unten in der Stadt. Das Europaviertel bleibt verlassen zurück.

Glücklicherweise muss ich hier nicht bleiben, sondern habe in dem Teil von Brüssel, der auch an Samstagen existiert, eine Verabredung. Ich werde zehn junge Menschen treffen, deren Lebenslauf sie eigentlich zu geborenen Verlierern macht. Sie sind zwischen neunzehn und einundzwanzig Jahren alt, in China, dem Iran oder der Türkei geboren. Die erste Erinnerung, die einige von ihnen an Deutschland haben, ist die an den Schlagbaum eines Auffanglagers für Flüchtlinge. Nur drei der Studenten sind in Deutschland geboren, in keiner der Familien ist Deutsch die Muttersprache. Problemkinder, sagt die Bildungsstatistik. Studenten, sagt ihr Lebenslauf, und allein das ist schon eine Sensation. Denn nur sieben Prozent der über zwei Millionen Studenten in Deutschland sind Migrantenkinder. Eine Mehrheit stellen sie dagegen in den Kategorien »Hauptschüler« und »Schulabbrecher«.

Rund die Hälfte der Fünfzehnjährigen aus Migrantenfamilien konnte bei Tests gerade einmal simpelste Texte lesen. Betrachtete man nur die Jugendlichen, in deren Familien türkisch gesprochen wird, sackte die durchschnittliche Lesefähigkeit auf Grundschulniveau. Und wenn es doch einmal einer schafft, schnappt offensichtlich im Kopf vieler Lehrer die Rassismusfalle zu: Selbst bei gleicher Leistung werden Migranten oft schlechter bewertet. Während sie zur Hauptschule geschickt werden, kann sich der gleich starke deutsche Mitschüler oft über eine Gymnasialempfehlung freuen. Diese Schieflage ist wohl das Resultat einer nicht existierenden Integrationspolitik. Deutschland hat sich nie sonderlich bemüht, die Kinder derer, die einwanderten, zu fördern. Das Schulsystem, das früh sortiert und Kindern, die einen schweren Start hatten, kaum Chancen bietet, aufzuholen, besorgte den Rest. Kinder, deren Eltern nach Schweden, Norwegen, Österreich oder in die Schweiz gingen, haben weitaus bessere Karten als die, deren Eltern nach Deutschland kamen.

Aadish, Gülsah, Nawid, Edward, Waldemar, Jakob, Alexander, Jin-Kyu, Helen und Fatos haben es trotzdem geschafft. Sie sind ein lebendes »Es geht doch«. Und deshalb hat der Mobilfunkkonzern Vodafone die erstklassigen Abiturienten zur Elite gekürt, zur Elite mit Migrationshintergrund. Aufgereiht sitzen sie an einer langen Tafel. Vodafone hat gerade einen Kir royal ausgegeben. Gülsah und Fatos, die zwei Muslima in der Runde, bitten um Saft. Es ist das perfekte Werbefoto für ein neues, offenes Deutschland. Vodafone preist die zehn als »Aufsteigergruppe«, als »Bildungselite«, als »positives Beispiel für die Gesellschaft und Mitmigranten« und lässt sich ihre Unterstützung einiges kosten. Das »Chancen«-Stipendium, das die firmeneigene Stiftung im Jahr 2006 aufgelegt hat, ist eine der umfangreichsten Förderungen, die es in Deutschland gibt: Vodafone zahlt den Stipendiaten knapp 600 Euro für den Lebensunterhalt, dazu Büchergeld, Reisen, Sprachkurse und, das größte Schmankerl, die Gebühren für ein Studium an einer privaten Universität. Insgesamt investiert Vodafone in jeden Studenten gut 80 000 Euro.

Meine vorurteilgeschulten Augen bleiben sofort an Fatos hängen. Sie trägt Kopftuch und ein langes Gewand. Frauen wie sie blenden Fernsehsender gern ein, um die Themen »Verlierer« oder »Islamismus« zu illustrieren. Fatos aber war außer in der Grundschule stets die Klassenbeste. Sie wurde in der Türkei geboren. Als sie ein Jahr alt war, kamen ihre Eltern nach Berlin, weil ihr Vater bei Siemens arbeiten konnte. Die Mutter, die Fatos, die große Schwester und den kleinen Bruder erzog, sprach türkisch mit den Kindern. Deutsch lernte Fatos erst im Kindergarten. Ein klassischer Einwandererlebenslauf, der nur für acht Prozent der Schüler auf dem Gymnasium endet. Fatos aber schaffte es. Sie übersprang sogar die elfte Klasse und machte dann ein sehr gutes Abitur: Über ihren Schnitt von 1,7 sei sie ein bisschen enttäuscht gewesen, sagt sie, hätte es doch die gesamte Oberstufe, bis sie vier Monate lang krank ausfiel, nach einem 1,0-Schnitt ausgesehen. »Ich habe immer viel gelernt. Um es als Ausländer in der Schule zu schaffen«, erklärt sie mir, »ist man besser fleißiger als alle anderen.«

»Habt ihr Angst, dass man euch als Alibi-Ausländer benutzt?«, frage ich. »Um zu zeigen: Es geht doch, in Deutschland als Ausländer erfolgreich zu sein?«

»Ich fühle mich schon manchmal als Vorzeigetürkin«, antwortet Fatos. »Aber irgendwer muss schließlich anfangen. Ich möchte Vorbild sein. Und vielleicht werden aus uns zehnen dann bald tausend.« – »Aber nur vielleicht«, sagt sie noch einmal. Denn Diskriminierung sei für ausländische Schüler Alltag. Fatos hat erlebt, dass Ausländer trotz guter Klausuren bei manchen Lehrern stets schlechte Zeugnisnoten bekamen. Ihre Freundin hatte einen Lehrer, der sie ein Jahr lang nicht drannahm. »Bei dem stand kein Ausländer besser als vier«, sagt sie. Während ihrer Schulzeit musste sie sich laufend von einem ihrer türkischen Freunde verabschieden: »In der siebten Klasse waren wir noch so viele Türken, dass es für eine eigene Klasse gereicht hätte. Am Ende, beim Abi, waren es nur noch zwei.«

Fatos blieb. Ihre Noten hätten sie unantastbar gemacht, glaubt sie. Kein Lehrer hätte ihr, die stets Einsen schrieb, ernsthafte Probleme machen können. Heute leitet sie eine Gruppe für muslimische Mädchen und trichtert ihnen die Lehren ihrer Schulzeit ein: »Seid besser. Lernt. Nur wenn ihr in der Schule gut seid, kommt ihr voran.« Und trotzdem. Als Fatos gemeinsam mit ihrer Freundin und zwei guten Abschlüssen in der Tasche vor einer Kreuzberger Berufsberaterin saß, meinte die: »Ihr seid doch Türkinnen, wieso wollt ihr studieren? Ihr werdet früh heiraten, dann Hausfrau werden. Da ist das doch Zeitverschwendung.« Erst hätten sie ungläubig, aber dennoch getroffen, gelacht, sagt Fatos. »Aber die hörte nicht auf damit. Die wollte uns nicht einmal konkrete Fragen zu Universitäten beantworten. Da haben wir das Gespräch abgebrochen.« Seit dem 11. September 2001 kämen noch die täglichen Anfeindungen auf der Straße dazu, erzählt sie. Unter der Hand in der Uni, offen auf der Straße, in der U-Bahn. Leute setzten sich weg. Andere schrien sie an: »Islamistenschwein! Raus aus Deutschland!« Aber man könne lernen wegzuhören, zu ignorieren, sagt Fatos.

Sie studiert, wie Bernd, an einer Privatuniversität. Die Bucerius Law School in Hamburg gilt als Kaderschmiede für junge Juristen. Auch hier kostet das Studium insgesamt mindestens 30 000 Euro. Fatos' Vater, der nach einem Unfall nicht mehr arbeiten kann, könnte die Gebühr unter keinen Umständen zahlen. Aber die Kosten übernimmt ja jetzt Vodafone, denn das Stipendium gilt nur, wenn die Migranten an einer privaten Hochschule studieren. Ein Studium an einer staatlichen Universität fördert Vodafone nicht, egal wie groß Migrationshintergrund und Talent des Bewerbers auch sein mögen.

»Ein erfolgreiches Studium an einer anerkannten Privathochschule bietet Studierenden nachweislich bessere Voraussetzungen für den Berufseinstieg und Karriereverlauf. Diese Chance möchten wir auch begabten jungen Menschen mit Migrationshintergrund eröffnen«, beantwortet Vodafone meine Frage nach dem Warum in bestem Konzerndeutsch. Das heißt, das Unternehmen hält vor allem die Privatuniversitäten für einen Karrierekatalysator und möchte, dass auch Kinder von Einwanderern an diesen selbst ernannten Elite-Universitäten studieren können.

Eins wäre für die Berufsberaterin aus Kreuzberg vielleicht noch interessant: Heiraten will Fatos erst nach dem Studium. Und sie will nicht Hausfrau werden, sondern bei der EU oder bei Amnesty International anfangen. Um dieses Ziel zu erreichen, folgt sie weiter ihrem alten Plan: Besser sein. Sie schläft fünf Stunden pro Nacht. Um acht Uhr morgens sitzt sie in der Bibliothek und lernt meist, bis die Sonne untergeht. Nur dienstags macht sie früher Schluss, da hat sie einen Kurs in arabischer Kalligrafie belegt, »zur Entspannung«, sagt Fatos. Das klingt nach Bernd mit türkischem Hintergrund. Ich frage mich weiter durch die Runde und habe schnell den Eindruck, dass Fatos' Vierzehn-Stunden-Tage auch hier normal sind. Seid fleißiger, arbeitet mehr, dann habt ihr Chancen, es zu etwas zu bringen. Auch wenn ihr von ganz unten kommt. Das ist die Botschaft der Runde. Eine Botschaft, die glaubwürdig ist, die durch Geschichten, die ich so schnell nicht wieder vergesse, mit Leben gefüllt wird. Eine Botschaft, die auch Mario und Bernd gefallen würde. Denn keiner hier fordert, dass man rassistischen Lehrern an den Kragen müsse, dass die Politik sich gefälligst besser um sie, die Kinder derer, die sie einst einlud, kümmern müsse. Es sind Geschichten über Ehrgeiz, Fleiß und Willen. Eigenschaften, die auch den, der die schlechtesten Startchancen hat, zum Sieger werden lassen.

Zwei in der Runde allerdings sind anders. Der eine, ein junger Iraner namens Aadish, hatte still zugehört, als ich erzählte, dass ich zum Thema »Elite« recherchiere, und mir seine E-Mail-Adresse aufgeschrieben. »Lass uns später in Ruhe treffen!«, sagte er.

Der andere, Alexander, rückt seinen Stuhl neben mich. Er streicht die blonden Haare hinters Ohr und sagt: »Ein Buch über das Thema Elite – das interessiert mich sehr. Das Thema ist prickelnd.« Er selbst schreibe auch, seit frühester Jugend. Allerdings Gedichte, vor allem Liebeslyrik. Alexander spricht Deutsch mit reizendem französischem Akzent. Er lächelt, als ich ihn darauf anspreche. Alle sehen in ihm den Franzosen. Das mag am Akzent liegen, an den langen blonden, nach hinten geföhnten Haaren und sicher auch an seinem fast aristokratischen Auftreten. Alexander sitzt kerzengerade am Tisch, bewahrt Haltung beim Essen, beim Sprechen, beim Rauchen. Manchmal muss er hüsteln. Dann dreht er den Kopf zur Seite, hält die gestreckten Finger vor den Mund, entschuldigt sich. Alexander würde wohl jeden Türsteher jedes noch so restriktiven Society-Clubs passieren können. Seine feine karierte Stoffhose steckt in wadenhohen Reiterstiefeln, sein Hemd durchziehen dünne rosafarbene Streifen, sein Handgelenk ziert eine Armani-Uhr. In einem Steckbrief hat er Dior Homme als Lieblingsmodemarke angegeben. Über sich selbst sagt er: »Ich bin wie Effi Briest. Ich verzichte auf das Zweitbeste.«

Ganz offensichtlich kommt Alexander aus sehr gutem Hause. Er ist Sohn einer Familie, die zu den Obersten in Georgien gehörte. Alexander ist in dem Bewusstsein aufgewachsen, ein Kind der oberen Eintausend zu sein. Ein Privilegierter in einem ansonsten armen Land. Gott, so lernte Alexander, habe Intelligenz, Einfluss und Wohlstand eben nicht gleich verteilt. »Sei dankbar, dass es dir gut geht«, habe der Vater immer gemahnt. »Lass die, denen es schlechter geht, nie deine Überlegenheit spüren.« Aber irgendwann wurde das Leben in Georgien zu gefährlich. Die Familie entschied, nach Deutschland zu fliehen. Schon drei Wochen später landeten sie am Frankfurter Flughafen. »Ich konnte nicht mehr als Buchstaben erkennen und so Kleinigkeiten sagen wie ›Hallo‹ oder ›Wie geht's?‹. Aber das war es dann auch.« Georgisch, Russisch, Englisch – diese Sprachen beherrschte er, hatte seine Familie doch stets auf die Bildung der Kinder geachtet. Aber jetzt hatte die Flucht ihn in ein Land geführt, dessen Sprache er nicht kannte. Sie landeten im Dezember. Alexander erinnert sich an den deutschen Schnee und daran, dass die Häuser so schön weihnachtlich dekoriert waren.

Er erinnert sich auch an die Enge im Auffanglanger Unna-Massen, an die Schule, die er dort mit vielen Russen und Polen, die alle in ihrer Muttersprache redeten, besuchte, und an die Lehrerin, die auf den georgischen Jungen, der so gut Englisch sprach, aufmerksam wurde. Sie ließ ihn Figuren bauen und Muster legen und testete so seine Intelligenz.

Als das Ergebnis vorlag, habe eines der angesehensten und teuersten Internate des Landes ihm ein Vollstipendium angeboten. Er lehnte ab. »Wegen meiner Mutter«, sagt Alexander. Sie habe ihren Sohn nicht ziehen lassen wollen. Gerade fünfzehn, und dann weg von zu Hause, in ein Internat, in dem reiche Kinder der Legende nach gern ausschweifende Feste feiern. Das Nein der Mutter war für Alexander Gesetz, und man suchte nach einer angemessenen Alternative. Alexander kam auf ein Gymnasium an der Königsallee in Düsseldorf, obwohl er die Sprache der Mitschüler noch immer nicht beherrschte. Aber in diesem Moment, sagt er, sei ihm klar geworden, dass er noch lange in Deutschland bleiben würde. Und weil er Wörterbüchern nicht traut, begann er seinen ganz eigenen Deutschkurs. »Ein Buch, das ich zu der Zeit sehr mochte, war ›Lolita‹ von Nabokov. Ich habe eine Ausgabe auf Russisch und eine auf Deutsch vor mich gelegt und die Seiten parallel gelesen. Und so habe ich mit vielen Büchern, die ich aus Georgien schon kannte, Deutsch gelernt.« Am Anfang fiel er in der Schule ständig auf, zum Beispiel, weil er aufsprang, wenn der Lehrer den Raum betrat, oder weil er das Schnipsen mit den Fingern, mit dem die Mitschüler nach Aufmerksamkeit heischten, verachtete. »Das kenne ich nur bei Kellnern, dass man so etwas tut. Es ist einfach eine schlechte Erziehung, einen Lehrer so anzuschnipsen.«

Aber dann schaute er sich seine Umgebung immer genauer an. Er bekam einen Job im Exklusivhaus der Modemarke Breuniger, verdiente relativ bald ziemlich viel Geld und lernte das kennen, was er ehrfurchtsvoll das Düsseldorfer Leben nennt. »Kennst du Düsseldorf?«, fragt Alexander.

»Nicht wirklich«, bekenne ich.

»Weißt du, wie Düsseldorf sich anfühlt?«

»Nein.«

»Kannst du dir vorstellen, wie es ist, wenn man an der Kö die Schule besucht, dort nebenher arbeitet, dort ausgeht?«

»Nein«, sage ich wieder. »Überhaupt nicht.« Ich sehe, dass ich ihn enttäusche.

Düsseldorfer zu sein erfüllt ihn mit Stolz. Sein Pass ist georgisch, gerade mal seit fünf Jahren wohnt er in der Stadt. Trotzdem identifiziert er sich mit Düsseldorf. Die Stadt steht für das Leben, das er liebt und von dem er mir lange erzählt, in der Hoffnung, dass ich doch noch begreife, wie Düsseldorf sich anfühlt. Seine Clique stehe auf fast jeder Gästeliste, sagt er. Sie feiern in Clubs an der Kö, in denen Kinder reicher Eltern Champagnerflaschen bestellen, die sechs Liter fassen. »Wenn die die Flaschen vor sich stehen haben, glauben sie übrigens, Elite zu sein«, sagt Alexander. »Sie haben mehr als andere und glauben, besser zu sein.« Alexander hält diesen Glauben für einen Trugschluss. »Das Geld ist von den Eltern, und sie selber haben nicht viel erreicht. Manche denken, jeder, der Golf spielt, ist Elite.« In Georgien, sagt er, sei die Sache klar: »Da bedeutet Elite Oberschicht – oder im bösen Sinne: Bonzen.« Hier in Deutschland sei der Begriff weniger greifbar, werde missverstanden und von vielen missbraucht.

»Was ist denn Elite für dich?«

»Für mich gehören zur Elite Leute, die überdurchschnittliche Leistungen vollbringen, eine entsprechende Kultur haben und ein entsprechendes Benehmen. Elite wird man, wenn man viel im Leben erreicht hat, wenn man finanziell, aber auch geistig weiter ist als andere.« Deshalb, sagt Alexander, sei ausgeschlossen, dass Düsseldorfer Jugendliche im Alter von zwanzig Jahren Elite seien. Eine gute Familie, sagt er, sei eine gute Ausgangsbasis. Aber die Ambitionen, etwas zu werden, die müsse man schon selber haben. Unter seinen Freunden sind einige, die überzeugt sind, schon durch die Geburt etwas zu sein. In seiner Clique sind »Doppel-Vons«, Menschen also, deren Eltern jeweils einen Adelstitel in die Ehe einbrachten. Oft hätten die Kinder dann nicht nur zwei Titel, sondern auch noch fünf Vornamen. Eigentlich auch unnötig, sagt Alexander. Das habe schon Shakespeare begriffen. Oder sei sein berühmtes *What's in the name?* nicht so zu verstehen? Außerdem kenne er Mädchen, die tagein, tagaus ihre Schönheit pflegen, weil es ihr Plan sei, reich zu heiraten und damit dem Beispiel der Mutter und der Tanten zu folgen.

Ich frage mich, warum ich solche Menschen nicht kenne. Es zögen einen immer die Leute an, die aussähen wie man selbst, sagt Alexander. »Wenn du Rapper bist, wählst du Rapper. Wenn du Technomusik hörst, suchst du die Leute aus, die dementsprechend aussehen. Und wohlhabende Leute aus guter Familie mit guter Erziehung, die haben Pläne für die Zukunft, die wollen etwas werden im Leben. Das sind auch meine Interessen.« Klingt logisch, erklärt aber nichts. Ich habe diese Menschen ja nicht ignoriert, weil ich andere Interessen habe. Ich bin ihnen noch nie begegnet, ehrlich gesagt habe ich ihre Existenz bislang bezweifelt. Menschen wie Alexanders Freunde und ich haben wohl völlig unterschiedliche Leben geführt.

Ich bin in einer Kleinstadt im Münsterland groß geworden, dort auf die städtischen Schulen gegangen. Studiert habe ich im Ruhrgebiet, wo sich die High Society weitestgehend auf Fußballer beschränkt. Sprich, ich habe mich mein Leben lang an Orten herumgetrieben, an denen diese Kreise nicht verkehren. Aber wie findet man die richtigen Orte, die Clubs, in denen man feiern muss, die Schulen, die man besuchen muss, um dazuzugehören?

Durchs Internet sei das ziemlich einfach geworden, erklärt Alexander. Man vernetze sich in exklusiven Foren. Der Zugang sei passwortgeschützt, rein käme man nur auf Einladung, nur mit glaubwürdiger Empfehlung. *Reicher-als-du.de*, sei eine bekannte Adresse und vor allem *Schwarzekarte.de*. Das sei lange die entscheidende Communitiy gewesen, sagt er. Aber inzwischen habe sie das Schicksal vieler solcher Zirkel ereilt: Irgendwann würde solch eine Adresse zu bekannt und sei dann überlaufen. Auch hier scheint zu gelten, dass Elite und Masse sich generell nicht vertragen. Trotzdem würde ich die Menschen, von denen er mir erzählt, noch immer bei der schwarzen Karte finden, sagt Alexander.

»Meinst du«, frage ich schüchtern, »du könntest mich einladen? Gar empfehlen?«

»Klar«, sagt Alexander, und tatsächlich erhalte ich zwei Tage später meinen Zugang.

SCHWARZEKARTE

Das Wappen von *Schwarzekarte* ist ein schwarz-weißer Schild, der eine kleine Krone trägt. Heute um 17 Uhr 45 hat mich *Schwarzekarte* offiziell willkommen geheißen, seitdem ist es auch mein Wappen. Für 9 Euro könnte ich es mir sogar kaufen, in Silber oder Schwarz, um es mir, wie vorgeschlagen, ans »Hemdrevers« zu heften. Für solche Insignien ist es mir noch zu früh. Als ich mich zum ersten Mal einlogge, ertönt eine Begrüßungsmusik. Dann sehe ich Bilder von schneebedeckten Bergen. »Freundschaften erweitern den Horizont«, lese ich. »Diese muss man nicht dem Zufall überlassen.« Nochmals werde ich darauf hingewiesen, dass eine Einladung nötig ist, um Zutritt zum Netzwerk zu erhalten. Nur so könne *Schwarzekarte* möglichst privat und familiär gehalten werden, schreiben die Organisatoren.

Ich fühle mich wie ein Eindringling, als ich meinen Namen und das Passwort eintippe. Ich soll ein Profil anlegen, meine Lieblingschampagnermarke angeben, die favorisierte Automarke und mein bevorzugtes Modelabel. Habe ich alles nicht. Ich starre auf die Liste, aus der ich meine liebsten Freizeitinteressen wählen soll. Golf oder Polo? Jagd oder Fechten? Fußball und Musik kreuze ich an und hoffe, mich damit nicht sofort zu disqualifizieren. Ich werde angenommen und klicke mich die nächsten zwei Tage völlig fasziniert durch die Parallelwelt meiner »neuen Freunde«. Ich erfahre, dass der Name *Schwarzekarte* an eine Premiumkreditkarte erinnern soll, und bin froh, dass ich im Profil nicht angeben musste, dass ich nur ein Volksbankkonto habe. Ich lerne schnell, dass das Leben der im Schnitt Anfang-zwanzigjährigen Mitglieder hier nicht nur, was die Art, seine Einkäufe zu bezahlen, angeht, nach eigenen Regeln funktioniert.

Regel eins: Man sieht anders aus als in meiner Welt. Sportjäckchen, Sneaker und Jeans scheinen hier kaum zu existieren. In einem Forum werde ich später lesen, dass diese Kleidung »Sozen-Mode« sei. Das *Schwarzekarte*-Mitglied, das zum Netzwerkbotschafter für New York berufen wurde, hat sich bei einem Sommerfest in weißer Anzughose und maritimem Jackett, mit Sonnenbrille, wiesengrüner Krawatte und passendem Einstecktuch ablichten lassen. Der Botschafter für Heidelberg trägt ein rosafarbenes Ralph-Lauren-Hemd und auch eine schwarze Sonnenbrille. Die ist üblich, genau wie die langen, zurückgegelten Haare. Einer der Hamburger Botschafter trägt nichts – außer der schwarzen Sonnenbrille, einer Boxershorts und einem Whiskeyglas. Schließlich steht er unter Palmen. Sein Lebensmotto: »Stil ist eine Fähigkeit, Entscheidungen zu treffen.«

Regel zwei: Man heißt anders als meine alten Freunde, und man besucht andere Orte. Durchsucht man das Netzwerk zum Beispiel nach den Vornamen Konstantin, Theresa oder Maximilian erhält man Hunderte von Treffern. Die Häufung von Adelstiteln ist erstaunlich, und wer keinen Titel hat, schmückt seinen schnöden Namen wenigstens mit den Initialen der Zweit- oder Drittvornamen. Man nennt sich Benedikt M., Frederik H. C. oder Benjamin C. K.

Kurz nach meinem Eintritt ins Netzwerk lädt mich Louis Sayn-Wittgenstein-Sayn zum *Schwarzekarte*-Skiwochenende nach Garmisch ein. Zu den Orten, in denen die *Schwarzekarte*-Mitglieder leben, gehören Sylt, St. Moritz und New York. Im Forum wird diskutiert, ob Dubai neue Netzwerk-Stadt werden soll. Ein Mitglied, dessen Lebensmotto »Niveau ist keine Handcreme« lautet, ärgert sich, dass die arabische Geldmetropole noch fehlt. Seine Wut ist er übrigens in nachlässiger Rechtschreibung losgeworden, wie viele, die das *Schwarzekarte*-Forum nutzen. »Es gibt z. Zeit kaum eine andere Stadt«, schreibt er, »die so viel Potenzial hat. In puncto Lifestyle, Wirtschaft, Sport, Clubbing und Kultur hat Dubai so dermaßen viel zu bieten.« Noch wartet Dubai auf die Aufnahme, Saint-Tropez dagegen hat es geschafft. Etliche Netzwerkmitglieder schreiben, dass sie jeden Sommer »unten an der Côte seien«, und diskutieren über Abende im Palais in Cannes: »Eine unglaubliche Location. Das Problem ist die Anordnung der Tische und VIP-Tische.« Ein anderer hält die Preise im Byblos in Saint-Tropez für übertrieben. »Man muss dort für 'ne Flasche Moet so um die 500 € hinblättern. Aber«, fügt er resigniert hinzu, »das ist Saint-Tropez.«

Regel Nummer drei lautet schließlich: Man protzt durchaus mit seinem Reichtum. Viele Mitglieder lassen sich mit einer riesigen Champagnerflasche am Mund und ein, zwei sonnengebräunten, designerdekorierten Mädchen im Arm fotografieren. Der Botschafter für Lancaster posiert auf einer Jacht, an deren Heck die Ortsmarke Saint-Tropez gut zu lesen ist; außerdem hat er sich neben der Motorhaube eines alten Bentleys knipsen lassen. Ein Junge hat in seiner Bildergalerie ein Foto von sich, auf dem er im Gras sitzt, in seinem Arm ein frisch geschossenes Reh. Der Hals des Tieres ist noch blutig, der Blick des Jägers triumphal. Den Tag bei der Jagd oder auf dem Golfplatz lässt man offenbar gern bei einem guten Wein aus dem heimischen Keller ausklingen. Auch wenn die meisten der *Schwarzekarte*-Nutzer gerade erst zwanzig geworden sind, debattieren sie im Forum über teure Flaschen. Zur Vorabinformation: Die Hauptdarsteller im folgenden Dialog kosten nach Angaben eines renommierten deutschen Weinkellers zwischen 250 und 600 Euro.

»Ich habe eine Magnum-Flasche Château Mouton Rothschild, würde den eigentlich gern noch ein bisschen behalten, nur das Ding ist ein 87er-Jahrgang. Denkst du, ich sollte den trinken, wegen dem schlechten Jahrgang, oder meinst du, ich könnte den noch ein bis zwei Jahre behalten?«

»WOW! Mouton Rothschild aus der Magnum ist wahrlich ein Schatz in Deinem Keller. Nur kann der 87 bei Weitem nicht mit 82 und 86 mithalten. Schlage vor, Du lädst Freunde ein, die einen guten Wein schätzen, kochst was Feines (oder lässt was Feines kochen) und genießt diese wunderbare Flasche.«

»Mit was man mich auch locken kann: Marqués de Cáceres Grand Reserva 1985 aus der Rioja Alta. An dieser Stelle: Danke, Papa!«

Diese Themen möchte man allerdings im exklusiven Kreis diskutieren. Und gerade diese Exklusivität sehen viele Mitglieder gefährdet. Über hunderttausend junge Menschen sind im Sommer 2007 bei *Schwarzekarte* angemeldet. Über eine Million Mal pro Monat rufen sie die Seite auf. Viele, aber nicht alle, sind reich und aus gutem Haus. In den Club dringen immer mehr Spanner ein, so wie ich. Damit teilt *Schwarzekarte* das Schicksal ähnlicher exklusiver Internetforen.

2004 gründete der Sohn eines schwedischen Diplomaten aSmallWorld, das Rolemodel der Bewegung. Seine Seite sei ein Club für junge Banker, Berühmtheiten und Models, sagte der Gründer. Ein Club, in den nur Eingeladene gelangen. ASW, wie Insider sagen, galt schnell als die Plattform der Reichen und Schönen. Wie teuer ist ein Privatjet? Wo bekomme ich ein Loft in New York? Wer geht zum Dinner mit Al Gore? Bei ASW fand sich garantiert jemand, der Tipps geben konnte. Aber dann wurde bekannt, dass auch Paris Hilton, Quentin Tarantino oder Naomi Campbell bei ASW verkehrten. Die berühmten Namen zogen Gaffer an. Das Netzwerk wuchs aus Sicht des Gründers unkontrolliert. Die Zugangskriterien wurden verschärft, die Zahl der Mitglieder auf 250 000 weltweit begrenzt. Im vergangenen Sommer wurde ein Einladestopp verhängt.

Bei *reicher-als-du.de*, dem selbst ernannten »exklusiveren Forum« für eine Elitegesellschaft, die sich nur über Luxus und Reichtum definiert, werde ich abgelehnt. Auch bei *Schwarzekarte* wird seit Langem über einen Einladungsstopp diskutiert. Im Forum mahnt einer, dass es an der Zeit sei, offen auszusprechen, dass viele »der in den letzten Monaten (massenhaft) neu akkreditierten Mitglieder kein positiver Zugewinn sind«. Wenn es so weiterginge, klagt ein anderer, würde aus einem »exklusiven Lifestyleportal immer mehr ein ganz normales«. Dass sie zumindest hier unter Gleichen sind, ist den meisten sehr wichtig. Denn draußen, in der wirklichen Welt, fühlen sich viele ungerecht behandelt. Sie glauben, diskriminiert zu werden, von den anderen, die sie »Prolos« nennen.

»Kann es sein«, fragt einer, der Düsseldorf, Sylt und den Porsche Carrera GT liebt, im Forum, »dass der Neid in Deutschland immer schlimmer wird? Aufgefallen ist es mir erst so richtig, als ich dieses Jahr längere Zeit in den Staaten war. Wenn man dort mit einem schönen Auto vorfährt oder eine teure Uhr anhat, wird man nicht schief angeschaut, sondern gefragt, wie toll dieses oder jenes ist und was man arbeitet, um sich so etwas leisten zu können.« In Deutschland dagegen, beklagt er, müsse einer, der seinen Wohlstand zeigt, mit ständiger Ablehnung rechnen. »Manchmal ging es schon so weit, dass ich extra weiter weg geparkt habe, damit man nicht wieder erklären muss, warum man dieses oder jenes Auto fährt.« Er beendet seinen Eintrag mit einem pathetischen Zitat: »Warum Deutschland keine Heimat ist?

Weil Neid und Missgunst in Deutschland keinen Platz für Helden lassen.«

»Neid ist in Deutschland die höchste Anerkennung, die man bekommen kann«, tröstet ein Netzwerkfreund den Porsche-Liebhaber.

»Irgendwie gewöhnt man sich ja dran«, schreibt ein anderer. »Ich find halt nur extrem schade, dass Neid nicht dazu benutzt wird, an sich selbst zu arbeiten.« Die meisten Deutschen, schimpft er, würden »ihren Arsch nicht hochbekommen, sondern nur meckern, dabei Frauentausch gucken und warten, bis Vater Staat ihnen das Geld aufs Konto überweist.«

Ein Mädchen, das ihr Taschengeld mit Vorliebe in die Nobellabels Ralph Lauren, Burberry oder Hugo Boss investiert, klagt, dass sie sich früher in der Schule oft blöde Sprüche wegen ihrer teuren Kleidung hätten anhören müssen. Ihre Eltern hätten sie dann immer mit einem Satz getröstet, den sie jetzt auch den anderen Netzwerkern mitgeben möchte: »Mitleid bekommt man geschenkt, Neid muss man sich erarbeiten.«

2437 *Schwarzekarte*-Mitglieder haben sich die Neid-Diskussion angeschaut, über sechzig haben sich beteiligt, und einer, ein Chemiestudent aus Köln, wagt tatsächlich, ganz entschieden zu widersprechen. »Es wundert euch tatsächlich, dass Neid aufkommt, wenn die große Masse der Bevölkerung bei vier Millionen Arbeitslosen und gigantischen Haushaltslöchern in Staat und Land sieht, wie andere Leute das Geld mit beiden Händen zum Fenster rauswerfen?«, fragt er und fügt hinzu: »Und diesen Blödsinn von wegen ›Der hat es sich eben verdient‹ könnt ihr gleich wieder einpacken. Dass sich jemand von ganz unten nach oben gearbeitet hat, ist ja wohl eher die Ausnahme.«

Keiner geht auf seine Argumente ein. Der Chemie-student ist hier offenbar Exot. Immerhin wird er nur ignoriert. Erschreckend häufig aber vergessen die Kinder reicher Eltern ihre sicherlich gute Erziehung. Wer sich verdächtig macht, mit gefälschten Hermès-Gürteln oder Breitling-Uhren zu protzen, wird als »Opfer« oder »Prolo« beschimpft. Im Forum eines Freiburger Stadtmagazins, das einen Artikel über die geschlossenen Netzwerke des »Net-Jetsets« veröffentlicht hat, tobt zwischen einigen *Schwarzekarte*-Mitgliedern und den Lesern der Zeit-schrift ein wahrer Klassenkampf.

»Diese Schickimicki-Bourgeoisie gehört verboten«, schimpft ein Leser. »Ihr einfachen Arbeiterkinder«, schlägt ein *Schwarzekarte*-Mitglied zurück, »ihr seid doch nur eifersüchtig. Ein Leben in Armut … Muss das scheiße sein!« Ein anderer widmet seine Botschaft »dem Pöbel«, der sich über *Schwarzekarte* beschwert: »Weil wir für euch arbeitslose, links orientierte Proleten so viel Steuern zah-len müssen, können wir nur drei Porsche fahren. Also geht gefälligst ARBEITEN!!!«

Ein Dritter droht: »Kommen von Eurer Seite noch irgendwelche unqualifizierten Bemerkungen gegenüber elitären Netzwerken, so mache ich einen Anruf, und eure Väter sind arbeitslos, wenn sie es nicht schon sind. Vergesst nie: Wenn wir wollen, kaufen wir Euch auf!« Ein anderer sagt, er fände es gut, dass er wenigstens bei *Schwarzekarte* unter »Gleichgesinnten« sei. »Arbeitslose und SPD/PDS-Anhänger«, schlägt er vor, »können ja ihre eigenen Com-munitys gründen.« Auch einen Namensvorschlag hätte er schon: »Asoziales Netzwerk!«

Sicher, vieles davon soll nur provozieren, ist übertrie-ben, gewollt zum Klischee überspitzt. Dennoch scheint es

unter den reichen Kindern normal zu sein, über Sozial-
demokraten, Arbeitslose und Arme herzuziehen. Als die
Angriffe gar nicht enden wollen, schaltet sich Louis Sayn-
Wittgenstein-Sayn ein und bittet alle Mitglieder, das
Netzwerk nicht durch unqualifizierte Aussagen zu diskre-
ditieren. »Für das Fehlverhalten der anderen«, schreibt er,
möchte er sich bei all denen, die als »Pöbel« oder »links
gerichtet« bezeichnet wurden, entschuldigen. »Leider gibt
es diese Art von Menschen, die das Geld ihrer Eltern aus
dem Fenster werfen, immer wieder!«

Immerhin der Adel scheint noch zu Respekt und Tole-
ranz erzogen zu sein. Aber die anderen? Wie viel von dem
arroganten Gehabe ist echt? Wie denken sie tatsächlich
über die, denen es schlechter geht? Ist das Gerede vom
faulen und neidischen Pack wirklich nur gespielt? Die Er-
mahnung des Chefs zumindest zeigt wenig Wirkung. Die
Beschimpfungen setzen sich noch über Seiten fort. Ein
Schwarzekarte-Mitglied beschreibt den Kampf als Elite
versus Unterschicht.

Ich laufe dreimal von meinem Computer in die Küche
und wieder zurück. Dann entscheide ich, mich zum ersten Mal im Netzwerk zu Wort zu melden. Im Forum stelle
ich die Frage: »Was ist Elite für Euch? Was macht sie aus?
Wer gehört dazu?« Die erste Antwortenrunde bewegt sich
auf dem Niveau der Linken-Beschimpfung. »David Cop-
perfield«, scherzt einer. »Der mit dem meisten Geld«,
meint ein anderer. Die meisten schreiben: »Ich!« Nach ein
paar Tagen löschen die Administratoren meinen Eintrag.
Ich versuche es noch einmal und bekomme tatsächlich
ernst zu nehmende Antworten. Ein Mädchen vermutet:
»Elite zeichnet sich durch Leistung aus.« Einer schreibt:
»Mein englisches Internat schafft es, Elite hervorzubrin-

gen.« Ein anderer geht auf ein Internat im Schwarzwald, über das gesagt werde: »Der Birkelhof ist die inoffizielle Kaderschmiede der geistigen Elite.«

DIE SCHULEN DER ELITE

Internate als Heimat der Elite. Daran hatte ich gar nicht gedacht, so fern waren mir bislang die Bezahlschulen. In meiner Welt existierten sie nur als Heimat von Harry Potter, Hanni und Nanni oder der schüchternen Dolly, die ich achtzehn Bände lang auf die Burg Möwenfels begleitete.

Für die *Schwarzekarte*-Nutzer hingegen sind Internate real. Schon in der Begrüßung hatte ich gelesen, Ziel des Netzwerkes sei auch, dass man verschollen geglaubte Freunde aus der Internatszeit wiederfinden könne. Für sie scheinen die Worte »Schule« und »Internat« Synonyme zu sein, genau wie die Worte »Elite« und »Internat«. Die Kategorie »Internate« ist in den Diskussionsforen eine der beliebtesten. In über fünfunddreißigtausend Beiträgen streiten die Nutzer darüber, welches das beste sei, sie empfehlen Schulberatungen und gute Adressen in England. Man wolle sich gegenseitig helfen, das Wunsch-Internat zu finden, steht da, und wieder fühle ich mich fremd. Keiner meiner Freunde stand irgendwann in seinem Leben vor dem Problem, sein Wunsch-Internat finden zu müssen. Hier dagegen urteilen junge Menschen über Schulen, die weit über 20 000 Euro pro Jahr kosten, als ginge es um neue Jeanskollektionen. Den Birkelhof empfehlen gut tausend *Schwarzekarte*-Mitglieder. Andere schwören auf die Schule Marienau, ein Internat, das zu einem »ökologischen Humanismus« erziehen will. »Eine Elite für sich«, schreiben die Ehemaligen. Die Luxusliebenden zieht es in die Schweiz, ins Lyceum Alpinum, 1850 Meter über dem Meer, keine zwanzig Minuten von St. Moritz entfernt. Die Freunde des Lyceums werben mit den Namen der prominenten Absolventen: Ferdinand Piëch, Graf von Faber-Castell und Gunter Sachs sind hier zur Schule gegangen. Und dann sind da noch die Schlösser. Idyllisch an Seen oder auf Bergen gelegen, locken Schloss Louisenlund im Norden, Schloss Torgelow im Osten, Schloss Neubeuern im Süden und natürlich der Platzhirsch, Schloss Salem.

Ich kenne die Bilder aus England, die die rotbackigen Sprösslinge wohlhabender Familien zeigen, die in Uniformen, die schon ihre Ahnen trugen, über die Hockeyplätze der Internate rennen. Sein Kind nach Eton, Winchester oder Harrow zu schicken kostet so viel, wie ein Durchschnittsbrite pro Jahr verdient. Stipendien gibt es kaum, die Upperclass ist unter sich und bleibt es. Die Absolventen der Privatschulen führen die britischen Banken und Versicherungen, sie leiteten im Jahr 2005 über die Hälfte der größten britischen Unternehmen. Die Internatsnetzwerke helfen und halten ein Leben lang. Wenn eine Familie ihre Söhne nach Eton schickt, gehört sie zur Elite des Landes. Das war in meinen Augen eine urbritische Gesetzmäßigkeit. Schließlich sind die Briten von jeher für ihren Klassendünkel bekannt.

Aber *Schwarzekarte* ist ein deutsches Netzwerk. »Elite wächst auf Internaten heran.« Noch einmal lese ich die Antworten der Nutzer auf meine Frage. Gibt es diese Tradition, die ich bislang für britisch hielt, in bestimmten Kreisen auch hier? Schicken die, die sich zur Elite zählen, ihre Kinder auf Internate? Und wie wählen die Internate die Schüler aus? Gibt es Wissenstests? Müssen die Eltern nachweisen, dass sie aus einer guten Familie kommen?

Ich schreibe Schlösser und Burgen in ganz Deutschland an. Ich erkläre mein Anliegen und merke schnell, dass es nicht ganz einfach werden wird, von außen einen Fuß in die Internatswelt zu bekommen. Schließlich sagen doch zwei Schulen zu. Schloss Neubeuern bei Rosenheim und Salem, der Hort der Tradition. Schulen, an denen die Elite erzogen wird. Ich packe die Elite-Recherche-Garderobe, die ich mir nach dem Desaster beim Symposium gekauft habe, in einen Koffer und fahre los. Eine Woche zu Gast in den Internaten. Dort werde ich hoffentlich neue Antworten bekommen.

MATHE: AUSREICHEND. ELITE: SEHR GUT

Der Junge sitzt auf der Rückbank des weißen Saab hinter seinen Eltern. Er sieht die Reifen von Lastwagen, starrt auf den Scheibenwischer. Die Häuser des Münchner Stadtrandgebiets fliegen an ihm vorbei. Er wird seine Familie und seine Stadt verlassen, weil er eine Sechs in Mathe hat. Weil er schon vier Schulen ausprobiert hat und gescheitert ist. Jetzt wollen seine Eltern, dass er es in der Internatsschule Schloss Neubeuern versucht. Sie werden für diese letzte Chance des Jungen viel Geld bezahlen. »Ohne Abitur bist du nichts in dieser Welt«, sagt der Vater. Für die Familie des Jungen wäre ein Hauptschulabschluss peinlich. Hinter Rosenheim nehmen sie die Ausfahrt. Hier gibt es keine Häuser mehr. Nur Wiesen, Berge,

Seen und kleine Kinder, die brav ihre Fahrradhelme tragen. Bald werden sie das Schloss erreicht haben.

14 Uhr 41. Ich steige in Raubling aus dem Zug. Es ist ein Regionalexpress, der halbe Schulklassen aus Rosenheim zurück in ihre Dörfer fährt. Ein Lehrer holt mich am Bahnhof ab. Ich sinke in die schwarzen Ledersitze seines Volvo und werde den Berg hochgefahren zum Schloss. Die Alpen leuchten heute. Der Himmel ist grau, aber genau über den schneebedeckten Gipfeln ist ein Loch. Von der Terrasse hinter dem Schloss blicke ich auf fünfzehn Gipfel. Später wird hinter ihnen tieforange die Sonne untergehen. »In die Schule gehen, wo andere Urlaub machen«, wirbt der Prospekt des Internats Neubeuern.

»Die Luft ist so gut«, sagt die Mutter des Jungen, als sie vor dem Schloss aus dem Auto steigt. Der Vater lobt die tolle Aussicht. Der Junge ist still. Er weiß nicht, wie sein Leben hier werden wird. Er weiß nur, dass er Angst hat, dass er zu Hause bleiben will. Alle hier wollen eigentlich lieber nach Hause, wird sein neuer bester Freund ihm später erklären. Der Saab fährt an. Die Mutter springt noch einmal aus dem Auto, nimmt den Jungen in den Arm. »Du wirst sehen, nach ein paar Tagen wird es dir hier gefallen«, sagt sie, bevor sie sich losreißt. Dann steht der Junge allein vor dem Schloss und winkt.

Als ich vor dem Eingang stehe, fühle ich mich fremd. Ein Burgturm ragt vor mir auf, Kinder, auf deren Brust ein Wappen prangt, laufen an mir vorbei. Erst vor wenigen Monaten hat das Internat die Schuluniform eingeführt. Vorher, erzählt mir der Schulleiter, seien hier viele in zerschlissenen Jeans herumgelaufen, die so tief hingen, dass man die Boxershorts sehen konnte. Die Mädchen, sagt eine Erzieherin, hätten so knappe Tops und so enge

Jeans getragen, dass mancher Lehrer nicht wusste, wo er hingucken sollte. Vorher sahen die Kinder also aus wie an jeder Schule. Das ist jetzt vorbei. Es gibt vorgeschriebene Kleidungsstücke, festgelegte »Kombinationsmöglichkeiten«, die Schülermodels vorführen. Die Schüler können wählen, ob sie den dunkelblauen Pullover oder den Pullunder mit Wappen tragen oder lieber das weiße Polohemd. Dazu müssen sie beige oder dunkelgraue Stoffhosen oder Röcke anziehen. Keine Jeans oder Cordhosen, mahnt die Schulleitung. Wer möchte, darf sich ein Halstuch der Marke Windsor umbinden. Die übrige Kleidung wurde in Zusammenarbeit mit den Edelmarken Marc O'Polo und Aigner entwickelt. Aufgrund der Kontakte zu Schülereltern und Altschülern haben diese Firmen besonders günstige Angebote gemacht. Die Erstausstattung kostet trotzdem 400 Euro.

Eine Investition, die Disziplin und Zusammengehörigkeit stärken soll, wie der Schulleiter sagt. Absurd und teilweise hart geführt werde der Streit um die richtige Kleidung, berichten mir später die Schüler. »Wer die falsche Sockenfarbe hat, wird aus dem Unterricht geschickt«, erzählt ein Zehntklässler. »Wir haben in der letzten Woche im Grundkurs eine halbe Stunde damit verbracht, dass jeder einzeln rausmusste und man Noten bekommen hat für das, was man anhatte. Meine Hose war eine Eins, meine Schuhe waren eine Drei minus, und somit bin ich noch auf eine Zwei gekommen.« Später werde ich in einer Schulversammlung erleben, wie ein Mädchen aus der siebten oder achten Klasse auf die Bühne gebeten wird. »Was ist an ihrer Uniform falsch?«, fragt ein Erzieher pädagogisch ins Plenum. »Die Nase«, »die Titten«, brüllen die Jungs hinter mir. Es ist die erste von Dutzenden Situationen, in denen mir klar wird, dass Schüler auch auf Nobelinternaten vor allem Teenager sind. Kein Luxus der Welt schützt Eltern und Lehrer vor der Pubertät.

Das müssen auch die Eltern des Jungen begreifen. Nachdem sie nach München zu ihren Eheproblemen zurückgekehrt sind, wird der Junge vier Monate im Schloss verbringen. Er wird es nicht schaffen, sich in Mathe zu verbessern. Aber er wird Freunde finden, sich in ein Mädchen verlieben und sich von einem anderen auf der Schultoilette entjungfern lassen. Er wird trinken, rauchen, in ein Striplokal gehen und lernen, zielsicher auf einen Keks zu wichsen. Nachdem der Junge das Internat verlassen hatte, schrieb er seine Erfahrungen auf. »Crazy« von Benjamin Lebert wurde ein Bestseller; kurz nach seinem Erscheinen wurde das Buch verfilmt.

Der Lehrer, der mich abgeholt hat, war schon da, als Benjamin Lebert Schüler in Neubeuern war. 1988 fing Reinhard Käsinger hier an. Das Internat suchte einen Tennislehrer, weil Boris Becker und Steffi Graf gerade triumphale Erfolge feierten. »Das wollten die Kunden damals«, sagt Käsinger. Mittlerweile haben sich die Vorlieben der Kunden, der Eltern also, und der Schüler gewandelt. Käsinger hat eine Golfausbildung absolviert. Seit Kurzem hat Neubeuern einen eigenen Abschlagplatz und einen Golfsimulator für die Turnhalle.

»Wenn mein Vater Zeit hat, spielen wir am Wochenende Golf. Das ist so das, was wir unternehmen«, wird mir ein Elftklässler später erzählen. Er will dann gut vorbereitet sein für die paar Stunden, die der Vater für ihn hat. Auch wenn die Eltern vom Schloss, der schönen Aussicht und dem Golfplatz begeistert sind, zieht hier wohl kaum einer deswegen ein. Bei den meisten, erzählen mir die Schüler, ist es wie bei Benjamin Lebert, dem Jungen aus dem Buch. »Schulische Probleme. Weil man es an der staatlichen nicht schafft.« – »Oder weil es zu Hause nicht mehr geht«, sagt ein anderer. »Weil sich die Eltern trennen oder nie da sind, weil sie nur arbeiten.«

Das Internat, schreibt Benjamin Lebert, sei ein Käfig mit goldenen Stäben. Ich gehe in die Eingangshalle des Schlosses. Karaffen mit Wasser und Kannen mit Kakao stehen da, für Schüler, die während der Pause Durst bekommen. Es gibt keinen Kiosk wie bei uns, wo man drängeln musste, um ein Negerkussbrötchen zu ergattern. Im Essenssaal sind die Wände mit hellroten Seidentapeten verkleidet. Goldbesetzte Schnitzereien, riesige Spiegel und aufwendige Engelskulpturen schmücken den Raum. An der Wand hängt ein Porträt der letzten Schlossherrin, der Baronin Julie von Wendelstadt, die 1925 aus ihrer Residenz eine Internatsschule für die Kinder der gehobenen Gesellschaft machte. Hier sitzen die Schüler zum Essen an runden Tischen, nachdem Köche ihnen zuvor die Mahlzeiten gereicht haben. Das sind die goldenen Stäbe. Und der Käfig?

In der Eingangshalle, die sie Stachus nennen, hängt das Schwarze Brett der Schule, das seit der Spende eines Ehemaligen ganz modern ein flacher Monitor ist. Die Bilder von kleinen Skirennfahrern werden als Erinnerung an die letzte gemeinsame Fahrt eingeblendet. Die Namen der Schüler, die gerade zum Probewohnen einquartiert sind, aus deren Eltern also Kunden werden könnten, laufen wie ein Nachrichtenband über den Schirm. Und links ist für jeden nachzulesen, wer heute nachsitzen muss. Die nachmittägliche Extrastunde ist die harmloseste Strafe. Bei Verstößen gegen die Internatsregeln gibt es einen Verweis, wer drei Verweise gesammelt hat, wird suspendiert, also für einige Tage nach Hause geschickt, und wer sich ganz und gar uneinsichtig zeigt, wird hinausgeworfen. Einen der hundertzwanzig Internatsschüler traf das im vergangenen Jahr. Drei Jungs aus der Abiturklasse sind gerade suspendiert worden. Sie waren mit Alkohol auf dem Schulgelände erwischt worden. Die Erzieher picken sich regelmäßig Schüler heraus, die zum Pusten antreten müssen. Wie bei Verkehrskontrollen wird ihr Atem auf Alkohol überprüft, ihr Urin auf Rückstände von Drogen getestet.

Alle vier bis fünf Wochen bekommen die Eltern Post von der Schule. Ausführlich berichtet ihnen das Internat über schriftliche und mündliche Noten der Kinder, über besondere Vorkommnisse, Defizite in Ordnung und Betragen. Vom nächsten Jahr an sollen die Eltern diese Daten ständig über das Internet abrufen können. Per Wireless-LAN können die Gestressten dann erst die Börsenkurse checken und danach den Leistungsstand des Kindes. Das sei nötig, sagt Jörg Müller, der Vorstand der Internatsstiftung, der mit Frau und Kindern im Schloss lebt. Er bedauert, dass die Schüler »vor dem Hintergrund von finanzieller und sozialer Sicherheit häufig den gewünschten Antrieb und Ehrgeiz vermissen lassen«, und wünscht sich von seinen Schülern mehr Engagement und die Bereitschaft, sich für ein Thema wirklich einzusetzen. Einer aus dem Kollegium, der nicht genannt werden möchte, formuliert es drastischer: »Viele unserer Schüler leiden an der Wohlstandskrankheit.«

»Was ist das, die Wohlstandskrankheit?«

»Dieses Verhalten, das aus dem Gefühl entsteht: Mir fehlt es an nichts. Mir geht es gut. Macht ihr mal. Und wenn es mir gefällt, mache ich vielleicht mit, und wenn nicht, dann nicht. Die kommen aus einem Hintergrund, wo immer Geld da ist. Die haben sich meistens noch nie in ihrem Leben für irgendetwas anstrengen müssen, für irgendetwas kämpfen müssen. Und denen zu vermitteln, dass es sich lohnt, Ziele zu setzen, die losgelöst sind vom finanziellen Umfeld und vom Ansehen in der Gesellschaft, das ist wahnsinnig schwer. Die dazu zu bringen, dass sie sagen: Ich möchte dies oder jenes erreichen. Der Sache wegen. Um mir zu beweisen, dass ich das kann. Das ist sehr schwer.«

Es ist einer der ersten warmen Tage des Jahres. Die Lehrer unterrichten bei geöffneten Fenstern. Im Erdgeschoss hat die Disziplinoffensive des Internats noch wenig Wirkung gezeigt. »In Mathematik ist das erste Gebot: Es wird gerechnet«, schreit eine Lehrerin. »Das zweite Gebot ist: Es herrscht Ruhe. Strengt euch an! Schaut zur Tafel!«

Vielen seiner Schüler, klagt jemand aus dem Kollegium, fehlten der Schwung und die Motivation für eine ganz normale schulische Arbeit. »Die haben das Gefühl, dass nach dem Abitur schon alles geebnet ist, dass Papas Unternehmen wohl auch noch die nächsten dreißig Jahre Bestand hat, dass Geld da ist und eigentlich gar nichts passieren kann. Das ist sicherlich an einer staatlichen Schule, wo ein Aufstiegswille motivierend wirken kann, anders.«

Ich bin verwirrt. Erste Zweifel melden sich. Die Lehrer erzählen von antriebslosen Kindern, vom Kampf um Disziplin. Von Schulkarrieren, die es zu retten gilt. Das klingt nach Hauptschuldiskussion. Bin ich tatsächlich an einem Internat, das von sich behauptet, Eliten auszubilden?

»Unsere Schüler wissen, dass Papas Chefsessel wartet«, beschwert sich ein Lehrer. Im Prospekt der Schule finde ich eine Tabelle der Schul- und Internatsgebühren, und plötzlich begreife ich. Nach Neubeuern kommen nicht die, die in meiner Welt reich waren. Die Arzttöchter, die zum Abitur einen Golf bekamen, oder die, die mit der Familie jedes Jahr zum Skifahren reisten. Neubeuern kann sich nur leisten, wer richtig viel Geld hat – ein paar Adlige, Kinder aus traditionellen Unternehmerfamilien, neuerdings auch welche, deren Väter mit Aktien viel Geld gemacht haben. Und zwei Prominente sind auch da: ein Kind und ein Enkel zweier Schlagerstars. Die Zahl der Menschen, die sich die Internatsgebühren leisten können, ist begrenzt. Im Schuljahr 2006/2007 sah die Jahresrechung eines Schülers der Mittelstufe so aus:

Jahresgebühr:	25 980 Euro
Aufnahmegebühr:	900 Euro
Nebenkostenvorauszahlung:	2 000 Euro
Schulkleidung:	400 Euro
Schulbücher:	200 Euro
	29 480 Euro

Dazu kommen das Taschengeld, die Kosten für Ausflüge nach München, zum Skifahren oder zum Golfen. Plus Wäscheservice, Heimfahrten und, wenn nötig, Nachhilfeunterricht. Macht insgesamt weit über 30 000 Euro pro Jahr für den Schulbesuch eines Kindes. Jeder fünfte Schüler erhält ein Stipendium, das aber maximal die Hälfte der Gebühren deckt. Vollstipendien existieren nicht. »Da bleiben dann trotz Förderung Gebühren von 15 000 bis 20 000«, rechnet der Stiftungsvorstand Jörg Müller vor.

»Da sind Sie natürlich weit von dem entfernt, was sich ein normaler Durchschnittsmensch für seine Kinder leisten kann.«

Müller träumt in seinem Büro davon, dass sein Internat reicher wäre. So reich, dass er die Kinder nicht nur nach Konto auswählen müsste. Er sitzt in einem Ledersessel, neben ihm auf dem Schlossboden liegt ein Kunstgrasstreifen mit Loch. Auch er trainiert offensichtlich sein Golfspiel. »Ich hätte gern so viel Geld zur Verfügung, dass wir uns die Kinder aussuchen können, die zu uns passen. Da wäre das Niveau sicherlich deutlich höher, und es wäre auch mehr Aktivität bei den Schülern spürbar.« In den USA, erzählt er mir, gebe es sechs oder sieben Internate, die über ein so großes Vermögen verfügen, dass sie bei der Auswahl der Schüler ausschließlich nach der Qualität der Bewerbung gehen könnten. »Die suchen sich die Schüler aus, die sie wollen, und erst dann drehen sie das Blatt um und schauen, wie es bei denen finanziell aussieht. Und wenn die Mutter alleinstehend und arm ist, kriegt der Bewerber halt ein Vollstipendium.«

Jetzt sitze ich mit diesen Luxuskindern in Miriams Zimmer, und es ist alles ziemlich normal, gar nicht protzig. Miriam geht in die Oberstufe, morgens muss sie deshalb laut Schulordnung *smart office wear*, also Bürokleidung, anhaben. In ihrem Zimmer trägt sie lieber Jogginganzug und Hausschuhe. Ihr Vater sei in der Wirtschaft, sagt sie. Mehr möchte sie nicht erzählen. Sie sitzt auf dem Boden. Ihre Freunde, Lisa, Benni, Max und Eric, hocken auf Miriams Bett. Moritz klickt am Computer rum. In Miriams Zimmer stehen Schrank, Bett, Regal und Schreibtisch. Schlicht, fast karg. Es sieht aus wie in einer guten Jugendherberge, mit Fünf-Sterne-Hotel hat das hier gar nichts zu tun. Die Jüngeren schlafen sogar zu zweit oder zu dritt in einem Zimmer. Miriam war zum Probewohnen in vier Internaten, bevor sie sich für dieses entschieden hat. Ein Freund ihrer Schwester war hier und mochte den Zusammenhalt und die überschaubare Größe der Schule. Deshalb Neubeuern. Vorher war sie auf einer anderen Privatschule, dann in England. Beides hat nicht funktioniert.

Die meisten haben ähnliche Lebensläufe. Zwei Jahre in dieser Schule, ein Jahr in jener, dann der Versuch im Ausland. Viele hoffen, dass dies ihre letzte Station bis zum Abi sein wird. »Ich bin eben kein Eierkopf«, sagt Miriam. So nennen sie hier die Klugen, denen alles zufliegt. Die vielleicht sogar hier sind, weil sie an ihren Schulen unterfordert waren, die sich abends im Turm des Schlosses treffen, um über philosophische Fragen zu diskutieren. »Die diskriminiert man nicht«, sagt Miriam. »Die beneidet man eher.«

Sie selbst findet sich wie die meisten schulisch eher so mittel. Dass ihre Eltern so viel zahlen, setzt sie ziemlich unter Druck. Und weil sie weiß, dass sie in der Schule nicht glänzen kann, engagiert sie sich sozial. Sie schiebt Schichten im Schulcafé, sie betreut zwei Neue aus den unteren Klassen, sie ist in der Schülermitverwaltung. »Dann kann man zumindest sagen: Okay, sie war nicht die Beste, aber sie hat hohes Engagement gezeigt«, sagt Miriam. »Man will seinen Eltern ja etwas zurückzahlen.« Wenn man scheitert, hat man das Geld der Eltern aus dem Fenster geworfen, sagen sie. Das will eigentlich keiner. Der Abiturschnitt in Neubeuern liegt bei knapp Drei. Da ahnt man, dass viele am Scheitern vorbeischrammen. »Man muss bei der Beurteilung dieses Durchschnitts berücksichtigen, dass viele Schüler erst zur elften oder sogar zwölften Klasse zu uns kommen und häufig große Defizite mitbringen«, wird mir die Schulleitung später auf meine Nachfrage hin erklären.

»Warum bezeichnet sich Neubeuern trotzdem als Eliteschule?«, wage ich schließlich Miriam zu fragen. »Passt dieser Begriff?«

»Eliteschule«, sagt sie, »da erwartet man doch Schüler, die gut sind und keine Probleme mit Alkohol oder Disziplin haben. Aus schulischer Sicht ist das hier auf keinen Fall Elite.«

»Elite kann man ja auch so sehen, dass es Kinder von Leuten sind, die es zu etwas gebracht haben«, wendet einer der Jungs ein. »Viele hier hätten das Abi auf normalem Weg nicht geschafft. Die wären an der staatlichen Schule einfach aussortiert worden. Wenn die es jetzt doch schaffen, ist es doch der Schule zu verdanken. Ich weiß nicht, ob man das gleich Elite nennen muss, aber es steckt schon dahinter.«

»Wir haben kleine Klassen«, loben sie. »Jeder wird einzeln gefördert. Bei den Hausaufgaben wird geholfen, wer Schwächen hat, kann Einzelunterricht bekommen.«

Diese besseren Bedingungen sind teuer. »Findet ihr das in Ordnung, dass eure Eltern euch kleine Klassen und eine gute Betreuung kaufen können und andere Eltern können das nicht?«

»Vielleicht ist das ungerecht«, sagt einer.

»Man kann ja nicht sagen, dass das generell für alle besser ist«, entgegnet ein anderer. »Manche haben es vielleicht in einer großen Klasse besser. Das hat alles Vor- und Nachteile.«

Damit ist das Thema beendet. Über Geld sprechen sie nicht gern. Es spiele hier keine Rolle, sagen sie. Jeder wisse, dass keiner in Neubeuern arm sei. Wenn einer Gucci trägt, falle der weder positiv noch negativ auf. Über den Rest werde geschwiegen. Nur die, die von außen kämen, klagen sie, wollten immer über Geld reden. »Da heißt es immer gleich ›Bonzenschule‹.« Da würde gelästert, nur weil einer ein sehr teures Auto von seinen Eltern bekommen hätte. »Anstatt zu sagen: ›Das ist krass cool‹, wird es ihm missgönnt.« Sie erzählen von einem Porträt ihrer Schule in der *Süddeutschen Zeitung*, das mit »Aristokratie der Bankauszüge« überschrieben war, und von einer Reportage auf ProSieben, in der Neubeuern »Nobel-Penne« getauft wurde. »So ist es hier nicht«, protestieren sie.

»Aber eure Eltern sind doch reich, oder?«

»Du hast gesagt, es geht um Elite, nicht um Geld«, sagen sie.

Jetzt wollen die meisten nicht mehr reden, sondern rauchen. Wir laufen ums Schloss zur hintersten Ecke der Terrasse. Man blickt auf einen Fußballplatz, auf dem ein paar Jungs kicken. Das Internat teilt sich den mit der Welt dort unten, mit dem Dorf. »Spielt ihr auch mit denen?«, frage ich.

»Nein.«

»Gegen die?«

»Nein. Eher gegen andere Internate.«

»Warum nicht? Gibt es Ärger mit denen aus dem Dorf?«

»Nein. Die sind besser. Die haben eine größere Auswahl.«

Mit dem Geld, sagen sie plötzlich, sei es gar nicht so einfach. Einer ihrer Klassenkameraden sollte schon vor dem Abitur die Firma seines Vaters übernehmen. »Der wollte aber nicht. Der wollte unbedingt seinen Abschluss machen. Irgendetwas in seinem Leben wollte er selbst geschafft haben.«

Unten, weit hinter dem Dorf, steigt Rauch aus dem Schornstein einer Fabrik. Auch wenn ich mich anstrenge, kann ich mir nicht vorstellen, wie es sich anfühlt, diese Fabrik theoretisch kaufen zu können. Wie es ist, wenn man weiß, dass man nur den Reichtum der Eltern verwalten muss, um gut zu leben.

»Klar ist es gut, dass Geld da ist«, sagt Miriam. »Als Notausgang, als Netz, das einen fängt.«

Dafür hätten die Schüler hier aber andere Sorgen, sagt einer der Jungs. Die vielen Scheidungen, die ständigen Umzüge, die hohen Erwartungen. Und nie hätten die Eltern Zeit. »Eigentlich möchte ich einfach mal von meinem Vater in den Arm genommen werden und in Ruhe mit ihm über alles sprechen.«

Weil die Eltern so beschäftigt sind, gibt es in Neubeuern Menschen wie Nadine. Sie ist gerade neunundzwanzig geworden, sieht aber nicht viel älter aus als die Oberstufenschüler. Das liegt an ihrem Sweatshirt, dem Zopf und dem bunten Schal. Nadine ist Erzieherin. Sie betreut acht Jungs zwischen dreizehn und sechzehn, »ihre Jungs«, wie sie sagt. Sie weckt sie morgens, sie sitzt mit ihnen am Mittagstisch, sie schaut, dass sie nachmittags lernen. Und wenn sie mal eine halbe Stunde nicht nach ihnen sehen will, klopft garantiert einer und möchte sein Taschengeld oder eine Magnesiumtablette, oder er fragt, was er gegen Pickel machen soll. »Es sind eben ganz normale Jungs, teilweise noch Kinder«, sagt sie. Sie weiß, dass ihre Jungs richtig viel Geld haben, dass die Konten mancher Teenager übervoll sind, dass sie Firmen erben werden. Nadine hat während ihres Studiums in Kneipen gejobbt. »Wenn ich mir etwas kaufen wollte, habe ich den Preis in Arbeitsstunden umgerechnet«, erzählt sie. »Dann habe ich mich gefragt, soll ich dafür wirklich siebzehn Arbeitsstunden ausgeben?«

Jetzt hat sie Schüler, die vermutlich mehr Geld haben, als sie je wird erarbeiten können. »Soll ich ihnen daraus einen Vorwurf machen, dass sie viel Geld haben? Was soll denn mit diesen Kindern passieren, wenn die Eltern achtzehn Stunden pro Tag arbeiten? Sollen wir sie zu Hause sitzen lassen?« Nadine greift durch, wenn ihre Jungs den reichen Macker raushängen lassen. Oft käme es nicht vor, sagt sie. Manchmal schon. Dann sagt einer: »Mach das so, wie ich will. Ich zahle dafür.« – »Du zahlst gar nichts«, entgegnet sie dann. »Deine Eltern überweisen die Gebühr. Du hast nämlich gar kein Geld.«

Einmal pro Woche hat sie mit ihren Jungs einen Gruppenabend. Erst wollten alle nur Events, Kart fahren, bowlen gehen, nach Rosenheim ins Multiplex-Kino. Nadine hat trotzdem in einer Woche Schokoladenfondue mit ihnen gemacht, in der nächsten haben sie selbst Pizza gebacken. »Hände dreckig machen, zusammen essen, danach beim Aufräumen helfen. Das lieben die«, sagt sie. Das klingt fast kitschig. Zuneigung schlägt Geld, Zeit triumphiert über Konsum, denke ich, als wir durch die Wolfsschlucht laufen, wo sie im Sommer mit ihrer Theatergruppe den Sommernachtstraum aufführen will.

Nadine und ihre Jungs, Miriam und ihre Freunde, die Scheidungen und die Schulprobleme. Das ist die eine Realität in Neubeuern. Der anderen kommt man auf die Spur, wenn man in Jörg Müllers Büro zurückkehrt. Die kleine Golfbahn liegt in einem Erker aus, der den Blick über die Alpen öffnet. Hier treffen sich Tradition und

Anspruch der Schule. Auch von ihm will ich wissen, ob Neubeuern eine Eliteschule sei.

»Intuitiv sage ich: Ja. Aber ich muss ein wenig weiter ausholen und fragen, was ›Elite‹ heißt. Eine akademische Eliteschmiede, an der nur Schüler aufgenommen werden, die von morgens bis abends lernen und die Schule mit Einserschnitt beenden, sind wir sicher nicht. Die Elite, die wir uns wünschen, sind nicht in erster Linie akademische Leister. Das ist mehr ein ganzheitlicher Elitebegriff.«

»Was entgegnen Sie dem Vorwurf, Neubeuern sei eine elitäre Schule, an der sich Elite nur über das Konto der Eltern definiert?«

»Dem würde ich zunächst gar nichts entgegnen, weil man Geld haben muss, um auf diese Schule gehen zu können. Allein diese Tatsache reicht jedoch bei Weitem noch nicht aus, um dem Elitebegriff gerecht zu werden, den wir uns vorstellen.«

Ich habe mehr und mehr den Eindruck, dass der Elitebegriff ziemlich dehnbar ist. Die Fleißigsten, die Verantwortungsvollsten und jetzt die aus den besten Verhältnissen. Alle kleben sich das Elitelabel auf, weil sie wissen, dass sie sich dann besser verkaufen lassen. Aber ist das Wort »Elite« dann überhaupt sinnvoll? Was nützt ein Begriff, den jeder nach Belieben verwendet? Ich schlage eine neue Seite meines Blocks auf, in dem ich die Elite-Definitionen sammle, und schreibe: Ist das Wort »Elite« untauglich?

Die Schüler, die Neubeuern verlassen, erreichen häufig Positionen, die ihnen Geld und Einfluss sichern. Jörg Müller, dessen Offenheit mich beeindruckt, sagt, er wisse nicht, wie groß der Anteil der Schule an diesen Erfolgen sei. »Es ist immer schwierig, im Nachhinein festzustellen, ob die Schüler so erfolgreich sind, weil sie einflussreiche Eltern haben und Netzwerke aus Bekannten und Freunden. Maßgeblich entscheidend für ihren Erfolg sind in jedem Fall die Netzwerke, die sie in Neubeuern knüpfen, und der Zugriff auf das Altschüler-Netzwerk der Schule.« Außerdem seien die Schüler aufgrund ihrer Herkunft und ihrer Ausbildung sehr fit, wenn es in Auswahlgespräche ginge. Trotz ihrer mäßigen Leistungen würden es viele an die privaten BWL-Hochschulen schaffen. An die EBS in Oestrich-Winkel zum Beispiel, denke ich und habe langsam das Gefühl, dass der Kreis sich schließt. »Kann das mit einem bestimmten Habitus zu tun haben, dass Ihre Schüler gesellschaftstauglicher sind als andere?«

»Sicherlich. Dass unsere Schüler gewandt sind, das merken Sie natürlich sofort, wenn Sie zum Beispiel im Rahmen eines Auswahlverfahrens mit acht Schülern an einem Tisch ein Interview führen. Während der durchschnittliche 1,0-Abiturient vom staatlichen Gymnasium auf seine Schuhe guckt und seinem Interviewpartner nicht in die Augen schaut, weil er solche Situationen einfach nicht gewohnt ist, gehen unsere Schüler mit einer derartigen Situation selbstbewusst und souverän um. Und weil jetzt immer mehr auf solche Soft Skills geachtet wird und die Universitäten mehr Auswahlgespräche durchführen und nicht mehr so zeugnisgläubig sind, kommen unsere Schüler in sehr gute Ausgangspositionen.«

1,0-Abiturient vom staatlichen Gymnasium. Ich schlucke. Das denkt also die Eliteschule vom staatlich gebildeten Pöbel. Ich war auf dem Werner-von-Siemens-Gymnasium. Ein Gymnasium, wie es Tausende in Deutschland gibt. Der graue Siebzigerjahre-Bau war Teil eines Schul-

zentrums und lag zwischen Bahnlinie und Umspann-
werk. Jeden Morgen sind wir auf die blassblauen Fenster
zugeradelt, um Deutsch, Mathe und Englisch zu lernen.
Es war ein Platz, an dem sich strebsame Mittelschichtkinder ein glänzendes Abitur erarbeiten konnten. Das gewisse Etwas aber nicht. Wir hatten keine Rhetorik-Kurse
wie die Neubeurer, keine Candle-Light-Abende, bei denen wir den Umgang mit Besteck und Small Talk üben
konnten, und vor allem hatten wir keine prall gefüllten
Bücher, in denen die Namen von einflussreichen Altschülern gesammelt werden. »Wenn man ein Praktikum machen will«, hatte Miriam erzählt, »schaut die Schulleitung
in das Buch, fragt, welche Branche, ob es im Ausland oder
in Deutschland sein soll, und dann bekommt man die
Nummer. Man ruft da einfach an, sagt, ich möchte ein
Praktikum machen. In zwei Wochen soll es losgehen.
Dann sagt der Altschüler: Passt zwar gerade nicht, aber es
ist natürlich kein Problem. Du kannst kommen.«

Die Altschüler geben eigene Zeitschriften heraus, sie
feiern ihre Hochzeiten auf dem Schloss, sie kommen jedes
Jahr zum Sommerfest. Die Neubeurer sind eine große Familie. Wer hier den Abschluss macht, gehört sein Leben
lang dazu. Das Netzwerk hält und hilft. Ich möchte von
Jörg Müller wissen, ob es ihm dabei so geht wie mir. »Be-
rührt das Ihr Gerechtigkeitsempfinden, dass Ihre Schüler
Chancen haben, die andere nicht haben?«

»Nein.«

»Warum nicht?«

»Selbst wenn ich der Meinung wäre, was ich auf theoretischer Ebene bin, dass es schön wäre, wenn alle Menschen die gleichen Chancen hätten, wäre es natürlich
schon eine, um ein nettes Wort zu benutzen, naive Sozial-

fantasie, aber die widerspricht ja jeder Realität. Die Welt ist weder gerecht, noch sind die Chancen gleich verteilt. Was hätte also die Welt davon, wenn unsere Schüler darauf verzichten würden, ihr Netzwerk und ihre Beziehungen zu nutzen? Kann ich nicht sagen, dass ich da ein schlechtes Gewissen habe.«

Naiv also. Das sagt später auch ein Freund, dem ich von meinem Besuch in Neubeuern erzähle. »Was hast du erwartet?«, fragt er. »So funktioniert die Welt. Was wirfst du denen vor?«

In der Woche vor meinem Besuch in Neubeuern gab es einen Mini-Eklat in der Kapelle. Nadines Theatergruppe hatte ein Happening für die Abendansprache geplant. Die Abendansprache ist eine Art Zusammengehörigkeitsveranstaltung. Das Internat trifft sich, ein paar Schüler und Lehrer bereiten ein Thema vor, über das gesprochen wird. Selten, erzählt mir ein Lehrer, würde da richtig debattiert, die meisten hingen in ihren Stühlen und ließen das Ganze über sich ergehen. Deshalb setzten die Schüler der Theatergruppe sich in eine Stuhlreihe, ließen per Kassettenrekorder das Pfeifen aus dem Film »Kill Bill« in einer Dauerschleife ablaufen und schwiegen. Eine halbe Stunde. So wollte man die Konsumhaltung der anderen persiflieren.

Die Schüler reagierten eine endlos lang scheinende Zeit gar nicht. »Irgendwann sprang einer aus der neunten Klasse auf«, erzählt mir der Lehrer, »und zog den Stecker des Rekorders raus.« Dann erst seien einige gegangen. Das sei typisch für die Schüler hier, klagt der Lehrer. Sie seien passiv, würden alles mit sich geschehen lassen. Der einzige Protest kam von einigen religiösen Schülern. Die Aktion hätte die Kapelle entweiht, sagten sie. Miriam und ihre

Freunde hatte ich gefragt, was sie in Deutschland gern ändern würden. »Da kennen wir uns nicht so aus«, hatten sie geantwortet. »Vielleicht das Rauchverbot in Kneipen wieder abschaffen?«, hatte einer schließlich gesagt. »Oder Weltfrieden.« Dann haben alle gekichert, und ich fand die Fragen, die ich noch auf meinem Zettel hatte, in denen es um Gerechtigkeit ging, plötzlich weltfremd.

Im Unterricht der Oberstufe frage ich drei Abiturienten, ob Politik in Neubeuern eine Rolle spiele. »Nein«, sagen sie.

»Ihr seid politisch so homogen«, platzt es plötzlich aus ihrem Lehrer heraus. »Konservativ und unpolitisch.«

»Es ist doch wohl normal, dass Kinder in diesen Fragen ihren Eltern folgen«, protestiert einer der Schüler.

»Es gab mal eine Zeit, da war das anders.« Der Lehrer klingt jetzt wie ein Märchenonkel. »Da haben sich die Kinder gegen ihre Eltern aufgelehnt, opponiert. Da hat die Jugend versucht, für eine bessere Welt zu kämpfen.« Erzähl du mal schön von früher, sagen die Gesichter.

Zum Lehrerzimmer laufe ich über uralten Holzboden. Jeder Schritt lärmt. Der Boden erzählt. Das Internat Neubeuern war Heimat liberaler Adliger. Im Dritten Reich wurde die Schule deshalb geschlossen. Die Nazis errichteten hier eine ihrer Kaderschmieden, eine »Napola« – Nationalpolitische Erziehungsanstalt. Ein Neubeurer starb im Widerstand. Er wollte Hitler töten. In den Siebzigern kam ein antiautoritärer Direktor. Er ließ den Schülern jede Freiheit und musste gehen, weil er selbst angeblich zu freizügig war. Und heute?

Die Lehrer haben jetzt eigentlich gar keine Zeit zu reden. Sie müssen zur Schulversammlung. Die Klassenbesten bekommen heute Buchgeschenke. Aber eine Lehrerin bleibt schließlich doch stehen. »Sind Ihre Schüler politisch?«, frage ich. Sie wird nicht aufhören zu sprechen, bis wir im Festsaal der Schule angekommen sind.

»Das politische Denken, Gesellschaft zu verändern, zu beeinflussen, das eigene Verhalten möglichen Idealen anzupassen, das sehe ich nicht oder zumindest nur bei den allerwenigsten. Man denkt da eher an sich selbst, an das eigene Leben, das man sehr wohl zu arrangieren und anzupassen weiß und wo man die Rahmenbedingungen für sich so gestalten kann, dass das sehr gut passt und dass man weiterkommt. Aber für sich selbst und nicht für andere.«

»Ärgert Sie das nicht?«

»Ärgern ist immer so eine Sache.«

Ich sitze ganz hinten im Festsaal der Schule, blicke auf die goldverzierten Spiegel, die Seidentapeten, raus in Richtung Alpen und ärgere mich. »Müsste eine Elite nicht Verantwortung für andere übernehmen?«, hatte ich die Lehrerin zum Schluss gefragt. »Sicher«, hatte sie geantwortet und musste sich dann der Verleihung widmen.

Trotzdem werden sie auch in Zukunft an ihrem Elite-Internat niemandem die Aufnahme wegen mangelnder gesellschaftlicher Verantwortungsbereitschaft verweigern, denke ich. Wer zahlen kann, darf dazugehören. Wer dazugehört, auf den warten Einfluss, Erfolg und Geld. Geld, mit dem auch die Internatsgebühren für die nächste Generation gezahlt werden können. Und das Gerede von der Leistungselite, die wir brauchen? Die sich über Können, nicht über Herkunft und Beziehungen definiert? In die jeder aufsteigen kann? Wer von Elite spricht, redet immer auch von einer Teilung der Gesellschaft, hat der Soziologe Michael Hartmann gesagt. Das mit der Leistungselite, meinte er, sei ein Mythos, um die bestehenden Zustände zu festigen und zu legitimieren.

Die Schulleitung erinnert gerade an den Fundraising-Ball, der am nächsten Wochenende stattfinden soll. Das Internat will Geld für ein Wireless-LAN-Netz sammeln. Auch für die Schüler sei Abendgarderobe verpflichtend, heißt es. »Black Tie wird verlangt. Ihr werdet Dienst am Champagnerempfang haben. Tut das mit erkennbarer Freude.«

Um acht Uhr wird an diesem Abend das Schülercafé aufgeschlossen. Miriams Dienst beginnt. Erst verkauft sie den Jungs eine Salami-Pizza. Danach bereitet sie eifrig einen Käsetoast zu. »Ich mag das, wenn die Leute etwas kaufen, was ich selber machen kann«, sagt sie. Benni und Moritz gehen mit der Pizza in den Nebenraum. Per Beamer wird hier gerade der Blockbuster »Fluch der Karibik« gestartet. Die Jungs setzen sich in die erste Reihe aufs Sofa. Hinter ihnen hält ein Paar Händchen. Miriam und eine Freundin zeigen mir die Lehrerfotos im Jahrbuch der Schule. »Der ist ein Teufel. Der auch. Und der auch.«

Es ist ein Abend in einem ganz normalen Schülercafé. Wenn nicht die beiden Portemonnaies auf dem Tresen wären. Das linke ist von Louis Vuitton, das rechte, das silberne, von Dolce & Gabbana. Da schnappt die Neidfalle wieder zu. Um 22 Uhr 30 werden die Schüler in ihren Flügeln eingeschlossen. Ich steige die Treppe ins Dorf hinab und denke über die Schweiz nach. »Fahren Sie mal dorthin«, hatte mir einer in Neubeuern empfohlen. Zum Internat auf dem Rosenberg. Da seien die, die ihren Reichtum wirklich zeigen würden. Extrem geld- und besitzorientierte Schüler und Eltern, von oben bis unten mit Nobel-

Labels behängt. Dort kostet das Jahr 40000 Euro. Diener decken morgens, mittags und abends die Essenstafeln. Zum Fuhrpark gehören ein Bentley, ein Rolls-Royce und ein Cadillac. Es sei hochwertige Luxusverwahrung, die dort stattfinde, sagte der Neubeurer. Ganz anders als hier, auf dem Schloss. In einem Artikel lese ich, dass er offenbar recht hat: Um 19 Uhr müssen die Kinder dort auf ihre Zimmer. Ein Nachtwächter geht von Raum zu Raum. Videokameras sind allgegenwärtig und sorgen dafür, dass die Kinder in ihren Zimmern bleiben. Reiche Kinder, die nur noch per Videoüberwachung gebändigt werden können, weil sie so sehr unter der »Wohlstandskrankheit« leiden.

Ich fahre nicht zum Rosenberg, auch nicht zum Genfer See, sondern kehre nach Kreuzberg zurück. Hier werden seit drei Jahren ein paar Schulen per Kamera überwacht. Offensichtlich ist das Vertrauen in die Jugendlichen ganz oben und ganz unten so gering, dass die Erwachsenen meinen, die Teenager kontrollieren zu müssen. Neben der Antriebslosigkeit, der mangelnden Disziplin und dem Wunsch nach Anerkennung ist dies eine weitere Erfahrung, die die Schüler an beiden Enden der Gesellschaft teilen.

Ich glaube nur, dass manche Schüler in Neubeuern diese Erkenntnis nicht akzeptieren würden. Ein Mädchen aus der Oberstufe hatte beim Mittag verächtlich von einem Ausflug in die Münchner Innenstadt erzählt. Wegen eines Gutscheins habe sie zu Saturn gemusst, in die Kaufingerstraße, wo sie sonst nie hinginge. »Wie in Istanbul ist es da«, schimpfte sie. Selbst auf den Privatschulen in München seien ja schon Türken. Selbst die Internatsschüler mit den idiotischsten Ansichten werden es wohl immer nach oben schaffen. Nur weil sie dazugehören. Weil sie sich Elite nennen. Und ihnen das vorzuwerfen, finde ich alles andere als naiv.

Halt, ermahne ich mich selbst. Zum ersten Mal während meiner Recherche habe ich das Gefühl, dass meine Neugier von einer ungeheuren Abneigung erdrückt wird. Ich versuche, mich zu bremsen; die Wut herunterzuschlucken und zurück zum Thema zu kommen. Die Suche nach der Elite. »Ergebnis des Besuchs im Internat Neubeuern«, notiere ich betont sachlich: »England gibt es auch in Deutschland, das heißt, auch hier findet sich eine Elite, die sich durch den Besuch eines teuren Internats begründet.«

Neubeuern ist Heimat der Reichen. Nirgendwo sonst auf meiner Reise hatte ich das Gefühl, dass sich das Elitelabel so einfach kaufen lässt. Ich finde es falsch, dass sich die Schule Elite nennt, dass die Abgänger Plätze in der Gesellschaft einnehmen werden, die sie ohne das Geld der Eltern und den Namen der Schule nie erlangt hätten. Nachdem ich die Wut über das ausländerfeindliche Mädchen bewältigt habe, denke ich abseits aller Elitefragen noch lange an Miriam und die anderen. Richtig reiche Eltern zu haben, hatte ich mir bislang immer sehr schön vorgestellt. Reich sein, das hieß für mich, Weihnachten in der Schweiz Ski zu fahren oder zum Familienurlaub nach San Francisco oder Sydney zu fliegen. Dass richtig reich sein auch heißt, dass man die eigenen Eltern wohl nie übertrumpfen wird, dass man kaum Antrieb hat, sich etwas zu erarbeiten, dass man verglichen mit den Erfolgen der Eltern oder Großeltern eigentlich nur eine Enttäuschung werden kann, daran hatte ich nicht gedacht.

Ich stehe in Überlingen am Bahnhof und versuche, meinen Körper wieder auseinanderzufalten. Eine gefühlte Ewigkeit habe ich im Regionalexpress gesessen. Knie an Knie mit meinem Gegenüber in der Vierersitzgruppe, froh über meine kurzen Beine. Mein Koffer versperrte den Gang. Aber es gab im vollen Zug keinen geeigneten Platz für ihn. »Mobilitätsproletariat« nennt ein Vielflieger aus John von Düffels Theaterstück »Elite I.1« die Bahnfahrer abfällig.

Seit die Bahn nicht mehr von Beamten verwaltet wird, ist dieses Proletariat gespalten, ist die Gleichmacherei in der Schienenwelt vorbei. Wie jede Reform teilte auch die der Bahn in Verlierer und Gewinner. Die Verlierer leben in der Provinz, wo das Netz ausgedünnt wurde, wo Bahnhöfe geschlossen und Strecken stillgelegt wurden. Die Gewinner wohnen in Großstädten. Dort, wo die schicken Hochgeschwindigkeitslinien zusammenlaufen. Ich bin eine Reformprofiteurin. Im vergangenen Jahr bin ich Tausende von Kilometern mit der Bahn gefahren. Ich mag es, wenn die ICEs im Stundentakt durchs Land jagen, wenn Flüsse, Felder und Windräder vorbeifliegen. Neben meinem Knie die Dose für den Laptopstecker, die Füße auf der Stütze am Sitz des Vordermanns. Jede Stunde kommt der Kaffeemann vorbei. Würde ich für ein Zurück in die Zeit vor der Reform, als noch alle Züge gleicher waren, die Eliteschnellstrecken aufgeben? Würde ich, damit die Provinz bessere und häufigere Verbindungen erhält, auf Köln–Berlin in gut vier Stunden verzichten wollen? Bestimmt nicht. Auch ich kann Ungerechtigkeiten ganz gut ertragen, wenn sie mir nützen.

Heute ist einer der ersten warmen Frühlingstage. Hinter dem Bahnhof liegt die Überlinger Altstadt, dahinter der Bodensee. Ich blinzle in Richtung Sonne, sehe glattes Wasser, dahinter ein paar Berge. Es scheint ein ungeschriebenes Gesetz zu sein: Dort, wo Deutschland richtig schön ist, thront über Dörfern und Kleinstädten stets ein Schloss, in dem Internatsschüler wohnen. So war es in Neubeuern, so ist es auch in Überlingen.

Ich habe beschlossen, einen zweiten Versuch zu wagen. Ich will die Internate als »Schule der Elite« nicht abhaken, bevor ich nicht die Elite aller Elite-Internate gesehen habe. Neubeuern mag vor allem ein Ort des Geldes sein, aber Salem, das weiß ich aus etlichen Berichten in meiner Elite-Artikelsammlung, verspricht vor allem Tradition und höchste pädagogische Qualität.

Ich hatte meiner Mutter vorher den Prospekt von Salem gezeigt. Sie mochte das Kloster direkt am Bodensee. Die Schuluniform fand sie schlicht und schön. Die Reformpädagogik, für die Salem steht, begeisterte sie, schließlich wurde sie in den siebziger Jahren zur Lehrerin ausgebildet. »Vielleicht hätte es dir dort gefallen«, sagte meine Mutter. »Ein Monat kostet 2375 Euro«, wandte ich ein. »Das sind fast 30 000 pro Jahr.«

Auch mein Vater las den Prospekt. Danach fluchte er über Apotheker und Unternehmer, die ihren Kindern eine heile Schulwelt kaufen könnten. Er empörte sich darüber, dass die Eltern auch noch 30 Prozent des Schulgeldes von den Steuern absetzen könnten. »Das bezahlen dann wir!«, rief er mit hochrotem Kopf. Dann schimpfte er, dass bei kleinen Klassen und intensiver Betreuung jeder zum Abi gehievt würde – und überlegte, ob nicht der Sohn des Inhabers unserer örtlichen Supermarktkette dort war, nachdem er an allen anderen Schulen Schwierigkeiten gehabt hatte. Mein Vater brauchte Stunden, um sich von diesem Sozialneidanfall zu erholen.

Und jetzt bin ich hier im ehemaligen Kloster des Zisterzienserordens Salem, das Fluchen meines Vaters und die vorsichtige Begeisterung meiner Mutter im Hinterkopf. Ein Schüler in Uniform hat mich in die Kapelle geführt. Auf dem Weg kamen uns drei Jungs mit erhitzten Köpfen entgegen. Sie trugen Hockeyschläger. Sie sahen aus wie die Jungs auf den Fotos aus England. »Wir danken Seiner Königlichen Hoheit, dem Markgrafen von Baden, dafür, dass wir diesen Raum nutzen können«, sagt die Rektorin der Internatsschule Salem gerade. 1920 hat Prinz Max von Baden dieses Internat eröffnet. In einem Prospekt der Schule habe ich zwei Fotos gesehen. Darunter stand geschrieben: »Der traditionelle Morgenlauf 1935 und heute.« Tradition eben.

Heute öffnet das Internat seine Türen, um Kunden für die Zukunft zu werben. Neben mir auf der Bank sitzt ein Vater im Joop-Mantel mit seiner Teenagertochter, vor mir ein Ehepaar mit seinem Sohn. Er ist noch ein Kind, vielleicht zehn oder elf Jahre alt. Insgesamt sind etwa zweihundert Familien in die Kapelle gekommen. An diesem Tag werden sie hören, was Salem ihrem Nachwuchs zu bieten hat. Sie werden sich durch das Kloster führen lassen, durch die Burg für die jüngeren Schüler und das Schloss über dem Bodensee, in dem die Abiturienten wohnen. Dann werden sie entscheiden, ob sie in die Schule investieren. Der Kleine neben mir ist nervös. Sein Vater checkt noch ein letztes Mal die E-Mails. Bestimmt war es nicht einfach für ihn, sich diesen Samstag frei zu halten. Als ich mich weiter umschaue, sehe ich, dass auch der Vater neben mir noch mit seinem Blackberry hantiert. Wenn er seinen Sohn hier anmeldet, wird der übrigens auf dem Klostergelände kein Handy benutzen dürfen.

»Eine Trias von Tugenden – Wahrheitsliebe, Mut und Verantwortung – steht als Leitbild über Salem«, lerne ich. Schulleiterin Eva Marie Haberfellner verspricht den Eltern gerade, dass man ihre Kinder mit Disziplin und Leidenschaft erziehen wolle. »*Plus est en vous*«, sagt sie, das sei der Wahlspruch der Schule – »in euch steckt mehr«. Stolz erzählt sie, dass die jüngeren Schüler vor zwei Wochen ein Stück auf Lateinisch aufgeführt hätten. Die Ausbildung sei elitär, lobt der Schülersprecher, und der Leiter der Mittelstufe zitiert den Reformpädagogen Kurt Hahn, den Mitbegründer des Internats: »Es ist Vergewaltigung, Kinder in Meinungen hineinzuzwingen. Aber es ist Verwahrlosung, ihnen nicht zu Erlebnissen zu verhelfen, durch die sie ihrer verborgenen Kräfte gewahr werden können.« Das klingt nach den Träumen meiner Mutter.

Nachdem zitiert und geworben wurde, sollen die Schüler das Kloster zeigen. Eva ist gerade vierzehn geworden. Sie hat lange dunkle Haare, auf den Arm hat sie mit Kuli eine Matheformel geschrieben. Sie führt gleichermaßen eifrig wie desinteressiert. Immer wieder blickt sie auf den Zettel, den sie bekommen hat, bemüht, bei ihrer Führung nichts zu vergessen. Hier die alte Turnhalle. Die Treppe rauf zum Speisesaal. Hinten ist der Krankentrakt, links geht es zum Mädchenflügel. »Wie ist es, hier zur Schule zu gehen?«, frage ich. »Gut«, sagt Eva. »Frag doch auch etwas!«, sagt der Vater des Mädchens, das mit mir rumgeführt wird. »Wir machen das alles für dich.« – »Lass mich«, faucht sie und schweigt.

Ich weiß nach dieser Werbeveranstaltung nichts über das Leben im Internat. Nicht, was Eva und der Schulsprecher tatsächlich über Eliten denken, nicht, was an den schönen Sprüchen der Verantwortlichen dran ist, nicht, ob mein Vater oder meine Mutter recht hat. Nur ein dumpfer Zweifel bleibt, ob Versprechen und Realität in dieser Schulform in Einklang zu bringen sind. Kurt Hahn, der Reformpädagoge, hat sieben Salemer Gesetze formuliert. Das letzte lautet: »Erlöst die Söhne und Töchter reicher und mächtiger Eltern von dem entnervenden Gefühl der Privilegiertheit.« Dass das in einem Internat, das fast 30 000 Euro pro Jahr kostet und seine Schüler in Burgen und Schlössern beherbergt, gelingt, glaube ich nicht.

Ich schreibe der Internatsleitung, dass auch nach dem Tag der offenen Tür noch Fragen geblieben seien, und bekomme einige Wochen später eine neue Einladung. Es hätten sich zwei Schüler gefunden, die mit mir über Elite reden wollten. Also kehre ich noch einmal ins Schloss zurück.

DIE POLITIKER VON SALEM

Das Arrangement kenne ich schon. Vor dem Schloss, in dem die Salemer Oberstufe lebt, schlagen sich zwei Mädchen auf den schuleigenen Tennisplätzen ein paar Bälle zu. Als ich am Tag der offenen Tür hier war, hingen neben einigen Zimmerfenstern des Jungentrakts Deutschlandflaggen. Auch heute haben Internatsschüler wieder schwarz-rot-goldene Fahnen vor die hellgelbe Schlosswand gehängt. Noch immer irritiert mich das. Vielleicht liegt es an meiner Erziehung, an den ständigen »Nie-wieder«-Warnungen meiner Eltern und Lehrer, dass sich beim Anblick schwarz-rot-goldener Fahnen sofort meine Nase kräuselt und mein Gehirn »Nationalismusverdacht« schreit. Es ist derselbe Reflex, der sich regte, als ich in Griechenland zum ersten Mal hörte, dass sich jemand bewusst und stolz »Elite« nannte. Flaggen und Uniformen. Patriotismus und Eliten. Wollen wir diese Traditionen wiederbeleben? Oder war es gut und nötig, diese als Träger nationalistischer Keime zu meiden? Sind die Flaggen neben den Fenstern der Schüler harmlose Zeichen eines inzwischen wieder normalen Stolzes, oder sind sie der Beweis eines völlig falschen Traditionsverständnisses, das jederzeit in Richtung Nationalismus kippen kann?

Oliver und Philipp können diese Fragen bestimmt beantworten. Die zwei sind die Politiker des Internats und von den anderen Salemern ins Schülerparlament gewählt worden. Wenn man Philipp, der die Haare streng zur Seite gegelt trägt und sich heute Morgen für ein rosafarbenes, akkurat gebügeltes Hemd entschieden hat, von der Schulbank direkt in einen Bundestagsausschuss beamen würde, fiele er sicher nicht weiter auf. Oliver ist eher der Charismatiker. Seine verstrubbelten braunen Haare, Zeichen eines eher alternativen Stils, kombiniert er souverän mit einem kunstvoll gebundenen Armani-Schal und einem Paar Lederslipper, beides Insignien der Konservativen. Oliver spricht lauter und selbstsicherer als Philipp. Er ist Präsident des Schülerparlaments. Die beiden gehen in die zwölfte Klasse. Sie wohnen genau in dem Trakt, wo die Fahnen hängen.

Die Flaggen hätten nichts weiter zu bedeuten, sagen sie. Sie seien Normalität, Zeichen eines normalen Nationalstolzes. Damit ist das Thema für sie erledigt. Nur eins noch, sagen sie: Die Salemer seien schon anders als die eher linke Schülerschaft an vielen staatlichen Schulen. Sie erzählen mir, dass CDU und FDP hier bei einer Testwahl auf 80 Prozent gekommen seien. Und dass hier auch keiner was davon hielte, sich zu zehnt auf einen Bahnhof zu legen und zu schreien, dass man gegen Nazis sei. Sie wollten sich nicht idiotisch benehmen, nur weil sie achtzehn seien, sagen sie. Sie seien eben vernünftig und politisch mit ihren Eltern auf einer Linie. Eher konservativ. »Wenn mein Vater mir seit achtzehn Jahren predigen würde, die PDS oder die NPD, die sind es, und ich sehe, es wird nichts aus ihm und auch nicht aus seiner Ansicht, dann stehe ich auch nicht dahinter«, erklärt mir Oliver. »Aber ich kann die Einstellung, die mein Vater mir vermittelt, nachvollziehen, und deswegen muss ich da nicht revolutionär wirken.«

Im Jahr 2001 stritt das Internat Salem ein Jahr lang darüber, wie mit dieser neuen konservativen Schülerschaft umzugehen sei. Damals wollten die Schüler, dass am Eingang des Internats dauerhaft die Deutschlandflagge gehisst werde. Die Schulleitung lehnte ab. Die Schüler revoltierten auf ihre Art. Sie hängten an einem Morgen im Februar aus allen Fenstern Schwarz-Rot-Gold.

Auch den Tag der Deutschen Einheit wollten die Schüler feiern. Das lehnte die Leitung ebenfalls ab. Also trafen sich dreißig Schüler, festlich gekleidet in Anzug und Blazer, zu einer Privatfeier. Der Journalist Jan Christoph Wiechmann rekonstruierte den Abend für den *Stern* nach einer Reihe von Gesprächen mit Schülern. Die Feier begann harmlos bei Würstchen mit Kartoffelsalat, bei Bier und Jägermeister. Dann stimmten einige die Nationalhymne an. Sie sangen alle drei Strophen, auch die Zeile

»Deutschland, Deutschland über alles«. Die Schüler spielten eine selbst gebrannte CD mit einer Hitler-Rede ab. Sie lachten über den Führer, einer persiflierte den Hitler-Gruß. Nachher sagten die Schüler, vieles an diesem Abend sei falsch gelaufen. Trotzdem hätten sie das Recht, »endlich aus dem Schatten der Geschichte herauszutreten«. Sie meinten, provokante Aktionen seien nötig, um »die Gesellschaft wachzurütteln, um abzurechnen mit den Achtundsechzigern und der Holocaust-Hysterie«.

Dr. Bernhard Bueb, der von 1974 bis 2005 Leiter der Schule war und den Schrecken des Dritten Reichs noch als Kind erlebt hatte, reagierte damals entsetzt auf diese Wiederentdeckung des Nationalstolzes. Er entließ einen der Anführer. Er mahnte, er strafte, er untersagte lange die Flaggen. Doch wer heute, sechs Jahre später, nach Salem kommt, merkt, dass die patriotische Rebellion nicht folgenlos geblieben ist. Inzwischen feiert Salem den Tag der Deutschen Einheit offiziell mit einem festlichen Essen, *formal dinner*, nennen das die Schüler. Anzüge sind an diesem Abend nun nicht mehr Provokation, sondern Pflicht. Und auch die Flaggen neben dem Zimmerfenster scheinen niemanden mehr zu irritieren. Die Rückbesinnung auf alte Werte ist im Internat offenbar zu einem guten Teil vollzogen.

Dr. Bernhard Bueb ist inzwischen Pensionär und steht den Internaten Salem und Neubeuern nur noch beratend zur Seite. Er hat im Alter eine Mission gefunden, die der der Rebellen von 2001 durchaus ähnelt. Auch Bueb will mit einem der Prinzipien der Achtundsechziger aufräumen. Er kämpft vor großem Publikum für eine Renaissance der Disziplin. »Der Erziehung ist vor Jahrzehnten das Fundament weggebrochen: die vorbehaltlose Anerkennung von Autorität und Disziplin«, klagt Bueb in seinem Bestseller »Lob der Disziplin«. Viele irrten »ziel- und führungslos« durchs Land. Bueb fordert, dass Kinder und Jugendliche wieder lernen müssten, Regeln nicht ständig zu diskutieren und zu hinterfragen, sondern reflexartig zu befolgen. Er schreibt: »Wir müssen wieder zu der alten Wahrheit zurückkehren, dass nur der den Weg zur Freiheit erfolgreich beschreitet, der bereit ist, sich unterzuordnen.«

In einigen Bereichen, sagt Bueb, könne Kindererziehung sich daher durchaus an der Abrichtung eines Hundes orientieren. »Wir müssen uns dazu durchringen, legitime Macht als Autorität anzuerkennen, die Macht Gottes, die Macht des Staates und die Macht der Erziehungsberechtigten.« Ein Mangel an Disziplin, meint Bueb, könne »ein ganzes Leben aus dem Lot bringen, ja ein Kind psychisch krank« machen, aus ihm einen liebes- und arbeitsunfähigen, neurotischen und ichzentrierten Menschen machen. »Disziplin wirkt heilend«, verkündet Bueb.

Wie viele meiner Freunde bin auch ich dazu erzogen worden, zu hinterfragen, statt zu folgen, zu diskutieren, statt zu akzeptieren, selbst zu denken, statt blind zu gehorchen. Wenn ich Bernhard Buebs Buch lese, habe ich den Eindruck, dass er viele Prinzipien, nach denen wir erzogen wurden, für grundsätzlich falsch hält, dass er das Handeln unserer Eltern verurteilt, uns für relativ misslungen hält. Das kränkt mich. Seine Forderung, wieder eine Jugend zur Gefolgschaft zu erziehen, macht mir Angst. In Salem wird, wie in Neubeuern, im Urin der Schüler nach Drogenresten, in ihrem Atem nach Alkoholrückständen gesucht. Wer Haschisch geraucht hat, fliegt sofort. Wer trinkt, nur wenn er Wiederholungstäter ist. »Und wer Kaugummi kaut, wird erschossen«, sagt mein Freund sarkastisch. Ein disziplinierter Schüler müsste schließlich auch diese Regel schlucken. Ein aufrechter würde sich auflehnen. Disziplin ist eben eine Sekundärtugend. Sie kann wunderbaren, aber auch grausamen Zielen dienen und sollte nie Selbstzweck sein. »Mit Disziplin«, schreibt Matthias Altenburg in der *Zeit*, »kann man ein Haus bauen, Geige spielen lernen und einen Fünftausendmeterlauf gewinnen. Mit Disziplin kann man den Regenwald abholzen, in den Krieg ziehen und, wie Oskar Lafontaine in seinen lichteren Momenten formulierte, ›ein Konzentrationslager führen‹.« Auch das, dachte ich, sei Konsens. Stimmt aber nicht.

Bernhard Bueb bekommt für seine Thesen viel Applaus. Es ist dieselbe »Das-wird-man-doch-mittlerweile-wieder-sagen-dürfen«-Begeisterung, die von Patriotismusdebatten, dem neuen Gefallen an den Farben Schwarz-Rot-Gold und eben dem Wunsch nach Eliten hervorgerufen wird. Bueb tourt durch Talkshows. Er, den Menschen, die ihm begegnet sind, als höflich, feingeistig und klug beschreiben, schaffte es, bei Sabine Christiansen eine Stunde lang thesengemäß streng zu schauen, als er für Führung und Gefolgschaft und – skurrilerweise – für eine Rückbesinnung auf die Regeln der Pfadfinder warb. »Und wo ist das geendet? Im Faschismus!«, rief ein anderer Talkshowgast da erbost. »Kinder, besinnt euch auf die Pfadfinder«, sagt mein Freund Tom mit knarzender Stimme, als spräche er direkt aus einem Volksempfänger. Und jedes Mal, wenn Bueb wieder loslegt, rufen wir: »Und wo ist das geendet? Im Faschismus!« Aber was will man von uns mit wenig Härte Erzogenen auch erwarten.

Ganz anders seine Salemer. Zumindest die, die mir gerade gegenübersitzen, haben Buebs Thesen begriffen und sind bereit, ihm zu folgen. Philipp und Oliver, die beiden Schulpolitiker, wollen jetzt ganz in Buebs Sinne ihre Schulverfassung ändern und einen Teil der ihnen in den siebziger Jahren übertragenen demokratischen Rechte freiwillig zurückgeben. Bueb schreibt, dieses System »produziert eine Gewerkschaftsmentalität, es fördert Egoismus und Spaßhaltung«, und Philipp, der Schulpolitiker, gibt ihm recht. Philipp, der jetzt schon weiß, dass er mal zu den Unternehmensberatern von McKinsey möchte, erklärt mir, was Bueb mit »Gewerkschaftsmentalität« meint.

»Die Schüler stehen wie so ein Haufen Arbeitnehmer gegen den bösen Chef, in dem Falle die Schulleitung. Und sind aus Prinzip immer gegen alles.« Statt dafür zu kämpfen, dass Salem in fünf Jahren international führend sei, forderten die Schülervertreter stets höhere Promillegrenzen, so wie Arbeitnehmer nach mehr Lohn schrien. Beides sei verkehrt. Deshalb gäben sie also einen Teil ihrer Selbstbestimmung ab. Und aus den Schülervertretern, sagt Oliver, wollten sie »Führungspersönlichkeiten« machen. Schon bald solle es das erste Leadership-Training in der Oberstufe geben. Oliver ist Sohn eines sehr reichen Vaters, der sich, wie Oliver betont, »alles hart erarbeitet hat«. Oliver, der später ins Marketing einer großen Firma will, ist überzeugt, dass sich nicht nur Salem, sondern auch das Land verändern muss. Endlich wirtschaftsfreundlicher muss es werden, sagt er. »Damit Deutschland wieder Perspektive hat. Das war schon immer mein Ziel.«

Dann haut mir Oliver Zahlen um die Ohren. Ein wilder Mix aus Wahlprogrammen, den Positionen seines Vaters und liberalen Stammtischthesen. Alle zwanzig Tage, klagt er, sei in Deutschland irgendwo eine Wahl. Deshalb mache die Politik nur, was die Menschen hören wollten. Wenn in Deutschland einer arbeitslos wird, braucht er, laut Oliver, im Durchschnitt ein bis zwei Jahre, um eine neue Stelle zu finden. In Amerika neunzehn Tage. Weil Amerika keinen Kündigungsschutz habe. Mit den Arbeitslosen gehe Deutschland sehr großzügig um, zu großzügig, meint er. »Ich finde, je mehr die Leute unterstützt werden, wenn sie nichts machen, umso mehr machen sie nichts. Stellen Sie sich vor, ich sitze hier mit meiner Freundin und kriege 240 Euro pro Monat. Oder ich gehe arbeiten und bekomme auch 240. Ist doch klar, dass jeder hier sitzen bleibt. Kriege ich aber beim Sitzen mit meiner Freundin nur 40 Euro pro Monat, kriege ich aber 240 Euro, wenn ich arbeiten gehe, dann bin ich doch beim Arbeiten, auch wenn es Tellerwaschen ist.« Oliver lacht und sagt, ich würde jetzt bestimmt denken, dass hier reiche Schüler schlecht über Arbeitslose reden würden. Dass das alle Klischees und Vorurteile bestätigen würde. Aber er betrachte die Lage objektiv, sagt Oliver.

Ich schaue ihn an, höre ihm zu und male Kringel auf meinen Block. Nach Dutzenden Gesprächen mit der Nachwuchselite habe ich langsam das Gefühl, die immer gleichen Antworten auf meine Fragen mitsteppen zu können. Die Deutschen seien neidisch und viel zu negativ und unbeweglich, klagen auch Oliver und Philipp. Auch sie sind Mitglieder bei *Schwarzekarte*, dem Internet-Netzwerk, in das mich Alexander geschleust hat. Auch sie werden, wenn sie das Internat verlassen, ein Büchlein mit den Namen der Altschüler bekommen. Dreitausendsechshundert seien das im Moment, sagt Philipp, alles Topleute, findet er. »Da hat man dann ein Netzwerk von Freunden, aber auch Erleichterungen beim Berufseinstieg.«

Und auch auf meine Frage, ob denn Salem eine Eliteschule sei, höre ich die Erklärung, die ich schon aus Neubeuern kenne: »Wenn ich jetzt nur das Schulische betrachten würde«, sagt Oliver, »würde ich klipp und klar sagen: Wir sind keine Eliteschule. Wir sind öfter unter dem Durchschnitt hier. Im akademischen Sinne.«

»Und in welchem Sinne seid ihr Elite?«, frage ich auch sie.

»Ich würde sagen, weil wir im Gegensatz zu anderen Schulen versuchen, den ganzen Menschen zu bilden und nicht nur fachlich. Ich denke, das macht das Elitäre hier aus. Das bildet einfach eine Gesellschaftselite, diese Fähigkeit, Verantwortung zu übernehmen.« Mut, Verantwortung, Wahrheitsliebe, sagen sie – das seien die Tugenden, mit denen Menschen zur Elite würden.

»Wenn das gilt«, wende ich ein, »ist die Elite ja nicht nur in Salem zu finden.« Menschen, die mutig, verantwortungsbewusst und ehrlich sind, träfe man schließlich immer wieder und überall. Klar, sagt Oliver, gelte das auch für die Krankenschwester, die am meisten arbeite und Eigeninitiative zeige. Die sei schließlich am Ende auch oft Chefkrankenschwester. In Salem, sagt er, würden sie aber ganz besonders in diesen drei Tugenden, die am Ende die Elite ausmachen, trainiert. »Und wenn wir einen Jahrgang, der abgeht, sehen«, sagt Oliver, »können wir wirklich sagen: Egal, in welchem Bereich, sind Salemer tatsächlich in Spitzenpositionen. Ob es in der Wirtschaft ist oder im Fischfang.«

Ich glaube allerdings, dass Oliver und Philipp enttäuscht wären, wenn sie es zum ehrlichsten Fischer oder zum mutigsten Krankenpfleger brächten. Beide sind schon Kunden der Salemer Berufsberatung, dem *career counceling*.

KARRIERECOACH FÜR TEENAGER

Karriereberatung für Teenager scheint auch so ein Trend zu sein. Während Oliver und Philipp von ihren Praktika erzählen, denke ich an Matthias Trüper, den ich zu Beginn meiner Recherche besuchte. Er, der einmal als Lehrer gearbeitet hat und danach Schulleiter war, verdient sein Geld in Berlin als Karrierecoach. Auch seine Kunden sind oft noch nicht volljährig, Oberstufenschüler, so alt wie die beiden Salemer. Damals hatte meine Reise zur jungen Elite noch nicht begonnen. Ich kannte die Internate und Privatunis, die Kindergärten und Stiftungen noch nicht und wollte zunächst gar nicht glauben, dass es Firmen wie seine gibt. Firmen, die tatsächlich davon leben, Teenagern bei der Karriereplanung zu helfen. Aber Trüpers Firma war nicht nur real, sondern schien auch ganz gut zu laufen.

Aus ganz Deutschland reisen Eltern, die ihrem Nachwuchs die Poleposition im Kampf um die Plätze in der Leistungselite verschaffen wollen, zu Trüper nach Berlin-Mitte, in die Ackerstraße. Dort, wo Berlin so aussieht, als hätte die Stadt Geld, wo die Hinterhöfe saniert sind und Feinkost-Italiener Mittagsteller für 16 Euro anbieten, scheinen sich auch Karrierepakete für Pubertierende recht gut verkaufen zu lassen.

Als ich Trüper besuchte, musste ich trotz Termins warten. Er gab gerade einem Vater Tipps für den richtigen

Umgang mit dem Sohn. Die Nachfrage sei gigantisch, hatte er mir am Telefon gesagt. Vor allem wegen der schlechten Lage am Arbeitsmarkt steige die Bereitschaft, sich beraten zu lassen und auch Geld dafür zu zahlen, ständig. Da schafft die Angst vor Arbeitslosigkeit ganz neue Märkte, dachte ich und las die begeisterten Kommentare der Eltern, die schon da waren. Ein Vater aus Augsburg schrieb: »Die kompetente Beratung und der exzellente Service haben uns geholfen, unseren Sohn auf die richtige Bildungsschiene zu bringen, und haben ihn bereits zu sehr guten Erfolgen in seinem College geführt.« Eine Münchner Unternehmerin lobte: »Wer beruflich sehr angespannt ist und für die eigenen Kinder und deren Ausbildung nur das Beste möchte, der ist bei Herrn Trüper an der richtigen Adresse.«

Als ich in der Oberstufe war, sind wir mit der ganzen Klasse ins Berufsinformationszentrum des Arbeitsamts gefahren. Dort gab es lange Regale, in denen Ordner mit Folien standen, auf denen Berufe und Studiengänge erklärt wurden. Ermunternd war das alles nicht. Ich habe wie fast alle in dem dunklen Raum gehockt und darauf gehofft, schnell wieder nach draußen zu kommen. Höhepunkt des Ausflugs war ein Berufstest, an dessen Ende mir geraten wurde, evangelische Pfarrerin zu werden. Ich bin nicht einmal getauft. Aber auf solche Feinheiten konnte der Standardtest keine Rücksicht nehmen. Dieses System ist tatsächlich optimierungsbedürftig.

Trüper residiert in einem schicken Büro. Hohe Wände, weinrot gestrichen. Vielleicht sollte es das Arbeitsamt auch mal mit Farbe versuchen? Trüpers Beratung ist nicht gratis, sondern kostet mindestens 1000 Euro. Wenn ein Abiturient, der in Trüpers Büro stets »Kunde«

heißt, im Ausland studieren will, liegt die Rechnung schnell bei 2000 Euro. Seine Kunden seien schon eher betucht, verriet mir Trüper, als er endlich Zeit für mich fand. »Aber«, fügte er sofort hinzu, »meinen Service kann sich fast jede Familie leisten. Gehen Sie mal auf einen Schulhof und schauen Sie sich die Schuhe der Kinder an! Dort finden Sie Markenschuhe, bis zu 200 Euro das Paar.« Das Geld sollten die Leute besser in Bildung investieren, sagte Trüper. Außerdem sei eine gut durchdachte Strategie in der Summe günstiger als eine falsche Studienentscheidung.

Trüper ist ein guter Redner. Er brauchte keine fünfzehn Minuten, um mir die Welt zu erklären. »Die Zeiten langwieriger Selbstfindung sind vorbei«, sagte er. »In Deutschland wollte man immer, dass alle aus demselben Breitöpfchen essen. Das war eine sozialdemokratische Wohlfühlgesellschaft, ein elitefeindlicher Ansatz. Wir müssen uns dem Wettbewerb stellen. Denn Wettbewerb macht Spaß. Wir müssen dann auch damit leben, dass es Verlierer gibt.« – »Aber«, versuchte ich dazwischenzufragen – ohne Erfolg. Er redete längst weiter. »Die deutschen Schulen versagen bei der Berufsberatung völlig. Die stellen ein Produkt her, das Abitur, ohne sich darum zu kümmern, was dann daraus wird.« Danach schimpfte er auf die Beamtenmentalität der Lehrer. Man müsse endlich Wettbewerb zulassen und eine miserable Schule auch einfach schließen können. »Wir brauchen vier, fünf Eliteschulen pro Bundesland. Wettbewerb macht doch Spaß. Auch Rütli kann Elite werden. Nur wer sich dem Wettbewerb sperrt, versagt.« – »Trotzdem: Ist eine Karriereberatung für Teenager nicht ein bisschen pervers?«, fragte ich schnell dazwischen.

»Der Markt ist da und wächst«, sagte Trüper lachend. Es freue ihn, dass Deutschland sich ändere. Nachträglich muss ich zugeben, dass er in diesem Punkt absolut richtiglag. Was ich bei meinem ersten Besuch als absurden Auswuchs des Leistungswahns einordnete, ist ein wachsender Markt, den Trüper längst nicht mehr allein versorgt. Das sechsstündige »Einzelcoaching« der Kölner Firma »Einstieg« kostet die Schüler 600 Euro. Das Münchner »gevainstitut« bietet gleich ein komplettes »Coaching-Paket Studium und Berufsstart« für 750 Euro. »Das hätte es früher nicht gegeben«, würde ein Rentner an dieser Stelle vielleicht einwerfen und damit diesen nervigen Satz endlich einmal völlig zu Recht sagen.

Denn eine Karriereberatung für Teenager hätte es früher wirklich nicht gegeben. Als ich beschlossen habe, Journalistin zu werden, war ich siebzehn, also genauso alt wie Trüpers Kunden. Die Entscheidung traf ich nicht, weil ich brav auf die Folien im grauen Arbeitsamt gestarrt hatte. Ich glaube, dass sie eher das Ergebnis einer Mischung aus je einem Drittel Instinkt, Willkür und Ahnungslosigkeit war. Ich wusste, dass ich das Münsterland verlassen wollte, und Journalistin schien mir zu diesem Zweck ein geeigneter Beruf zu sein. Der Beruf wirkte aufregender als Anwältin und Ärztin. Ich träumte davon, zum *Spiegel* zu gehen, den ich damals zwar nie las, aber für sehr wichtig hielt. Oder ich wollte die Live-Kommentare bei Bundesligaspielen sprechen oder vielleicht doch bei der Lindenstraße arbeiten.

Also schrieb ich, als es nach dem Abitur ernst wurde, meinem Vater eine Vollmacht und bat ihn, mich an der Universität Dortmund einzuschreiben, während ich mit meinen besten Freunden mit dem Zug durch Griechenland fuhr. Dass es geklappt hatte, erfuhr ich, als ich ihn von einem Campingplatz am Isthmus von Korinth anrief. 1000 Mark haben unsere vier Wochen in Griechenland gekostet. Dafür hätten wir nicht einmal das »Coaching-Paket Studium und Berufsstart« bekommen. Das klingt im Nachhinein recht lässig, im Vergleich mit den peniblen Karriereplanern, die zu Trüpers Kunden zählen, sogar abgezockt cool. War es aber nicht. Es war normal. Dennis und Cornelius, die mit mir am Isthmus waren, und die anderen aus meiner Stufe machten nichts anderes.

Auf diesen Sommer folgten Dutzende anderer Momente, in denen ich ähnlich diffus begründete Entscheidungen traf. Für welches Praktikum wollte ich mich bewerben? In welcher Stadt wollte ich leben? Sollte ich noch im Ausland studieren oder nicht? Ich stolperte entlang dieser Fragen durch mein Studium und versuchte herauszufinden, was ich mochte und konnte. Einen Teil der Entscheidungen traf ich selbst, den großen Rest erledigte der Zufall. Ich bezweifle, dass ein noch so guter Karriereberater mir dabei hätte helfen können.

Auf meiner Reise begegnet mir der Glaube an den planbaren Lebensweg allerdings überall. Die Eltern, die ihre Kinder für viel Geld in bilinguale Kitas stecken oder teure Internate auswählen. Die Studenten, die bereitwillig die teuren Gebühren für die privaten Hochschulen zahlen, oder eben Oliver und Philipp, die Salemer. Sie alle geben viel Geld aus, um den Zufall aus ihrem Leben herauszuhalten. Vielleicht ist das nötig, wenn man beschlossen hat, Elite zu werden. Vielleicht ist es aber auch gefährlich, seine Kinder auf einen vermeintlich planbaren Lebensweg zu trimmen. Denn wenn sie trotz aller Anstrengungen und Investitionen dennoch scheitern, werden sie wohl nicht gelernt haben, dass es neben dem schnurgeraden Weg auch noch etliche andere gibt, die vielleicht sogar besser sind.

Philipp und Oliver, die beiden Salemer Schulpolitiker aus der Oberstufe, erinnern mich an eine jüngere Ausgabe von Bernd. Sie sind gerade achtzehn geworden. In diesem Alter sammeln manche Jungs Mädchen, Highscore-Einträge an der Playstation oder, wenn es ganz schlimm kommt, leere Coladosen. Die beiden sammeln Einträge für ihren Lebenslauf. Oliver hat in der zehnten Klasse ein Praktikum bei Coca-Cola in Atlanta gemacht. Jetzt will er noch eins in der »Chefetage der *Bild-Zeitung*« nachlegen. Philipp hat mit McKinsey schon erste Sondierungsgespräche geführt. Beide haben ihr Ziel fest im Blick: die Chefetagen der Wirtschaft. In die Politik zu gehen, können sie sich nicht vorstellen, obwohl sie in Salem engagierte Schulpolitiker sind und obwohl sie meinen, das Land müsse sich ändern. Auch diese Einstellung scheint die junge Elite zu einen. Wie alle, die ich bisher traf, ziehen auch sie die Wirtschaft der Politik vor. Warum eigentlich?

»Die Bezahlung ist in der Politik einfach miserabel«, sagt Philipp. »Wenn man das vergleicht, was man für gleiche Leistung in der Wirtschaft kriegt.« Außerdem habe man nur das öffentliche Geld, kein eigenes, und sei deshalb bei allem, was man ausprobieren wolle, streng an das Gesetz gebunden. Oliver meint: »Wenn ich mich heute entschließen würde, in die Politik zu gehen, dann müsste ich erst einmal zehn Jahre Plakate kleben.« Das kommt für beide nicht infrage. Ihre Strategie ist eine andere. »Erst mal in die Wirtschaft und die Verbindungen aufbauen. Und wenn man dann einen gewissen Status hat – dann vielleicht in die Politik. Das dürfte ganz effektiv sein.« Oliver sieht sich später in einem Interessenverband. »Als Lobbyist«, findet er, »hat man ja auch einen großen Einfluss auf die Politik. Aber einer«, räumt er dann selbstkritisch ein, »einer von der Elite müsste sich mal aufraffen und in die Politik gehen und da oben mal aufräumen. Aber es will sich keiner aufraffen.«

Am Ende traue ich mich doch. Als wir zu Beginn unseres Gesprächs über Neid redeten, sagte Philipp, er selbst käme nicht aus den »vermögendsten Verhältnissen«. Seine Eltern könnten die gut 30 000 Euro Jahresgebühr nicht bezahlen. Er würde deshalb über ein Teilstipendium gefördert. Trotzdem, betont Phillip, gönne er seinen Mitschülern deren Reichtum. Während des Gesprächs hatte ich immer wieder auf seine Uhr geschaut. Emporio Armani war da eingraviert. Eigentlich finde ich es albern, die Schüler nach den Preisetiketten ihrer Kleidung zu fragen. Jetzt tue ich es doch. »Philipp, du hast doch ähnlich teure Klamotten wie die anderen. Du kommst doch ganz offensichtlich nicht aus Hartz-IV-Verhältnissen?« – »Nein«, antwortet Philipp. »Aber nah dran. Mein Vater ist Arzt.«

Ein Taxi fährt mich runter nach Überlingen. Runter in die Realität, in der Hartz-IV-Empfänger wirklich wenig Geld haben. Weil sie 347 Euro pro Monat bekommen. Das sind 4164 Euro pro Jahr.

Knapp ein Drittel der Schüler in Salem bekommt ein Teilstipendium, Vollstipendien werden gar nicht vergeben. Auch wenn ein Schüler ein umfangreiches Stipendium in Höhe von 75 Prozent der Gebühren ergattern kann, bleiben Kosten von knapp 8000 Euro. Das kann kein Hartz-IV-Empfänger zahlen. Ich weiß nicht, ob man Philipp und Oliver vorwerfen darf, dass ihnen in ihrer Welt das Verständnis für das Leben hier unten verloren gegangen ist. Aber ich halte es für eine falsche Strategie, junge Menschen, die einmal in Beratungsunternehmen über Arbeitsplätze entscheiden oder in Verbänden Wirtschaftspolitik machen wollen, in einem Schloss auf einem Berg fernab des normalen Lebens zu erziehen. Sie fahren ja runter in die Stadt, sagen die Schüler. Einmal pro Woche machen manche mit Migrantenkindern Hausaufgaben. Sie haben auch schon einmal ein Asylbewerberheim gestrichen. Oder sie arbeiten bei den Rettungsschwimmern unten am Bodensee. Ihr Engagement ist ehrenwert. Aber nach zwei Stunden fahren sie wieder rauf. Statt Kinder von Ausländern oder Arbeitslosen als Mitschüler zu haben, besuchen die Salemer einmal pro Woche deren Leben. Ihr Schloss, den großen Namen und das Netzwerk stets im Rücken.

»Na, haust du ab?«, fragt mich plötzlich der Taxifahrer. »Keine Lust mehr auf die Schule?« Ich sage, dass ich keine Schülerin sei. Dass ich ein Buch über Eliten schreiben würde. »Da bist du hier aber falsch«, sagt er. Dann schimpft er über die Schnösel, über die Altsalemer, die nach dem Sommerfest volltrunken und pöbelnd in seinem Taxi sitzen, und über die Jungen, die ihn schlecht behandeln, von oben herab. »Aber eigentlich«, sagt er auf einmal ganz mild, »kann ich denen noch nicht mal einen Vorwurf machen. Woher sollen die es besser wissen? Die leben da oben einfach in einer anderen Welt.«

Ich steige in den Regionalzug nach München und quetsche mich neben einen Mann, der mit einer Plastiktüte und ein paar Bierflaschen reist, neben zwei Mädchen, die sich rosa Strähnen gefärbt haben und deren Deo nicht hält. Wenn man nur ICE fährt, denkt man bald, dass alle Menschen Laptops besitzen. Wer in unserem Viertel wohnt, könnte sogar glauben, dass die nur von Apple hergestellt werden. Und wer mal auf dem Spielplatz hinter unserem Supermarkt war, ist überzeugt, dass das Elterngeld schon phänomenal eingeschlagen hat, weil so viele junge Mütter Kleinkinder schieben und tragen und weil mindestens jede dritte Mutter ein Mann ist. Den einen prägt das Schloss, den anderen der Kiez.

Was mich an der zukünftigen Elite so stört, ist, dass sie das Recht einfordert, für andere Verantwortung zu übernehmen. In andere Leben eingreifen zu dürfen. Zu wissen, was für diese Menschen richtig ist. Ohne sie zu kennen. Politikern billige ich dieses Recht zu. Sie sind gewählt. Verlieren sie eine Abstimmung, werden sie ausgetauscht. Auch andere haben durch ihren Job oder ihr Amt bestimmte Entscheidungskompetenzen. Bürgermeister, Abteilungschefs, sogar Lehrer. Im Idealfall ist auch hier die Legitimation für alle ersichtlich, und Zeitraum sowie Einflussmöglichkeiten sind begrenzt. Auch Eltern und Freunden erlaubt man meist, über das eigene Leben mitzuentscheiden. Ihre Legitimation ist im besten Fall Liebe. Aber Eliten?

Sie wollen Verantwortung für das Leben anderer übernehmen. Sie verlangen so etwas wie eine Entscheidungskompetenz auf Lebenszeit und nennen als Legitimation ihre besonderen Qualitäten. Wenn ich die Notizen in meinen Blöcken durchgehe, kann ich daraus inzwischen ein lustiges Begriffsquiz basteln. Frage: Was macht Elite aus? Ist es a) *Edge, energy* und *execute*, wie die Wirtschaftler in

Oestrich-Winkel meinen? Ist es b) Verantwortung, Verpflichtung und Vorbild, wie ich es an der Elite-Akademie gelernt habe? Oder ist es c) Verantwortung, Mut und Wahrheitsliebe, wie die Salemer meinen? Diese Antworten reichen mir nicht aus. Sie sind mir zu diffus. Meine Stimme haben sie nicht, wenn es darum geht, ihnen auf dieser Grundlage mehr Einfluss, mehr Macht und mehr Verantwortung zuzugestehen.

Eigentlich würde ich gern selbst über mein Leben entscheiden. Und wenn ich schon Einfluss delegieren muss, dann bitte nach klaren Regeln und auf Zeit. Darauf, dass selbst ernannte Eliten ungefragt Verantwortung für mich übernehmen, kann ich gut verzichten. Vielleicht sollte ich in mein Quiz noch die Antwort d) aufnehmen: Elite ist ein willkürlicher, unscharfer und damit unbrauchbarer Begriff, den Menschen benutzen, die für sich Sonderrechte fordern.

Ich besuche Deutschlands junge Elite jetzt seit neun Monaten. Ich habe sieben Blöcke vollgeschrieben, fünf Kassetten eines analogen und hundertachtundzwanzig Megabyte eines digitalen Aufnahmegeräts vollgespielt. Die Zweifel an der Tauglichkeit des Begriffs »Elite« sind von Station zu Station gewachsen. Statt überzeugender Antworten auf meine Frage »Warum brauchen wir Eliten?« habe ich bislang vor allem Belege dafür gefunden, dass Elite ein Konzept ist, das wenige über viele stellt. Ich bin fast schon bereit, Wetten einzugehen und auf d) mein Liebstes zu setzen, meinen Tischkicker. Aber nur fast. Noch würde ich die zum Wettabschluss ausgestreckte Hand ausschlagen. Was macht Elite aus? Ich habe immer noch Fragen auf meiner Liste, die ich niemandem stellen konnte, noch ist der Reiseplan nicht abgearbeitet, und noch habe ich die Hoffnung, dass ich abseits der Lösungen a), b), c) und d) ein sinnvolles und überzeugendes e) finden werde.

DER MAULWURF

Es geht also weiter. Ganz oben auf meinem Elitestapel liegt Aadishs E-Mail-Adresse. Aadish, der junge Iraner und Mitglied der Vodafone-Elite mit Migrationshintergrund, hatte in Brüssel gesagt: »Wir sprechen besser später in Ruhe über Elite.« Das klang spannend, fast verschwörerisch, als wollte er mir geheime Akten in die Hand drücken, die ich später triumphierend mit einem lässigen »Ich-habe-meine-Informanten« der Öffentlichkeit präsentieren würde.

Deshalb steige ich noch einmal in den Zug. Langsam werde ich zur Provinzexpertin. Nach Oestrich-Winkel bei Wiesbaden, Westerham und Neubeuern bei Rosenheim und Salem bei Überlingen fahre ich nun nach Vallendar bei Koblenz. Dort geht Aadish zur Uni. »Deine Elite-Recherche hättest du dir auch glamouröser vorgestellt, oder?«, spottet mein Freund, als ich ihn aus einem Gasthof an der Regionalzugstrecke, die durch Vallendar führt, anrufe. Fast hätte ich es nicht mehr geschafft, mein Bett rechtzeitig zu belegen. Ich hatte gesagt, ich sei zur »Tagesschau«-Zeit da, hatte dann aber einen Zug verpasst und war erst nach zehn Uhr angekommen. »Ausnahmsweise«, schimpfte die Gastwirtin. Ich hatte also Glück, über den Eingang der Pizzeria noch in die Pensionsetage im zweiten Stock des Hauses gelassen zu werden. Jetzt liege ich in einem dunklen Zimmer. Die zweite Hälfte des Doppelbettes ist nackt. Die Wirtin hatte die zweite Decke und das Kopfkissen mitgenommen, nachdem ich mich als »allein reisend« geoutet hatte. Direkt neben der Zugstrecke verläuft die Schnellstraße entlang des Rheins. Die Scheinwerfer der vorbeifahrenden Autos blenden mich durch die dünne Gardine. Ich fühle mich wie bei einer permanenten Polizeikontrolle. Ländliche Idylle sieht anders aus, fluche ich im Halbschlaf.

Am nächsten Morgen meint Aadish, dass das mit der Provinz kein Zufall sei. Er, mit dem ich mich um neun Uhr im einzigen schon geöffneten Café der Stadt treffe, studiert im zweiten Semester an der WHU, der Otto Beisheim School of Management. Die WHU ist das Pendant zur EBS. Die beiden sind wie Schalke 04 und der BVB. Sie sehen in dem jeweils anderen den größten Konkurrenten um die Vorherrschaft in der Ausbildung der zukünftigen Wirtschaftselite. Die jeweiligen Anhänger beäugen die andere Hochschule genau und erklären, auf den Konkurrenten angesprochen, wortreich die gravierenden Unterschiede. Die EBS sei snobbish, sagen die einen. Die WHU steif, behaupten die anderen. An der EBS seien nur Studenten mit hochgestelltem Polokragen. An der WHU käme niemand ohne Anzug. Für Außenstehende sind diese Scharmützel schwer nachvollziehbar, überwiegen doch eindeutig die Gemeinsamkeiten: EBS und WHU behaupten, Elitehochschulen zu sein. Beide verlangen von ihren Studenten pro Studienjahr 10 000 Euro. Beide bereiten ihre Absolventen vor allem auf Karrieren in Beratungsunternehmen und Investmentbanken vor, und beide ermöglichen ein Studium in exquisiter Umgebung: Die EBS residiert in einem Schloss, die WHU in der Marienburg. Und beide sitzen in Kleinstädten am Rhein.

»Es ist Absicht«, sagt Aadish, »dass das ein kleiner Ort ist, dass die Leute hier zusammenbleiben müssen, dass es keinen Einfluss von außen gibt.« Er meint, die Hochschule wolle so ein extremes Zusammengehörigkeitsgefühl fördern. »Corpsgeist« nennen das die französischen Eliteschulen. »Zucht«, wird einer, dem ich später davon erzähle, sarkastisch sagen. Aadish sagt, ihn würde es noch nach Koblenz ziehen, er hätte noch den Drang, andere Leute kennenzulernen, die nichts mit Wirtschaft zu tun haben. Aber die WHU überschütte die Studenten dermaßen mit Lernstoff, dass das nicht möglich sei. Bei vielen, glaubt Aadish, schliefe das Interesse an der Welt außerhalb der Uni im Lauf der Semester ein. Dann gibt es nur noch das Studium und die Unternehmen, zu denen man will. »Davor habe ich große Angst«, sagt er.

Aadish sitzt im dunklen Wollpullover mit Dreitagebart vor mir. Er trinkt einen Cappuccino mit Sahne. Er ist schüchtern und bestimmt zugleich. Die deutsche Sprache, die er sich mithilfe des Hausmeisters im Asylbewerberheim erarbeitet hat, beherrscht er fast perfekt. Nur manche Formulierungen sind etwas ungelenk. »Ich haue selten auf den Putz«, sagt er, wenn er erzählt, dass er fast nie ausgeht. Nur einmal war er in »so einem Schuppen« in Koblenz. Aadish ist jetzt seit einem Jahr Student an der Hochschule, aber er ist auch ein Fremder geblieben. Vielleicht, weil er, der 1996 als Elfjähriger mit seiner Mutter und den beiden Brüdern aus dem Iran geflohen ist, der sich dann aus der Übergangsschule der Sammelunterkunft über die Haupt- und Realschule im westfälischen Lengerich bis zu einem Abitur in den Fächern Deutsch, Geschichte, Mathematik und Sozialwissenschaften mit einem Schnitt von 1,3 hochgearbeitet hat, es gewohnt ist, nie ganz und gar dazuzugehören.

Vielleicht auch, weil er zu offensichtlich anders ist als die, die mit ihm studieren. Es liegt nicht nur am deutschen Pass, den er nicht hat, nicht daran, dass seine erste Adresse in Deutschland eine ehemalige Kaserne war, in der die vierköpfige Familie einen Raum mit zwei Doppelstockbetten bewohnte. Es gäbe hier kaum Studenten, die denselben finanziellen Hintergrund hätten wie er, sagt Aadish. Er ist Stipendiat. »Meine Familie ist finanziell am untersten Rand. Hier beginnt es so ab der oberen Mittelklasse, und viele geben sich dann auch vom Verhalten her so. Beim Auswahltag hatte ich schon den Eindruck, dass es eine ganz andere Welt ist. Es waren viele Leute da mit richtig viel Kohle und so angezogen, dass man gedacht hat, wollen die jetzt in die Bank? Total overdressed.«

Und dann sind da noch die politischen Differenzen. Dass die Studentenschaft so homogen wäre, hätte er nicht erwartet, als er sich beworben habe, sagt Aadish. Es sei fast selbstverständlich, dass man die CDU oder die FDP wähle. Lange habe es auf dem Campus auch nur Gruppen dieser beiden Parteien gegeben. »Erst seit letzter Woche hat sich auch eine winzige Juso-Gruppe eingenistet.« Noch mehr erschreckt habe ihn allerdings, dass politisches Denken an der WHU eine absolut untergeordnete Rolle spiele. »Politik wird im Vergleich mit der Wirtschaft meist als nachrangig gesehen. Ein Großteil hier denkt nur: Was ist gut für die Wirtschaft? Aber wir müssten doch eher fragen: Wie kann die Wirtschaft allem anderen dienlich sein?«

Außerdem kann Aadish mit den Träumen seiner Kommilitonen wenig anfangen. Er staunt, dass die anderen schon jetzt im zweiten Semester planen, ihr erstes Praktikum im Ausland zu machen, um dann das zweite bei einer Investmentbank oder Beratung in Deutschland zu absolvieren – in der Hoffnung, dass ihnen der »WHU-Bonus«, wie Aadish das nennt, den direkten Einstieg bei den Größten der Branche ermöglicht. »Es geht einfach um den beruflichen Erfolg. Um mehr nicht. Sie integrieren sich sofort in dieser Welt und bauen darauf ihr ganzes Leben auf, sagen: Da ist unser Platz, und da wollen wir auch hin.« Manche, sagt Aadish, gäben ganz offen zu, dass es ihr Lebenstraum sei, möglichst reich zu werden. »Aber gerade als junger Mensch hat man doch den Traum, die Welt zu verbessern. Man hat doch selbstlose Ziele. Man hat Vorbilder. Das vermisse ich hier alles.«

Aadish weiß noch nicht, was er will. Erst einmal lernen und studieren. Nach der Wirtschaft vielleicht noch Iranistik. Danach plant er, sich mit seinen Brüdern selbstständig zu machen oder in die Politik zu gehen. In der Ausländerpolitik würde er sich gern engagieren. Mehr, sagt Aadish, wisse er noch nicht. Er sei ja erst im zweiten Semester.

Seit einem Jahr ist er also hier in Vallendar. Es gab knapp zehn Bewerber für einen Platz, und er gehörte zu den Auserwählten. Er hat den Englisch- und den Mathetest bestanden. Er hat ein Referat über Anglizismen in der deutschen Sprachen gehalten und sich durch Einzelinterviews gekämpft. Er ist mit den Worten begrüßt worden, dass er nun zu den Besten gehöre. »Es wird einem von Beginn an dieses Gefühl vermittelt: Ihr habt es geschafft. Ihr seid die Gewinner. Ihr seid die Leute, die diese Welt führen werden.« Seine Mutter ist stolz darauf, dass er es so weit gebracht hat. Die Uni. Das Stipendium. Er, als Ausländer, der noch bis vor Kurzem von der Abschiebung bedroht war. »So sind halt Eltern«, sagt Aadish. »Das, was von der Gesellschaft akzeptiert wird, ist für sie der Grund, stolz zu sein.«

Aadish und ich reden schon seit Stunden. Mittlerweile glaube ich, ihn so gut zu kennen, dass ich weiß, dass jetzt ein »aber« kommen wird, eine Einschränkung des mütterlichen Lobs. Und tatsächlich: »Ich persönlich«, sagt er »bin nicht stolz auf das, was ich geschafft habe. Es heißt: Ihr habt den Auswahltest bestanden. Ihr seid jetzt Elite. Aber für mich ist das überhaupt nicht Elite. Was hat denn die Tatsache, dass ich irgendwelche Matheaufgaben machen kann, damit zu tun, ob ich Elite bin oder nicht? Nur weil mein IQ vielleicht hoch ist, heißt es ja nicht, dass ich meinen Verstand und mein Hirn auch einsetzen kann, um daraus etwas Vernünftiges zu machen.«

Aadish arbeitet hart. Wie fast alle an der WHU schuftet er zehn bis fünfzehn Stunden pro Tag. Im Gegensatz zu den anderen ist er aber nicht nur von der Furcht getrieben, die Klausuren nicht zu bestehen. Er hat Angst, sich zu verändern, sich anzupassen an ein Denken, das er eigentlich ablehnt. An der Uni, sagt er, sei nur der Aadish, der funktioniere. Fast wie eine Maschine. Den anderen, den kritischen, den kämpferischen, den, der so leidenschaftlich reden kann, versteckt er vor seinen Kommilitonen. »Es sind einfach so viele, die einer Meinung sind. Ich habe mich eher zurückgezogen, als offensiv dagegen zu wettern.« Er hofft, dass seine Freundin im nächsten Sommer einen Studienplatz in Koblenz bekommt. Dann wird er Vallendar verlassen, mit ihr zusammenziehen und nur mit dem Bus zur WHU fahren, wenn er muss. Dann wird der andere Aadish wieder mehr Raum bekommen, hofft er.

Aadish ist also einer, der im Eliteapparat drinsteckt, ihn aber trotzdem von außen betrachtet. Und er ist der

Erste, den ich treffe, der die Eliteausbildung, die er genießt, offen kritisiert. »Elite bedeutet ja eigentlich: die besten Leute. Aber ich sage mir: Was ist gut, und was ist schlecht? ›Elite‹ ist ja ein variables Wort. Ist man Elite, wenn man in einen bestimmten Kreis hineingeboren wurde? Wenn man eine ganz gute Bildung hat? Ist man Elite, weil man sportlich ganz gut ist? Das ist ja eine Definitionssache.« Oft, fügt er hinzu, liefe es so wie hier an der Uni. Die Menschen, die selbst schon zur Elite gehören, stellen die Kriterien auf, nach denen in Elite und Nicht-Elite eingeteilt wird. Und dann analysiert er so klar und sachlich das Verhältnis von Macht und Elite, dass ich ihm sofort die Nummer von Eliteforscher Michael Hartmann geben, ihm vorschlagen will, als dessen Assistent anzufangen.

Der Begriff »Elite«, sagt Aadish, werde immer dann gebraucht, wenn es gelte, gesellschaftliche Macht zu legitimieren. Im Iran seien die Mullahs, die religiösen Führer, Elite. In Europa waren es erst die Adligen, die glaubten, etwas Besonderes im Blut zu haben. Und heute sage man, Bildung oder Leistung seien entscheidend. »Aber sind das klare Kriterien? Ich persönlich denke, dass ›Elite‹ ein euphemistisches Wort für Macht ist. Wer in der Elite ist, der hat die Macht und legitimiert die Macht dadurch, dass er Elite ist. Man sagt ja immer, Elite sei notwendig für eine Gesellschaft, damit sie sich weiterentwickelt. Was man nicht sagen will, ist: Es gibt Schichten, die haben die Macht, die machen die Elite aus, und die wollen die Macht auch behalten.«

Ich bin überrascht. Aadish ist kein Parteigänger, kein Klassenkämpfer. Seine Sätze wirken nicht aufgesagt, heruntergebetet wie so oft bei Linken. Sie laufen etwas unrund, wegen seines Akzents. Inhaltlich ist er aber so fit, als habe er ein Hauptseminar zu dem Thema belegt. Er mache sich schon länger Gedanken über Elite, sagt Aadish. Als ich ihn um das Interview gebeten hätte, habe er einfach noch einmal gründlich über den Begriff nachgedacht.

»Und was ist ›Elite‹ für dich?«, will ich wissen.

»Elite sind für mich Leute, die außergewöhnliche Ideen haben, die über die Grenzen hinausdenken und nicht in irgendwelche vordefinierten Fußstapfen treten. Wenn es wirklich so etwas geben würde, dass man sich abhebt von der Masse, dass man nicht nachahmt, was einem vorgegeben wird, dann könnte ich mir vorstellen, dass man so etwas wie eine Aristokratie bildet. Aber so eine Aristokratie im wirklich wahren Sinne. Dass diese Elite das, was sie macht, wirklich für das Allgemeinwohl macht und nicht für ihre eigenen persönlichen Ziele.«

Mittlerweile haben wir das Café verlassen. Aadish hat mir den Campus gezeigt. Die Marienburg, die modernen Glasanbauten, das Getränke-Büfett vor den Seminarräumen. Jedes Mal, wenn er mit seinem Ausweis die Türschlösser öffnet, wundere ich mich, dass er tatsächlich hier eingeschrieben ist. Schließlich muss er in eine Vorlesung. Eine der ganz harten, wie er sagt. Sie lernen Arbeitsrecht, erfahren, wie man Mitarbeiter am besten »freisetzen« kann. Einen Sozialplan, der auf familiäre Verhältnisse Rücksicht nimmt, halten viele seiner Kommilitonen für Quatsch. »Die sagen: Man muss die Besten, die Fleißigsten behalten und die anderen rausschmeißen.« Aber wahrscheinlich, sagt Aadish dann leise, gäbe es diese Gesetze später, wenn sie alle arbeiten würden, sowieso gar nicht mehr. »Und die Leute werden einfach mit einem Arschtritt rausgeschmissen.«

Aadish redet auch noch auf dem Weg zur Vorlesung, auch vor der Tür beim Warten, nur leiser, damit die anderen nichts hören. Er fände es angenehm, mal alles loswerden zu können, sagt er. Nicht immer zu schweigen oder alles bis zu den wenigen Wochenenden aufzusparen, die er zu Hause sei. Auf dem Campus gebe es genau ein Mädchen, mit dem er mehr Kontakt hätte. Das war's. Er spricht viel davon, wie es gewesen wäre, wenn sein Zwillingsbruder, der sich auch beworben hatte, aber am Englischtest scheiterte, hier wäre. Dann wären sie ein Team gewesen, sagt er. Es wäre nicht so hart, nicht so einsam geworden. Zu zweit hätten sie vielleicht etwas ändern können. Jetzt bleiben Aadish nur die Wut und der Frust und der Wunsch, es trotzdem irgendwie durchzuziehen. »Für viele Leute hier«, sagt er zum Schluss, »besteht das Eliteverständnis darin, dass sie das Gefühl von Elite haben. Dass sie denken, sie sind etwas Gutes, und daraus folgt auch eine gewisse Arroganz und Selbstgerechtigkeit. Aber das ist verkehrt. Wir machen doch nichts Besonderes hier. Das, was wir hier machen, machen Millionen von anderen Menschen an anderen Hochschulen auch.«

Jede Stunde um neunundfünfzig hält ein Regionalexpress in Vallendar und fährt den Rhein hoch in Richtung Köln. Im Schnitt stoppt der Zug alle fünf Minuten. In Engers, in Neuwied, in Bad Hönningen. Hier leben die »Normalen«, deren Kinder zur Raiffeisenschule, zur Heinrich-Heine-Realschule oder zum Rhein-Wied-Gymnasium gehen. Dann werden sie vielleicht Fleischfachverkäufer wie meine Cousine, vielleicht Groß- und Einzelhandelskaufmann wie mein Cousin, oder sie ziehen nach Bonn zum Studium. Aadish hatte gesagt, dass viele WHU-Studenten in ihrem Elitekokon das Verständnis für die »Normalen«

verloren hätten. »Für die gibt es die Frage: Gehe ich in die Beratung oder ins Investmentbanking? Bei meinen Freunden zu Hause geht es darum: Was mache ich überhaupt? Finde ich eine Arbeit oder keine? Die Leute hier an der WHU haben keine Angst vor der Zukunft. Es wird gesagt: Ihr werdet alle in große Unternehmen gehen. Es ist kein Gefühl von Unsicherheit da.« Gleichzeitig seien viele überzeugt davon, dass sie sich die komfortable Situation durch eigene Leistung erarbeitet haben. Und dass im Umkehrschluss die, die es nicht schaffen, auch selbst dafür verantwortlich seien. Einige seiner Kommilitonen hätten gesagt, Leute auf Hauptschulen seien faul oder einfach nicht schlau genug. »Dieses Denken ist da. Und man geht nicht den Schritt zurück und fragt: Wieso kann einer diese Leistung nicht erbringen? Was müsste sich ändern, damit er das kann?«

Je länger ich Aadish zuhöre, desto mehr ordnen sich die zum Teil noch etwas diffusen Eindrücke, die ich auf meiner Reise gesammelt habe, zu einem Gesamtbild. Er, der im Elitesystem drinsteckt und doch nicht dazugehören will, ist der Erste, der das Unwohlsein, das ich in Salem und Neubeuern spürte, das sich breitmachte, als ich mich durch die Profile des Netzwerks *Schwarzekarte* klickte, kennt und klar benennt.

Viele *Schwarzekarte*-Nutzer und Aadishs Mitstudenten sind Anfang zwanzig, die Schüler in Salem und Neubeuern, die ich getroffen habe, waren gerade volljährig. Aber sie haben sich jetzt schon abgekapselt vom Leben der Masse. Je länger ich recherchiere, desto offensichtlicher wird, dass in den Einrichtungen, die »Elite« im Namen tragen – vielleicht mit Ausnahme der Bayerischen Elite-Akademie –, junge Menschen heranwachsen, die sich erstaunlich einig sind. Sie wollen in Führungspositionen, sie halten ihren Anspruch für legitim, sie sind politisch auf einer Linie, und sie eint ein Unverständnis für die Probleme des Restes. Sie machen mir Angst, weil ich befürchte, dass sie mit diesem Rest wenig zimperlich umgehen werden.

Ich spule mich noch einmal durch Track sieben auf meinem Aufnahmegerät, suche die Stellen, an denen Aadish über Eliten spricht. »Elite sind für mich Leute, die nicht in irgendwelche vordefinierten Fußstapfen treten«, hatte er gesagt. Leute, die das, was sie tun, nicht für die eigene Karriere machen, sondern sich in den Dienst der Allgemeinheit stellen. Bei aller Kritik scheint Aadish also noch Hoffnungen mit dem Begriff »Elite« zu verbinden. Offenbar träumt er von einer altruistischen, kritischen Elite.

Aber gibt es diese Leute, die er sich vorstellt, überhaupt? Gibt es so etwas wie eine alternative Elite? Radikaler als die Studenten der Bayerischen Elite-Akademie, die zwar verantwortlich handeln wollen, aber keinen grundlegenden Umsturz der gesellschaftlichen Ordnung fordern, keinen Feldzug für mehr Gerechtigkeit planen? Gibt es eine Gruppe, die ein Gegengewicht bilden würde zu denen, die ich bislang traf?

»Und eine linke Elite, die wäre dann weniger schlimm?«, fragt ein Freund, der sich konservativ nennt, als ich ihm von Aadish und meiner Suche nach einer besseren Elite erzähle. »Die fändest du dann cool und revolutionär, oder was?«

Ich fühle mich ertappt und muss zugeben, dass ich zumindest ein wenig beruhigt wäre, wenn ich Aadishs Elite fände. Menschen, die Visionen haben, in denen Karrieren und Geld nicht die Hauptrolle spielen. Ob sie mich mit dem Begriff »Elite« versöhnen können, weiß ich nicht. Erst einmal bin ich gespannt, ob es diese andere, linke Elite überhaupt gibt.

DIE ALTERNATIVE ELITE

Ich rufe Michael Hartmann, den Eliteforscher, an und werde sofort enttäuscht. »Gegen-Eliten kann es eigentlich nicht geben«, sagt er. »Elite hat immer mit Machtpositionen zu tun.« Folglich kann jemand, der Macht infrage stellt, schlecht Elite sein. Als ich schon kapitulieren will, sagt er zum Glück »aber« und erklärt mir, dass es natürlich junge Leute gebe, die versuchen, den herrschenden Eliten etwas entgegenzusetzen. »Und wo finde ich die?«, will ich wissen. »In den Parteien eher nicht«, sagt Hartmann. Die Parteien hätten seit geraumer Zeit Probleme, kritische junge Leute anzuziehen.

Da hat er wohl recht. Im 16. Deutschen Bundestag sitzen fünfzehn Abgeordnete unter dreißig Jahren. Gerade einmal 2,4 Prozent der Gewählten. Der Altersdurchschnitt der Bundesregierung liegt im Herbst 2007 bei siebenundfünfzig Jahren, und von hundertsiebzig Ministern und Regierungschefs in Bund und Ländern sind nach Recherchen der Zeitschrift *Capital* gerade einmal fünf unter vierzig.

Hubertus Heil, Generalsekretär der SPD, laut Pass vierunddreißig, optisch wesentlich älter, sagt, seine Partei sei »unterjüngt«, und meint, überaltert. In der SPD-Bundestagsfraktion darf man sich noch bis zum vierzigsten Geburtstag »Youngster« nennen – so wenige echte Junge gibt es. Vielleicht ist das ein Grund dafür, dass alle, die ich traf, beim Thema »Karriere in der Politik« eher abwehrend reagierten. »Nachwuchssorgen« nennen die Parteien die Tatsache, dass sie von unten austrocknen. Und viele der wenigen, die den Aufstieg schaffen, wirken, wie Heil, in ihren Aussagen und Anzügen schon verdammt angekommen, scheinen ihrem wahren Lebensalter mindestens ein Jahrzehnt voraus zu sein. Offenbar ist die Politik, seit auch die Grünen etabliert sind, kein Umfeld, in dem lebendige alternative Eliten gedeihen. Jungpolitikern, sagt der Göttinger Parteienforscher Peter Lösche, ginge es in erster Linie »um die Karriere – aber es fehlt an Ideen, an einem visionären Konzept für die künftige Gesellschaft«.

»Aber wo sonst finde ich eine Gegen-Elite?«, frage ich Michael Hartmann. Greenpeace habe diese Leute früher angezogen, antwortet er. Aber Greenpeace sei ebenfalls »überaltert« und thematisch viel zu eingeschränkt. Wenn, dann fände ich meine von mir etwas schief titulierte Gegen-Elite bei den Globalisierungskritikern von Attac.

Deshalb laufe ich jetzt neben Chris durch Rostock-Evershagen, eine Plattenbausiedlung südlich von Lichtenhagen. Um 6 Uhr 41 haben wir uns am Bahnsteig in Berlin getroffen. Die Fahrt nach Evershagen dauerte über drei Stunden, und Chris musste pünktlich sein. Er wird heute noch ein Seminar zum Thema »G8-Gipfel und Klima« leiten.

Chris ist fünfundzwanzig. Er hat gerade sein Politikstudium an der Uni Hamburg mit einer Diplomarbeit »Zum Streitschlichtungsverfahren in der WTO am Beispiel des Gentechnikstreitfalls aus Perspektive einer neoliberalen Theorie und einer poststrukturalistischen Theorie« beendet. Er habe versucht zu belegen, dass Foucaults Ansatz bei der Lösung internationaler Konflikte helfen könne. »Aha«, sage ich. »Das ist doch schön.« – »Die Arbeit war todlangweilig«, wendet seine Freundin ein. Chris sieht aus wie einer der Menschen, mit denen ich normalerweise zu tun habe. Wie ein Politikstudent eben, der Astra-Bier trinkt und Gitarrenmusik hört. Auf seinem hellblauen Shirt steht *Pretty girls make graves.* Er trägt immer eine abgewetzte schwarz-rote Lederjacke. »Tief in meinem Herzen bin ich eben doch ein Rocker«, sagt Chris und lacht selbstironisch.

Er weiß wohl, dass er vieles ist, aber sicher kein Rocker. Wenn er schweigt, wirkt Chris zunächst sehr schüchtern. Er lässt meist den Mund ein bisschen offen stehen, die blonden gelockten Haare hat er ein wenig unkontrolliert wachsen lassen. Dass der erste Eindruck trügt, wird deutlich, sobald er spricht. Seine Analyse ist genau, seine Aussagen sind präzise. Er weiß, wie er seine Botschaften in kurze, zitierfähige Sätze verpacken kann. »Ich argumentiere wie für ein Flugblatt, oder?«, sagt er und strahlt. Er hat also auch Humor. Chris geht gelassen mit linken Klischees um. Als ich ihn bei einer Attac-Akademie traf, standen wir in der viel zu langen Schlange an der Essenausgabe. »Simuliert ihr die sozialistische Mangelwirtschaft?«, fragte ich. »Ich wusste schon immer, dass der Slogan ›Genug für alle‹ nicht stimmt«, entgegnete er.

Das alles wird ihm bei seinem Weg nach oben genützt haben. Denn Chris hat sich in den vergangenen Jahren nicht nur mit Foucaults Theorien beschäftigt. Parallel zu seinem Studium hat er sich in der linken Bewegung ziemlich weit hochgearbeitet. Seine Karriere begann im ersten Semester. Er hat gegen Studiengebühren protestiert und Parteizentralen besetzt. »Zielloser linksradikaler Aktionismus«, sagt er heute. Danach war er bei einer Greenpeace-Gruppe in Hamburg. Gemeinsam mit Dutzenden Hausfrauen, die gern Banner malten. »Aber dann hat eine gesagt: ›Das ist ein total tolles Gefühl, wenn dann am nächsten Tag ein Banner am Ministerium hängt und man hat das L gemalt.‹ Da habe ich gedacht, das ist nicht das, wie ich mir meine politische Aktivistenkarriere so vorstelle.«

Er hat also auch Greenpeace den Rücken gekehrt. Über eine Dozentin, bei der er eine Hausarbeit über Bio-Piraterie schrieb, ist er schließlich zu Attac gekommen. Sie hatte gerade den Kongress »McPlanet« mitorganisiert, der den Zusammenschluss von Umweltgruppen und Globalisierungskritikern vorantreiben sollte. Der Kongress war ein Erfolg, aber es gab niemanden, der die Folgeveranstaltung im Jahr darauf planen wollte. »Und so bin ich halt zum Organisationsteam gekommen, und es hieß sofort: ›Mensch, Chris, mach doch mal.‹ Ich war schon überfordert am Anfang, weil die mich so ins kalte Wasser geschmissen haben.« Aber dann hat er eben seinen ersten Kongress organisiert. Über hundert Leute kamen im Herbst 2003 ins Hamburger Schauspielhaus. Der damalige Held der Globalisierungskritiker, Sven Giegold, saß auf dem Podium, und Chris war stolz, weil »es einfach eine geile Veranstaltung war«. Seine Veranstaltung. Danach war er kein engagierter Student mehr, sondern hatte einen Namen in der linken Bewegung, und mittlerweile ist er eine der Führungskräfte bei Attac.

Chris sitzt im Deutschland-Vorstand der Bewegung, dem Machtzentrum. So würde er das natürlich nie formulieren. »Koordinierungskreis« heißt das Spitzengremium bei Attac, denn »Führungskraft« und »Machtzentrum« sind verbotene Worte. Bei Attac lieben sie den

Konsens. Im Idealfall sollen alle alles mitentscheiden dürfen. Autoritäre Machtausübung gilt als Kapitalverbrechen. Nur haben die Globalisierungskritiker in Deutschland im Herbst 2007 18 500 Mitglieder. Die Bewegung ist rasant gewachsen, seitdem sie mit den Protesten gegen den Genua-Gipfel, auf dem sich die Regierungschefs der acht wichtigsten Industriestaaten trafen, bekannt wurde. Da geht es nicht mehr ohne Leute, die Entscheidungen treffen, ohne Leute wie Chris eben. »Willst du Karriere machen?«, frage ich. »Ich glaube, im Endeffekt ja. Wobei Karriere nicht heißt, dass ich bestimmte Posten erreichen will. Aber ansonsten finde ich das mit der Karriere attraktiv, und es bringt ja auch Spaß. Damit bin ich nicht repräsentativ, bin keine Mehrheit bei Attac. Aber es ist schon so, dass ich mir vorstelle, von dem, was ich mache, leben zu können.«

Chris sagt, dass er die Welt verändern will. Er möchte erreichen, dass die Leute aufstehen und sagen, was ihnen nicht passt. Und er will ihnen helfen, entsprechende Konsequenzen zu ziehen. Er sagt: »Wenn ich darüber nachdenke, wie ich mir eine Gesellschaft vorstelle, dann ist die nicht kapitalistisch. Ich weißt nicht, wie sie ist. Aber nicht so, dass alles irgendwie marktgläubig organisiert ist. Das finde ich Unsinn.« – »Wir können die Welt verändern.« »Wir können den Unterschied machen.« »Eine andere Welt ist möglich.« Chris sagt oft Sätze wie diese. Es sind die Attac-Slogans. Gebote des gemeinsamen Glaubens. Aber schnell wird mir klar, dass Chris sich nicht auf diese Formeln beschränkt. Sie sind nicht mehr als sein Gerüst, der Antrieb für seine Aktionen, für sein Engagement. So grundsätzlich, wie er in seinen Parolen ist, so pragmatisch ist er nämlich in seinem Handeln.

Als ich ihn zum ersten Mal traf, hatte er gerade eine Aktion gegen die Privatisierung der Bahn mitorganisiert. »Ich will, dass wir aus Themen einen Skandal machen, der die Leute aufregt. Dafür muss man eine geschickte Strategie finden.« Kletterer hatten sich vom Dach des gläsernen Berliner Hauptbahnhofs abgeseilt und ein Protestplakat entrollt. Die Aktion war teuer und aufwendig. Während wir sprachen, bekam Chris einen Anruf. Der *Tagesspiegel* hatte ein Bild der Aktion abgedruckt. Chris war so euphorisiert, als hätte der Anrufer Rekordgewinne vermeldet oder den erfolgreichen Verkauf eines Aktienpakets. Begeistert erzählte er mir von anderen Kampagnen, die er geplant hatte. Von der gegen einen amerikanischen Genmaishersteller oder gegen die Preis- und Lohndumpingpolitik des Discounters Lidl.

Mittlerweile haben wir das Kongresszentrum in Rostock-Evershagen erreicht. Sagt Chris zumindest. Ich sehe nur ein verlassenes Gebäude, das einmal eine Schule war. »Convergence Center Rostock« steht auf einem Plakat. Auf einem anderen: »Unser Haus könnt ihr zerstören, aber nicht die Kraft, die es schuf.« Das Gebäude solle abgerissen werden, erklärt Chris. Die Stadt Rostock habe es den Globalisierungskritikern überlassen. An diesem Wochenende werden hier knapp fünfhundert Konferenzteilnehmer versorgt. Es gibt nur ein paar notdürftig hergerichtete Toiletten. Das Essen, wird mir erklärt, sei »containert« – was ein Euphemismus für »aus dem Müll geangelt« ist. Bin ich spießig, wenn ich das eklig finde?

Spätestens, als wir im Plenum sitzen, das in einer mit Regenbogen verzierten Turnhalle abgehalten wird, fühle ich mich, als hätte mich jemand in einen Dokumentarfilm über linke Klischees hineingeschnitten. Vorn, zwischen

Handballtor und Basketballkorb, stellt sich nun schon die siebte AG vor. Es gibt die Rechtshilfe-AG, die Camp-AG, die Demo-AG, die Blockade-AG und ein Dutzend mehr. Die Vorstellung läuft immer nach demselben Muster ab: Einer aus der Gruppe trottet zum Mikro, informiert über den Stand der Dinge, bittet um Mitarbeit und Spenden und trottet wieder zurück. Chris wirkt gelangweilt. Er scheint zu spüren, dass die Revolution gerade lahmt.

Ich habe die Chance, mich mit den fremden Verhaltensmustern vertraut zu machen. Ich lerne, dass man sich hier in der Sprache um Geschlechterneutralität bemüht. Das gesprochene große I ist Standard. Es heißt also: TeilnehmerInnen. AktivistInnen. SpenderInnen. »Nur bei Tätern darf man die männliche Form wählen, weil Täter stets Männer sind«, wird Tom mir später aus den Informationen der »antisexistischen Kontaktgruppe« vorlesen, die auch in Rostock dabei ist. Ich lese, dass die interventionistische Linke Mitorganisator ist, und stolpere über Buchstabencodes, offenbar Abkürzungen irgendwelcher Organisationen, von denen ich noch nie etwas gehört habe. »Das ist die siebte Abspaltung der Abspaltung«, sagt Chris' Freundin.

Als mir ganz langweilig wird, beginne ich, jeden Einzelnen in der Turnhalle zu mustern. Viele haben sich hinter der *taz* oder der *Jungle World* verkrochen. »Kein Geld für Krieg«, steht auf den Handgelenken, die umblättern. Es ist der Eintrittsstempel. Ich sehe T-Shirts, auf die *porn sucks* gedruckt wurde oder *Block G 8*. Beim Thema Frisuren hat sich seit meiner letzten Castor-Demo einiges getan. Statt filziger Dreadlocks tragen die meisten die Haare nun kurz. Nur am Hinterkopf lassen sie ein kleines Büschel wachsen. Wie beim Symposium der European Business School scheint es auch hier klare Dresscodes zu geben – nur andersherum. Wie zufällig lasse ich meine Jacke auf meine Markensneaker fallen, um diese zu bedecken.

Chris wirkt ungeduldig. Schnell hat er das Gefühl, auf dem Kongress seine Zeit zu vertrödeln. Ich begreife, dass er das politische Engagement anders angeht als viele andere hier. Es ist nicht sein Hobby. Es soll sein Beruf werden. Deshalb sind ihm Marios Kriterien nicht völlig fremd. Chris arbeitet viel, er sieht gern Ergebnisse. Er mag es nicht, wenn Dinge völlig ineffizient organisiert sind. Über eineinhalb Jahre hat er sich in Wochenendseminaren zum »Zukunftspiloten« ausbilden lassen. Er hat gelernt, Kampagnen zu organisieren und Gespräche zu moderieren. Er kennt die Grundsätze des Marketings und des Fundraisings.

Er gehört jetzt zu einem Zirkel, den er »Karriere-Netzwerk für junge aufstrebende Umweltbewegte« nennt. Und im Gegensatz zu anderen Linken, die Berührungsängste mit, wie sie sagen, »bürgerlichen Medien« haben, hat Chris auch keine Probleme, sich und seine Ideen zu promoten. Er hat der *Zeit* ein Interview gegeben. Auf dem Titelblatt des Szenemagazins *blond* wird der Bericht über ihn gemeinsam mit dem über die Sängerin Sophie Ellis-Baxter, die Schauspielerin Jessica Schwarz und den Regisseur David Lynch angekündigt. Er war schon mehrfach Gast einer Talksendung im *Rundfunk Berlin Brandenburg*, und er war bei Frank Plasberg im *WDR*. Neunzig Minuten stand er da im schwarzen Hemd bei »Hart, aber fair« neben Klaus Töpfer, dem ehemaligen Umweltminister und ehemaligen Leiter des Umweltprogramms der Vereinten Nationen, und Dagmar Wöhrl, der ehemaligen Miss Germany, die für die CSU im Bundestag sitzt, unter

Angela Merkel zur parlamentarischen Staatssekretärin im Wirtschaftsministerium berufen wurde und mit einem Unternehmer verheiratet ist, der Anteile an Fluglinien besitzt. Chris war in der Diskussion so etwas wie ein Alibi-Jugendlicher. Er kam selten zu Wort. »Er könnte mein Sohn sein«, sagte Klaus Töpfer gönnerhaft. Dagmar Wöhrl verspottete ihn als naiven Jungen, der meint, mit Bahnfahren die Welt retten zu können. Chris war nervös, parierte aber souverän. Er konnte sogar den Schlussgag platzieren, als jeder in der Runde gefragt wurde, mit wem er gern eine Runde auf dem Tandem drehen würde: »Ich würde Frau Wöhrl mit aufs Tandem nehmen«, hatte er gesagt. »Allerdings soll sie vorn sitzen. Ich glaube, man muss sie ziemlich antreiben.« Es läuft gut. Aber das müsse es auch, sagt Chris. Denn er will irgendwann davon leben.

Chris ist knapp dreihundert Kilometer westlich von Rostock geboren, in Flensburg. Sein Vater ist gelernter Kürschner, Pelzmacher also, und eher ein Konservativer. Die Ökos haben ihm das Geschäft kaputt gemacht, sagt Chris. »Ich bin also fern von jeglichen linken Bewegungen aufgewachsen. Bei meiner ersten Kommunalwahl, als ich sechzehn war, habe ich FDP gewählt. Die haben mir was von Freiheit erzählt.« Mittlerweile fänden seine Eltern okay, was er tue, sagt er. Und solange es nicht anders geht, zahlen sie ihm Geld, damit er Kampagnen machen und Aktionen organisieren kann. »Meine Eltern sind großartig«, sagt Chris. Aber er will nicht, dass sie ewig für ihn zahlen.

Nun ist es aber so, dass die Zahl der anständig honorierten Stellen in der politischen Linken begrenzt ist. Viel Arbeit wird von unbezahlten Praktikanten erledigt. Und um die paar Posten, die es gibt, wird durchaus mit Marios

Methoden gekämpft. »Ich befürchte, dass es auch in der linken Szene eine gewisse Elite gibt. Das wird immer schlimmer, weil die Voraussetzungen für solche Stellen immer weiter hochgeschraubt werden.« Ein Bekannter von ihm habe zwei Jahre lang bei der Naturschutzorganisation BUND gearbeitet. Als er wegging, sei die Stelle neu ausgeschrieben worden. »Plötzlich wurde verlangt, dass es Leute sind, die mehrjährige Berufserfahrung haben, Praktika gemacht haben, im Ausland waren, fließend Englisch, Spanisch und Französisch sprechen, und das war bei ihm damals überhaupt nicht so. Diese Kultur setzt sich immer mehr durch.«

»Gibt es denn dann Karrieren in Nichtregierungsorganisationen der Linken, genau wie es Wirtschaftskarrieren gibt?«, frage ich.

»Genau. Und jetzt, wo ich darüber spreche, fällt mir auf, dass das völlig absurd ist. Es ist so, dass es auch in der Linken mittlerweile eine Leistungskultur gibt.«

Dieser Konkurrenz unter den Linken hat die Band »Wir sind Helden« in ihrem letzten Album ein Lied gewidmet. Es erzählt von einem Hippiekind und einem kleinen Punk, bereit, alles mit allen zu teilen. »Du pfeifst und singst und fühlst dich frei«, singen die Helden, »da zieht wer links an dir vorbei.« Die Konkurrenz schläft nicht, verkünden sie im Refrain, auch nicht in der vermeintlich heilen linken Welt.

Gleichheit als Wert, sagt Chris, zähle doch gar nichts mehr. Chancengleichheit würde manchmal noch als Politikziel formuliert, aber reale Gleichheit, diese Forderung gelte als völlig weltfremd. Es scheint, als hätte auch die Linke die Ellenbogen entdeckt. Zumindest, wenn es darum geht, die Posten in den eigenen Reihen zu verteilen.

Das stört Chris, obwohl er davon profitiert. »Unangenehmerweise würde ich schon behaupten, dass ich in diesem ganzen Kontext zur unteren Elite gehöre.« Es ist, als tue ihm dieser Satz sofort leid. Er sei eher hochgestolpert, schränkt Chris ein. »Ich habe mir das nicht alles selbst erarbeitet«, sagt er, der in Attac so viele Stunden wie in einen Vollzeitjob investiert. »Ich habe mich angestrengt, aber vieles hat auch durch Beziehungen und Bekanntschaften geklappt. Also einfach, weil mich die richtigen Leute unterstützt und gesagt haben: Den nehme ich mal mit und zeige ihm, wie das geht.« Deshalb sitzt er nun in Positionen, in denen er mehr entscheiden darf als andere. »Ich würde es mir auf jeden Fall anders wünschen. Alle Menschen sollten Elite sein. Man sollte Mechanismen finden, die es allen ermöglichen, das Beste zu machen.«

Chris und seine Freunde, die mit ihm den Zukunftspilotenkurs belegt haben, agieren in den Diskussionen, die ich erlebe, anders als die meisten ihrer Mitstreiter. Sie sind konzentrierter bei der Sache. Sie mühen sich, die Debatte zu strukturieren. Sie versuchen, vorher Ziele festzulegen. Sie stellen Fragen wie: »Wollen wir eine Aufklärungs- oder eine Druckkampagne planen?« oder »Wer ist der Adressat unseres Boykotts?«. Sie haben einen eigenen Code entwickelt, um Diskussionen zu straffen: Wenn sie mit der Meinung eines Redners übereinstimmen, drehen sie die nach oben gereckten Hände. Der Redner weiß dann, dass dieser Punkt von den anderen akzeptiert wird. Wenn einer ausschweift oder zu abstrakt ist, sagen sie: »Ich möchte, dass du Ich-Botschaften formulierst.« Chris weiß, dass dieses Verhalten auf Außenstehende seltsam wirkt, für ihn ist es Teil einer »Professionalisierung«. Und wenn die soziale Bewegung, als deren Teil er Attac sieht, erfolgreich sein will, müsse sie professioneller werden, sagt er.

Was er damit meint, erlebe ich nicht nur, als ich in der Regenbogenturnhalle dem endlosen Plenum folge. Weil Pünktlichsein vermutlich als von Faschisten hochgehaltene Tugend gilt, kommt in der ersten halben Stunde eines Workshops, zu dem ich Chris begleite, im Schnitt jede Minute ein verspäteter Teilnehmer in den Raum. Ich sitze neben der Tür, die, weil das Schulgebäude ja nicht mehr benutzt wird, nicht richtig schließt. Zehn, elf Mal versucht jeder, die Tür zuzubekommen. Mal vorsichtig, mal mit Gewalt. Ich habe keine Chance, dem Vortrag zu folgen.

Die jüngste Auflage des McPlanet-Umweltkongresses, den Chris mitplant, fand in Berlin statt. Tausendfünfhundert Teilnehmer waren da. Für die Talkrunde zur Primetime am Samstagabend hatten die Organisatoren es geschafft, unter anderem den Bundesvorsitzenden der Grünen, Reinhard Bütikofer, Sven Giegold von Attac, die ehemalige Direktorin des Klimaprogramms des WWF, Jennifer Morgan, und die *taz*-Journalistin Bettina Gaus aufs Podium zu bekommen. Die Runde diskutierte darüber, ob eine Revolution nötig sei, um den Klimawandel zu stoppen. Eine Stunde lang durften dann die Teilnehmer Fragen stellen. Wollten sie aber nicht. Sie wollten Statements abgeben. Sie wollten loswerden, dass, wer die Umwelt retten wolle, erst die Konzerne enteignen müsse. Dass der Klimawandel endlich aus einer feministischen Sicht zu diskutieren sei. Oder dass das Klima nur zu retten sei, wenn man die Erdbevölkerung reduziere. Schnell war klar, dass sich hier keine kraftvolle Protestbewegung sammeln wollte. Es war allenfalls eine verwirrende Freakshow.

Hier in Rostock-Evershagen sollte es eigentlich darum gehen, den Protest der verschiedenen Gruppierungen der Linken gegen den G8-Gipfel in Heiligendamm zu koordinieren und zu bündeln. Zu Chris' Workshop zum Thema »Klima« sind allerdings nur vierzehn Teilnehmer gekommen. Zwei von ihnen gehen nach ein paar Minuten raus, als ihnen auffällt, dass sie im falschen Raum sind. Weil einer der Zuhörenden aus London kommt, schleppt sich die Diskussion auf Englisch dahin. Chris erzählt, dass es nach einem Protestkonzert in Rostock die Möglichkeit gebe, vor Tausenden Menschen eine kurze Aktion gegen den Klimawandel durchzuführen. Mit seinen nun noch zwölf Mitdiskutanten versucht er, ein Konzept zu entwickeln. Nach einer Stunde ist klar, dass das schwierig werden wird.

Deshalb gehe ich raus, durch den Flur, dorthin, wo die Menge ist. Einer der Nebenräume ist so voll, dass die Luft steht. Die Menschen sitzen auf dem Boden, drücken sich an die Wände, quetschen sich in die Türrahmen. Auslöser des Massenandrangs ist die sogenannte Gewaltfrage. Es geht darum, ob die Proteste friedlich bleiben müssen. Ein Attac-Sprecher hatte sich in einem Interview mit der *taz* von jeglicher Gewalt distanziert. Hier in Rostock wurde zudem ein Flugblatt verteilt, das Chris und drei andere Mitglieder des Koordinierungskreises unterzeichnet haben. Auch sie verlangen, dass alles »Menschenmögliche« getan werden müsse, damit die Proteste gewaltfrei bleiben. Den ganzen Tag schon sorgen diese Aussagen für Aufregung. Seit zwei Stunden werden sie in diesem Raum diskutiert.

Um die Debatte zu verstehen, muss ich das Schema, nach dem ich bislang die politische Landschaft ordnete, neu denken. In diesem Raum steht Attac rechts außen. Die Organisation sei zu autoritär, zu groß und verhandle mit Politikern, die von vielen hier als illegitim bezeichnet werden. Die *taz*, die das Interview veröffentlichte, gilt in diesem Kreis als reaktionäre, bürgerliche Zeitung. Attac spalte mit der Absage an jede Gewalt die Bewegung, heißt es. Attac verrate den gemeinsamen Kampf. Wenn Attac militante Proteste schon nicht unterstützen wolle, solle die Organisation zur »Gewaltfrage« wenigstens schweigen. Die Debatte zieht sich hin. Die Redner diskutieren nicht miteinander, sondern reihen Monologe aneinander. Ich weiß nicht, ob es eine Einigung geben kann, ob sie überhaupt gewünscht ist oder ob nicht vielmehr die Differenzen zelebriert werden sollen. Die Animositäten zwischen Attac und den großen und kleinen Splittergruppen scheinen im Moment zumindest wichtiger zu sein als das Ziel, gemeinsam zu protestieren, zusammen etwas zu erreichen.

Chris hatte gesagt, dass Debatten wie diese sehr viel Energie kosten. Er meint, dass es in der Bewegung etliche Leute gebe, die sich nicht freuen, wenn die Gesellschaft weiter nach links rückt, sondern selbst schnell noch »linker« würden, aus »Angst, dass die Gesellschaft sie einholt«, wie Chris sagt. Wenn Tage wie dieser in Rostock ohne Resultate enden, stocken die Kampagnen, und Chris' Bewegung verliert an Zeit und vermutlich auch an Boden. Ich denke an Mario und die anderen Berater, deren Religion die Effizienz ist. Ich denke an Bernd, den Studentensprecher an der EBS, der von allen, mit denen er zusammenarbeitet, »absolut hundertprozentigen Einsatz« fordert, der sagt: »Ich verlange von jedem, der meckert, Leistung.« Und ich denke an die Schüler in Salem, die schon jetzt in Leadership-Workshops für ihr Leben in Führungspositionen trainieren.

Ich frage Chris, warum er sich das dennoch antut. Warum er nicht versucht, seine politischen Ziele in einer straffer organisierten Partei durchzusetzen. Er möge Parteien nicht, sagt er. Es sei ihm zuwider, dass Konzepte oder Personen miteinander konkurrieren. Dass nur eine Idee oder ein Kopf gewinnen könne. Dass nicht gemeinsam nach Lösungen gesucht werde. Außerdem müsse man sich in einer Partei hochdienen. »Und je entscheidungsbefugter man ist, desto weniger Spielraum hat man. Ich glaube nicht, dass man in Parteien viel bewegen kann.« Das Resultat seien dann Bundesregierungen wie die amtierende. »Mittelmaß pur«, sagt Chris. Technokraten und Beamte, keine klassischen Politiker mehr, die bereit seien, für Dinge zu kämpfen, die Menschen mitzureißen.

»Aber ist es nicht schade, wenn die Parteien in einer Demokratie so viele mittelmäßige Leute haben?«, frage ich.

»Ja, stimmt schon.«

»Aber du willst das nicht rausreißen?«

»Nee. Warum soll ich mit diesen ganzen Mittelmäßigen dasitzen? Ich finde, dass unser Modell von Demokratie überarbeitungsbedürftig ist. Die Menschen müssen auch außerhalb von Parteien mitbestimmen können. Zum Beispiel bei Volksentscheiden. Das finde ich sinnvoller, als dass jetzt alle in die Parteien rennen.«

Deshalb wird Chris weiterhin Stunden, Tage, Monate mit Diskussionen verbringen, an deren Ende hoffentlich ein Konsens steht. Er wird den mühsamen Weg gehen und hoffen, dass möglichst viele mitgehen. Auch wenn es dann noch schwieriger wird, zu entscheiden, wohin. Und er wird weiter mit den Widersprüchen leben, die jemand aushalten muss, der in der linken Bewegung Karriere macht. Er hat viel dafür getan, zur »unteren Elite« bei Attac zu gehören, in die entscheidenden Gremien zu kommen. Er will Verantwortung übernehmen. Er will mehr tun als die meisten. Gleichzeitig sagt er inbrünstig: »Ich möchte, dass es keine Elite mehr gibt, sondern nur noch Masse. Die Masse kann man dann meinetwegen gern Elite nennen.«

Ich habe große Zweifel, ob es Attac in diesem Entscheidungstempo tatsächlich gelingen wird, ein ernstes Gegengewicht zu Mario, Bernd und den anderen jungen Leadern zu bilden. Mir fällt es wesentlich schwerer als Chris, die teilweise offensichtlich fruchtlosen Debatten als nötiges Mittel der Entscheidungsfindung zu akzeptieren. Ich gehe raus auf eine Wiese, die vielleicht der Pausenplatz der Schüler war, als hier noch unterrichtet wurde, und schaue mir den Rostocker Stadtteil Evershagen an. Die Häuser sind etliche Stockwerke hoch. Damit es nicht zu trist wirkt, sind sie bunt gestrichen. Manche haben verspiegelte Fensterscheiben und sehen damit aus wie gigantische Sonnenbrillentürme.

Auf der Suche nach Alternativen zum containerten Essen laufe ich ein paar Meter zum Zentrum des Viertels. Hier gibt es einen EDEKA-Markt, eine Bäckerei und einen Parkplatz, auf dem ein kleiner Asia-Imbiss und ein paar Bänke stehen. Zehn Männer sitzen hier und trinken ihr Samstagnachmittagsbier. Die Flaschen unter der Bank verraten, dass es vermutlich auch schon einige Mittags- und Vormittagsgetränke gab. Die meisten aus der Gruppe arbeiten, als Maler, als Monteure, sagen sie. Ich will wissen, was sie davon halten, dass sich Chris und die anderen hier treffen, teilweise über Wochen hier leben, um Demonstrationen, Aktionen und Blockaden vorzubereiten. »Zecken sind das«, sagt einer und zeigt auf ein paar Jugendliche, die auf der Wiese sitzen. »Die sollte man zerquetschen.« Ein anderer schimpft: »Die hocken da und verschwenden unsere Steuergelder.« Einer droht: »Das wird hier noch ein zweites Lichtenhagen geben.«

Ich weiche zwei Schritte zurück. In Rostock-Lichtenhagen hatten im Jahr 1992 ausländerfeindliche Anwohner gemeinsam mit organisierten Neonazis tagelang Jagd auf Asylbewerber gemacht. Nachdem diese in Sicherheit waren, zündete der Mob ein Wohnheim an, in dem über hundertfünfzehn Vietnamesen und ein paar Journalisten eingekesselt waren. Als sie sehen, dass ich gehen will, legt mir einer der Männer seinen Arm um die Schulter. »Wir sind doch auch gegen den Gipfel, nur anders«, sagt er. Dann will er wissen: »Wie alt bist? Siebzehn, achtzehn? Bist du noch zu haben?« – »Für euch nicht«, sage ich und mache mich los. »Heil Hitler«, sagt da einer. Ich versuche, schnell über die Wiese zu gehen, ohne zu rennen. Ich umrunde die Schule und setze mich auf eine Bank in der Sonne. Hinter mir ist ein Gitter, das einen Fußballplatz einfasst, auf dem ein paar Jungs kicken. Immer wieder schlägt der Ball auf Höhe meines Kopfes gegen den Zaun. Ich drehe mich um. Auf dem Boden, versteckt unter einer Jeansjacke, steht eine kleine Musikanlage. Der Sänger grölt zur Melodie von »99 Luftballons«. Ich höre hin. Es geht darum, »Kanaken« zu jagen. Im nächsten Titel sind es Schwule, die gehetzt werden sollen.

Ich stehe auf – mit weichen Knien und wirren Gedanken. Zwanzig Meter von der Bank und dem Fußballplatz entfernt zerfleischen sich die Linken seit Stunden, debattieren, ob die *taz* der Feind ist oder Attac. Umgeben ist die linke Insel von der Evershagener Realität. Hitler-Freunde auf der Bank vor dem EDEKA, Jungs, die rechte Hetzmusik hören, auf dem Fußballplatz. Müsste man in der Schule jetzt nicht eigentlich erkennen, dass man gemeinsame Ziele hat? Müsste man nicht rauskommen und sich den rechten Meinungen entgegenstellen? Plötzlich erscheint mir alles so sinnlos.

Kurz nach Mitternacht bin ich wieder zurück in Berlin. Bis zum frühen Morgen erzähle ich Tom und Theo von Rostock. Von der verlassenen Hauptschule, den AGs und den Nazis. »Sie ist ein bisschen verstört«, sagt Tom denen, die am nächsten Tag Pläne fürs Wochenende machen wollen.

Einer der Männer, die vor EDEKA saßen, fuhr mir später noch einmal mit dem Rad hinterher. Er wollte gern über die Wende reden. Darüber, dass er den Westen eigentlich mochte, weil ihm sein Onkel früher immer Kaugummi aus Frankfurt am Main mitgebracht habe. Aber es sei schnell klar geworden, dass es falsch war, an den Westen zu glauben. Um ihn würde sich der Westen nicht kümmern. Er gehöre zu den Verlierern, sagte er. »Warum?«, wollte ich wissen. »Ich habe keine Heimat mehr«, sagte er und war zurück in seiner irren rechten Welt: »Wir haben den Krieg verloren. Seitdem haben wir keine Heimat mehr.« Dann erzählte er mir noch, dass er zwei Wochen später feiern wolle. »Am zwanzigsten. Da wird Adolf hundertachtzehn.«

Die meisten Menschen, die ich bei meiner Recherche traf, wollen den Wettbewerb um Leistung und Besitz verschärfen. Sie wollen die potenziellen Gewinner fördern und anspornen. Keiner von ihnen hat bestritten, dass es dann auch mehr Verlierer geben wird. »Pech gehabt!«, kommentierte dies Rektor Jahns von der EBS. »Um die, die unverschuldet da reingerutscht sind, müssen wir uns besser kümmern«, fand sein Student Bernd. Die Menschen, die nicht zum Wohl der Gesellschaft beitragen wollten, obwohl sie es könnten, dürften allerdings vom Staat auch nichts bekommen, fügte er hinzu. Die Internate wollen ein paar mehr Stipendien für die besonders Klugen und Fleißigen unter den materiellen Verlierern organisieren. Und die Bayerische Elite-Akademie wird in ihrer Auswahl weiter darauf achten, dass auch die bisher Benachteiligten ein paar Plätze bekommen. Das ist teilweise sicherlich gut gemeint, teilweise absichtlich brutal. Aber weder das eine noch das andere hat mich davon überzeugt, dass es denen, die unten stehen, besser gehen wird, sobald die, die sich Elite nennen, mehr Einfluss haben.

Im Leben derer, die ich bisher traf, waren die Verlierer hauptsächlich ein theoretisches Problem. Man weiß, dass es andere schlechter haben, weil sie weniger können, weniger wollen, weniger besitzen. Aber Salem, Westerham und Neubeuern sind Hunderte Kilometer von Rostock-Evershagen entfernt. Hier gibt es keine Villa Ritz für die Kleinsten, keine Internate für die Mittleren, keine Elite-Akademie für die Großen. Hier gibt es manche Vorbilder, die Schwachsinn reden, und Samstage, die in Bier ertränkt werden. 6,5 Millionen Deutsche leben einer Studie der Friedrich-Ebert-Stiftung zufolge am unteren Rand. Sie haben wenig Geld, sind meist arbeitslos, haben wenig Hoffnung, dass es ihren Kindern einmal besser gehen wird, und sie neigen zu radikalen politischen Positionen. Sie sind abgehängt. Unterschicht eben.

An den unterschiedlichsten Stationen meiner Elite-Recherche empörten sich meist wohlhabende junge Menschen über die »deutsche Gleichmacherei«, als wäre sie eine nationale Krankheit, eine Lähmung, Quell von Neid und Missgunst. Sie saßen in Schlössern, als sie über die Gleichmacherei schimpften, tippten ihre Kritik in ihr Reiche-Kinder-Internet-Forum oder verkündeten sie auf Karriere-Messen, wo ihnen Monatslöhne geboten wurden, die den Betrag, den ein Hartz-IV-Empfänger im Jahr bekommt, übertrafen.

Das Gerede von der »deutschen Gleichmacherei« ist in meinen Augen vollkommen absurd. Falls es diese Gleichmacherei je gegeben haben sollte, ist sie schon lange Vergangenheit. Vielleicht sollte der Elitenachwuchs mal einen Ausflug nach Evershagen machen oder nach Wattenscheid in die dortige Förderschule. Kein Kind dieser Schule hat in den vergangenen Jahren einen Ausbildungsplatz erhalten. Die Schule bereitet sie auf ein Leben mit Hartz IV vor, von Anfang an. »Illusorisch«, sagen die Lehrer, wenn diese Kinder von ihren Berufswünschen erzählen. Und dabei träumt keines der Kinder davon, Investmentbanker oder Unternehmensberater zu werden, sondern allenfalls Verkäuferin im Kaufland. »So konnte aus der einst nivellierten Mittelstandsgesellschaft ein Land der scharfen Gegensätze werden«, schreibt der *Spiegel* im Dezember 2006.

Die Deutschen sind reich, auf 7,5 Billionen Euro wird ihr Nettovermögen geschätzt. Aber die Hälfte dieses Reichtums gehört ganz wenigen, nämlich den obersten zehn Prozent der Bevölkerung. Im Schnitt bringt es ein Haushalt in dieser Oberschicht auf ein Vermögen von 850 000 Euro. Genug Geld, um den Nachwuchs in schicke

Kindergärten oder zu Privatunis zu schicken. Das Deutsche Institut für Wirtschaftsforschung hat berechnet, dass das untere Zehntel der Bevölkerung in den letzten zehn Jahren fünf Prozent seines Anteils am Gesamtvermögen verloren hat, in Ostdeutschland beträgt der Verlust sogar 14 Prozent. Gleichmacherei. Dieser Vorwurf geht an der Realität vorbei.

»Deutschland wird zum Land der Extreme«, schreibt der *Spiegel.* »Der Modehersteller Hugo Boss will eine Kollektion für Kinder zwischen zwei und zwölf auflegen; zugleich eröffnet an fast jedem Werktag eine neue Filiale des Textildiscounters KiK, wo es Five-Pocket-Jeans für Heranwachsende schon ab 4,99 gibt.« Und kaum einer im Land fordert diese »Gleichmacherei«, vor der sich die zukünftige Elite so fürchtet. Die Mehrheit der Deutschen hat nichts dagegen, dass der, der mehr leistet, auch mehr hat. Die meisten halten diese Formel für richtig. Sie ist Motivation und Belohnung zugleich. Wenn also der, der als Kind Discounter-Jeans trägt, gute Chancen hat, den Weg nach oben zu schaffen, falls er klug und fleißig ist, ist es für einen Großteil der Menschen akzeptabel, dass nicht jeder im selben Laden kaufen kann. Aber hat er diese Chancen?

Anfang 2007 waren nach Angabe des ARD-Deutschlandtrends zwei Drittel der Deutschen der Auffassung, dass es im Land alles in allem eher ungerecht zugehe. Sie trauten dem Versprechen nicht, dass allein Anstrengung und Können bei der Verteilung des Wohlstands entscheidend sind. Und nach allem, was ich gesehen habe, glaube ich, dass sie recht haben. Deutschland ist undurchlässig, stellen Wirtschaftswissenschaftler und Soziologen fest. In keinem anderen Land entscheidet die Herkunft so sehr über den schulischen Erfolg. Nirgendwo sonst in Europa ist es für Menschen, die einen Job im Niedriglohnsektor haben, so schwer wie hier, eine besser bezahlte Stelle zu finden.

Der Leiter des Internats Schloss Neubeuern fand es selbstverständlich, dass seine Schüler trotz schlechterer Noten in der Wirtschaft bessere Chancen haben als ein, wie er sagte, »1,0-Abiturient von einem staatlichen Gymnasium«. Chris, der Globalisierungskritiker, meinte, dass es auch in der linken Szene diese Elite gebe, dass es Kinder aus gutem Hause auch hier leichter hätten, weil sie souverän im Auftreten seien, weil sie wüssten, wie das Spiel funktioniere. An der Elite-Akademie, in den Internaten, an den privaten Hochschulen preisen sie ihre Absolventennetzwerke. Es sind liberale Nachfolger der immer noch vielfach stramm rechten Burschenschaften, aber sie funktionieren nach demselben Prinzip: Man kreiert eine Gemeinschaft, einen Corpsgeist, und knüpft Seilschaften, die ein Leben lang halten. Was den Burschenschaftlern ihre »Alten Herren« sind, sind den Netzwerkern die Alumni: Karrierekatalysatoren, die helfen, dass Einfluss und Posten im Netzwerk, also in der Familie bleiben. Maria, die Maximilianeerin, hatte verwundert festgestellt: »Wir sind viele Lehrer- und Professorenkinder.« Unternehmerkinder, Ärztekinder, Anwaltskinder, könnte ich noch hinzufügen. Die Menschen, die ich traf, kamen aus ähnlichen Elternhäusern. Echte Aufsteiger wie Aadish waren die absolute Ausnahme. Aber auch seine Eltern waren Akademiker, als sie noch im Iran lebten.

»Dadurch, dass die Gesellschaft derart auseinanderreißt, entwickelt sich bei den oberen Prozent eine Welt, die mit dem Rest gar nichts mehr zu tun hat«, sagt Eliteforscher Hartmann. »Das wird verstärkt durch Privat-schulen oder auch die Selektion an den Unis. Das wird richtig gepflegt, und die Leute denken in solchen Katego-rien, und sowohl materiell als auch ideologisch entsteht da eine homogene Oberschicht, eine herrschende Klasse, wie es sie hier so lange nicht gegeben hat.«

In Deutschland gibt es offenbar tatsächlich die Gren-zen, die Mario in Griechenland so eifrig beschworen hatte. Hier die Gewinner, dort die Verlierer. Hier die, die entscheiden, dort die, über die verfügt wird. Hier die Elite, dort die Masse. Leistung und Talent spielen bei die-ser Aufteilung sicher eine Rolle. Aber nicht die entschei-dende. Denn aufgeteilt wird immer früher. Wenn sich schon im Kindergarten die Wege gabeln, wenn es richtige und falsche Schulen, anerkannte, aber teure Privatuni-versitäten und belächelte Reste-Universitäten gibt, wer-den wir wohl bald tatsächlich wieder Eliten haben. Eli-ten, die ab der Geburt gepäppelt werden, deren Eltern alles tun, damit das Elitelabel so früh wie möglich auf der Stirn des Nachwuchses haftet und nie wieder verloren geht. Wie rasant diese Entwicklung abläuft, hat mich vollkommen überrascht. Ich, mit meiner Kleinstadt- und Ruhrgebietserziehung, war wohl zu naiv, um darauf ge-fasst zu sein, wie deutlich sich der Bildungsweg für einige Privilegierte mittlerweile von dem der Masse unterschei-det, wie früh die Netzwerke geknüpft werden, die dafür sorgen, dass bestimmte Kinder immer weich fallen wer-den. »Das sind ja fast amerikanische Verhältnisse«, sag-ten manche, denen ich davon erzählte. »Ja, genau«, habe ich dann immer gesagt, obwohl ich noch nie in den USA war.

Amerikanische Verhältnisse. Zweiklassengesellschaft. Gute Bildung für Reiche, eine Restbildung für den Rest. Ist das unser Ziel?, frage ich mich, als meine Gedanken schlagartig stocken. Ich werde tiefer in den Sitz gepresst, klammere mich an den Armlehnen fest und starre aus dem Fenster. Die Air-France-Maschine schlingert beim Start in Paris. In acht Stunden und fünfzehn Minuten soll sie in New York landen, meinem Zwischenstopp in Richtung Harvard. Es ist der letzte Versuch, doch noch eine schlüssige Antwort auf meine Frage »Was heißt ›Elite‹?« zu finden. Ich will meine Recherche nicht beenden, ohne im Mekka der Eliten gewesen zu sein. Harvard sei der »Gold-Standard der Bildungsindustrie«, schwärmt ein amerikanischer Marketing-Profi in der *Süddeutschen Zeitung*, der Maßstab, den die bemühen, die zu den Besten gehören wollen. Das Manipal Institute of Technology wirbt, es sei das *Harvard of India*, eine Universität in Israel tauft sich *Harvard of Haredin*, rund fünfzig US-amerikanische Universitäten sagen von sich, sie seien das Harvard des Westens, Nordens oder Südens. Die San Francisco Academy for Dog Trainers meint, das »Harvard der Hundeschulen« zu sein, und ein Yoga-Center in Colorado sieht sich als »Harvard der Pilates-Lehrer-Ausbildung«. Werden die US-Amerikaner gefragt, welche Marke weltweit das größte Vertrauen genießt, antworten sie nicht Microsoft, nicht Coca-Cola, nicht Disney, sondern Harvard. Harvard ist also Elite. Deshalb nehme ich in Manhattan den Bus nach Boston, quartiere mich in einem Hostel ein und gehe abends wieder und wieder meine Fragen durch, die ich denen, die die Herzkammer der Elite von innen kennen, stellen möchte. Ich bin mit einigen Deutschen verabredet, die in Harvard Politik studieren. Wenn es jemanden gibt, der mir doch noch das Prinzip »Elite« erklären kann, denke ich, dann sie.

Am nächsten Morgen bin ich viel zu früh dran. Ich habe eine Schale Haferschleim heruntergewürgt, mich mehrmals verlaufen und sitze nun in einer grauen, langsamen und überfüllten U-Bahn, die mich hoffentlich zur elitärsten aller Elite-Universitäten, zur einflussreichsten, berühmtesten und mit 26 Milliarden Dollar Stiftungskapital reichsten Uni von allen fahren wird. Ich fühle mich fremd und denke an das, was mich in meinen ersten Stunden in den USA am meisten irritiert hat: Ich habe Dutzende Frauen gesehen, die Babys in Bugaboo-Buggys durch Parks schoben. Oder auf Bänken saßen, während die etwas größeren Kinder auf dem Spielplatz tobten. Oder vor den schicken Privatschulen warteten, als die Großen um drei Uhr in ihren Uniformen aus den Gebäuden strömten. Beim ersten dieser Paare habe ich noch staunend und etwas verschämt in den Kinderwagen geschielt. Beim zweiten begann ich zu grübeln. Beim dritten hatte ich begriffen: Während die Haut der Kleinen stets weiß oder zartrosa ist, ist die der Nanny, die sich um das Kind kümmert, dunkel, meist schwarz. Die zweite Klasse, die in den USA offensichtlich an ihrer Hautfarbe zu erkennen ist, betreut die Kinder der Upperclass. Das müssen sie sein, die amerikanischen Verhältnisse, denke ich, als der Zug stoppt.

Ich bin da. »Harvard« heißt die U-Bahn-Station, zehn Minuten von der Bostoner Innenstadt entfernt, auf der anderen Seite des breiten Charles River. Zu dessen Ufer müssen es laut Stadtplan nur wenige Meter sein, und dort will ich hin. Wo die amerikanische Flagge vor einem Bildungstempel weht. Wo die Ruderboote von synchronen Schlägen der Studenten durchs Wasser gepeitscht werden. Wo Studenten, die vor alten Herrenhäusern sitzen, durch nichts in ihrer Lektüre gestört werden als durch das leise Knirschen der Schritte ihrer Kommilitonen im Kies. Wo Spaziergänger von John F. Kennedys Mahnung begrüßt werden: *And so, my fellow Americans: ask not what your country can do for you – ask what you can do for your country*. Ich suche das Harvard, das ich aus Büchern, Filmen und von Fotos kenne.

Aber ich finde es nicht. Ich lese Namen auf Straßenschildern, die ich noch nie gehört habe. Berkeley Street, Waterhouse Street, Garden Street. Fieberhaft versucht mein Gehirn, einen Schnipsel Wirklichkeit zu erhaschen, der sich mit den Bildern im Kopf deckt. Ich sehe normale Straßen, normale Häuser, normale junge Menschen in Jeans, Shirts und Flipflops, den Pappbecher mit dem Morgen-Cappuccino in der Hand. Keiner trägt den breiten, leicht gewölbten Harvard-Schriftzug auf der Brust, den ich von in die Welt verkauften Sweatshirts und Kappen kenne. Das hier kann nicht Harvard sein. *»Sorry«*, wende ich mich an den nächsten Cappuccino-Trinker, *»I'm looking for Harvard. Can you help me?«*

Wir starren uns ungläubig an. Er, weil er signalisiert: Das ist hier. Ich, weil ich denke: Das kann nicht sein. Aber er bleibt dabei: Einmal links und dann die Straße runter. Und natürlich hat er recht. Harvard ist groß. Es gibt den Klischee-Campus mit roten Backsteinbauten, der stolz gehissten US-Flagge und einer Bibliothek, deren Eingang von Säulen umrahmt wird. Es gibt aber ebenso den Betonbau der Naturwissenschaften, der so hässlich ist, dass er auch auf unserem Dortmunder Bausünden-Campus nicht weiter aufgefallen wäre. Und es gibt, einmal links und dann die Straße runter, die John F. Kennedy School of Government, ein funktionales, aber nicht weiter aufregendes Gebäude aus den siebziger Jahren. Hier studieren die Deutschen.

45 620 Dollar kosten Studienjahr und Wohnheimplatz in Harvard normalerweise. Oliver, Marc, Thomas, Lars, Matthias und Christina müssen die Gebühren nicht bezahlen und bekommen zudem einen monatlichen Unterhalt von 1650 Dollar. Davon müssen sie zwar ein Zimmer mieten. Aber das, was bleibt, reicht zum Leben. Das Geld zahlt ihnen ein Finanzierungskonsortium, zu dem unter anderem Harvard, das Bundeswirtschaftsministerium, der Stifterverband für die Deutsche Wissenschaft und die Haniel Stiftung eines Duisburger Konzerns gehören. Die sechs Deutschen sind McCloy-Stipendiaten.

John Jay McCloy wurde 1949 von den USA als »Hoher Kommissar« nach Deutschland geschickt. Er setzte sich für den Marshallplan und Deutschlands Wiedergeburt auf internationaler Bühne ein. Er war einer, der beide Länder verband. Das soll auch ihnen einmal gelingen, den »McCloys«, wie die deutschen Stipendiaten in Harvard genannt werden. *Preparing leaders for service to democratic societies* – »Führungskräfte für den Dienst an demokratischen Gesellschaften auszubilden«, das ist der nicht gerade bescheidene Auftrag, dem sich die John F. Kennedy School verschrieben hat. Die Deutschen werden gefördert, um sich hier den letzten Schliff für ihre Karrieren als Führungskräfte im öffentlichen Sektor, also dem Staat, zu holen.

Hier, da bin ich sicher, werde ich eine junge Elite finden, die den Staat gestalten, die dem Gemeinwohl, nicht der Wirtschaft dienen will, die in Verwaltungen, Ministerien oder der politischen Exekutive das umsetzen wird, was sie hier, an Amerikas edelster Uni, gelernt hat. Eine Elite, die sich vielleicht als Gegengewicht zu den Absolventen der EBS, zu den Investmentbankern und Beratern sieht, quasi als Anwalt der Allgemeinheit. Eine Elite, die mir hoffentlich erklären wird, dass es ihr Ziel ist, für andere zu arbeiten, am großen Ganzen zu feilen, nicht nur am eigenen Kontostand und dem einer Firma.

Getränkt mit so viel süffigem Pathos schreite ich ins Forum der JFK-School. Dort sitzen sie, *The Chosen*, die Auserwählten, die den Sprung nach Harvard geschafft haben. Sie sind Ende zwanzig, haben aber schon so prall gefüllte Lebensläufe, dass ich mich frage: Wann haben sie das alles geschafft? Lars zum Beispiel, der dünne Blonde, der im Gespräch am meisten reden wird, hat nicht nur Wirtschaftsgeografie, Politik und Volkswirtschaft studiert, sondern auch schon bei zwei großen Beratungsfirmen, der luxemburgischen Regierung, der Bertelsmann-Stiftung, dem Aspen-Institut und dem deutschen Außenministerium gearbeitet. Oder Oliver, der Jahrgangssprecher: Er hat in Bremen, Spanien, Brasilien und Uruguay studiert. Dort hat er bei der Mercosur gearbeitet, der südamerikanischen EU. Bei der richtigen EU in Brüssel war er auch. Außerdem bei einer NGO in Indien und einer Entwicklungshilfeorganisation im Südpazifik. Im Sommer will er zu einer Abenteuerreise aufbrechen und mit Bus und Bahn von Deutschland nach China reisen. Lars ist einunddreißig, Oliver gerade erst vierundzwanzig. Hut ab, denke ich und freue mich auf ihre Visionen.

»Was wollt ihr ändern? Wo wollt ihr hin? Politik, Ministerien, diplomatischer Dienst?«, frage ich.

»Unternehmensberatung«, sagt Oliver. Lars will eine Politikberatung gründen. Bei vielen ihrer Mitstudenten sehe es ähnlich aus: McKinsey und die anderen großen Beraternamen stünden in den Charts der Arbeitgeber ganz oben. Ihr Jahrgang sei da keine Ausnahme, sagt Oliver. »Wenn man sich die Alumni-Listen anschaut, ist es ganz klar so, dass unheimlich viele Leute in den Privatsektor gehen und auch dort bleiben.«

Könnte man Gefühle hören, so gäbe es jetzt einen dumpfen Knall. Die Pathosblasen, die auf dem Weg hierher immer dicker geworden sind, sind zerplatzt. Eine bei dem Wort »Berater«, eine bei »keine Ausnahme«, eine bei »Privatsektor«. Peng, peng, peng.

Der öffentliche Sektor mache es einem nicht leicht, sagen sie. Während die großen Beratungsfirmen Topabsolventen hofierten und mit astronomischen Gehältern würben, müssten auch die Harvard-Studenten für eine Karriere in den Ministerien – wie alle in der langen Schlange, die durch das streng formalisierte Auswahlverfahren wollten – anstehen. Und dort würden dann eben Juristen mit einem »Standardlebenslauf« bevorzugt, klagen sie. »Die Leute, die diesen Standardlebenslauf nicht haben, weil sie im Ausland waren, vielleicht auch, weil sie etwas anderes gemacht haben, vorher in der Wirtschaft waren, die stören ja ein bisschen, die könnten ja die eingespielten Prozesse verändern wollen«, sagt eine Studentin.

»Und warum nicht in die Politik?«, frage ich.

»Wäre für mich denkbar gewesen«, sagt Oliver. »Aber meine Schwierigkeit ist, auch wenn sich das nach Entschuldigung anhört, dass das System in Deutschland einfach so ist, dass eine Auszeit von zwei Jahren nicht gerade förderlich für einen Aufstieg in einer Partei ist. Es gibt hier ein paar Beispiele von Leuten, die vor der Entscheidung standen: weiter in der Partei aufsteigen oder nach Harvard gehen. Es ist nicht so, dass das hier in Deutschland als Sprungbrett zu einer politischen Karriere angesehen wird.«

Plötzlich sehe ich Mario und seine Kollegen von McKinsey vor mir. Sie halten überdimensionale Sauger in der Hand und positionieren sich vor allen Unis, Schulen und Akademien, an denen man die junge Elite vermuten könnte. Dann saugen sie die Talente ab und speisen mit ihnen ihren hochtourig laufenden Apparat. Ein Parallelsystem der neuen Mächtigen, gegen das verstaubte Organisationsformen wie Staat oder Wissenschaft keine Chance zu haben scheinen. Es mag nach Verschwörungstheorie klingen, aber an allen Orten, die ich während meiner Recherche besuchte, hieß es: McKinsey und Co. waren schon da. Manche der jungen Talente sträuben sich, manche suchen nach anderen Wegen, aber letztlich unterschreiben die meisten doch. Vielleicht hat Mario recht. Keiner scheint die junge Elite so zu faszinieren und zu dominieren wie die Beratungen. Sie bieten viel Geld, eine spannende Arbeit und jedem ein bisschen Macht. Denn er darf mitentscheiden, wie das Arbeitsleben anderer weitergeht.

Als ich mich bei McKinsey beworben hatte, war ich überrascht, wie intensiv die großen Beratungsfirmen inzwischen mit dem Staat zusammenarbeiten. Dass die Berater in den Vorstandsetagen der Dax-Unternehmen ein und aus gehen, war mir klar. Dass sie aber auch vorschlagen, wie die Bundesagentur für Arbeit oder die Bundeswehr auszusehen haben, dass sie Konzepte entwickeln, wie man Universitäten oder Krankenhäuser straffer organisieren kann, war mir neu. 1,4 Milliarden Euro zahlte der Staat den Beratern nach Angaben der Branche im Jahr 2006. 1,4 Milliarden dafür, dass sie anstelle von Politikern und Verwaltungen Konzepte dafür entwickeln, wie unser Leben aussehen soll. Wenn das so weitergeht, wäre es vielleicht ehrlicher, bei Wahlen die Konzepte von McKinsey oder Berger zur Abstimmung zu geben statt der Programme von CDU oder SPD. »Wir bleiben nur zwei, drei Jahre dort«, sagten die meisten der Schüler und Studenten, mit denen ich über ihre Karriere als Berater sprach. Aber selbst wenn das stimmt, sind die Beratungen die Einheitsschule der zukünftigen jungen Elite.

»Man müsste den Begriff ›soziale Gerechtigkeit‹ aus allen Diskussionen, auch aus der über Elite, erst einmal rauslassen«, reißt mich Lars, der zukünftige Politikberater, aus meinen Gedanken. »Nicht weil man sagt, es ist uns egal, was passiert, sondern weil diese Phobie, vor allem, was die Egalität gefährdet, im Grunde genommen ein Mittelmaß schafft und uns die Möglichkeit nimmt, Dinge zu verbessern.«

Es gibt einen in der Runde, der mehrmals »aber« sagt – als die anderen Harvard-Stipendiaten über die deutschen Universitäten schimpfen, als sie fordern, es müsse wesentlich verschulter werden, nur so könne man das Drittel unter den deutschen Studenten, die »absolut nicht studierfähig« und dazu noch ziemlich faul seien, aussortieren. Als sie die Einführung von Studiengebühren verlangen, damit alle Bildung als »Investment in sich selbst« erkennen.

Matthias heißt der »Aber«-Sager. Gelbes T-Shirt, Fünftagebart, lange Haare. »Das sieht man ja, dass ich eher linke Ansichten habe«, meint er. Er bleibt, als die anderen längst in Richtung Seminar verschwunden sind, und erzählt von seinem Projekt in Indien. Er will dort ein Mikrokreditinstitut für Wohnungsbau mitentwickeln. Die Ärmsten könnten dort Kleinstbeträge leihen, um sich würdigen Wohnraum zu leisten. Schon jetzt pendelt Matthias zwischen Harvard und Ahmedabad im Westen Indiens hin und her. »Noch einmal zu den Beratern«, sagt er. »Es ist nicht so, als hätten sich hier alle auf Dutzende Stellen in den Ministerien beworben und sähen keine andere Möglichkeit, als zu den Beratungsfirmen zu gehen. Viele bekommen eine Absage vom Staat und denken dann: Das Geld, das die Beratungen zahlen, ist auch nicht schlecht.«

»Aber macht das Stipendium, das viel Geld, auch staatliches Geld, kostet, dann überhaupt Sinn, wenn am Ende doch alle zu Beratungen gehen und eben nicht beim Staat arbeiten?«, frage ich.

»Es gab unter den Studenten Diskussionen«, sagt Matthias, »sehr lange Diskussionen. Es ging darum, ob sich die Absolventen verpflichten sollten, eine Zeit lang im öffentlichen Sektor zu arbeiten. Oder ob diejenigen, die in die private Wirtschaft gehen und deshalb sehr viel Geld verdienen, einen Teil ihres Stipendiums zurückzahlen sollten. Für diese Vorschläge gab es keine Mehrheit. Die meisten Studenten wollten das nicht. Leider.«

Um sechs Uhr morgens landet die Boeing 777 in Paris. Ich bin zurück aus den amerikanischen Verhältnissen, denen die deutschen Verhältnisse immer ähnlicher werden. Vier Tage hat meine Reise ins Mekka der Eliten gedauert. Ich bin geflogen, stundenlang Bus gefahren, durch Harvard geirrt, um vielleicht doch noch neue, kluge Antworten auf meine Fragen zu hören. In meinem Rucksack habe ich zwei Stunden Interview auf Band, dreiundzwanzig eng betippte Seiten. Aber eine andere Elite, ein Gegengewicht zu dem bislang Gehörten, habe ich nicht gefunden. Stattdessen die immer gleichen Antworten: der Wunsch nach einer Förderung der Eliten. Das Bekenntnis zu Leistung, Ehrgeiz und Fleiß, gepaart mit einer mitleidlosen Missachtung für die, die nicht ähnlich erfolgreich sind, vielleicht sogar scheitern. Wie die »faulen« deutschen Dauerstudenten zum Beispiel.

Im Interview hatten die Studenten erzählt, dass das Faszinierende an Harvard sei, mit welch großem Einsatz alle an ihren exzellenten Kontaktnetzen knüpfen würden. Die akademische Qualität der Seminare sei nicht unbedingt besser als in Deutschland. Aber jeden Abend seien hochkarätige Gäste da. Der französische Premier, Madeleine Albright, Joschka Fischer. Manchmal konkurrieren mehrere Nobelpreisträger um ihr Publikum. Man würde in Harvard schnell begreifen, sagen sie, wie wertvoll Vernetzung sei. Und auch sie würden inzwischen eifrig knüpfen.

Auch diesen Gedanken habe ich schon mehrmals gehört. In Neubeuern und Salem, wo die Abiturienten dicke Bücher mit wertvollen Adressen in die Hand gedrückt bekommen und ein Anruf den Einstieg in den Beruf erleichtert. An der EBS und der Elite-Akademie, wo an funktionierenden Absolventen-Netzwerken gearbeitet wird. Und sogar von Chris, der meinte, dass es mittlerweile auch Karrierenetzwerke für junge Linke gebe. Elite heißt Vernetzung. Ein Netz, das die, die dazugehören, auffängt und die, die außen stehen, abhält. Die amerikanische Century Foundation hat kürzlich die Studentenschaft der berühmtesten US-Unis untersucht. Nur drei Prozent der Erstsemester kommen aus Familien, die zum ärmsten Viertel der Bevölkerung gehören. 74 Prozent der Studenten sind Kinder derer, die das reichste Viertel ausmachen. Dass dieses Ergebnis nicht nur damit zu tun hat, dass Kinder reicher Eltern bessere Schulen besuchen und besser gefördert werden, hat der Journalist und Pulitzerpreisträger Daniel Golden beschrieben. 2006 veröffentlichte er sein Buch *The Price of Admission* – »Der Preis der Zulassung«. Untertitel: »Wie sich Amerikas herrschende Klasse in die Elite-Colleges einkauft und wer draußen bleiben muss.«

Das Buch sorgte in den USA für heftige Debatten, konnte Golden doch nachweisen, dass der amerikanische Aufsteigermythos mit der Realität an den großen Universitäten nicht mehr viel zu tun hat. Seine aufwendige Recherche zeigt, dass die berühmten Colleges, von Harvard über Princeton bis Yale, bei der Auswahl ihrer Studenten mindestens genauso auf den Reichtum und die Macht der Eltern achten wie auf die Noten und Testergebnisse der Schüler. So hat Harvard zum Beispiel den Sohn des ehemaligen Vizepräsidenten und heutigen Klimaschutzhelden und Nobelpreisträgers Al Gore angenommen, obwohl er schlechte Noten hatte. Im gleichen Jahr hat die Uni einen asiatischstämmigen Studenten mit brillanten Zeugnissen und einem exzellenten Lebenslauf abgelehnt. Er war *unhooked*, wie es in der College-Sprache heißt, stammte also nicht aus einer wohlhabenden Familie.

Golden belegt, dass die Aufnahmebüros in Harvard, Duke und Co. bei Kindern von treuen Geldgebern, von Absolventen der Unis, von Berühmten und Mächtigen beide Augen zudrücken, dass sie Stipendien für Polospieler, Golfer und Dressurreiter einrichten, während gleichzeitig die Förderprogramme für talentierte Basketballer oder Läufer zusammengestrichen werden. So, meint Golden, würden die Unis immer reicher und weißer. Das Ticket für Harvard werde vererbt wie eine Firma, ein Pferdestall oder ein Fuhrpark. Die Elite versorgt ihre Kinder mit den Abschlüssen der Elite-Unis, die nötig sind, damit sie das Erbe ihrer Eltern antreten können. So bleibt man unter sich. Ein Feudalsystem, das ohne die plumpen Methoden seines geschichtlichen Vorgängers auskommt. Ein Feudalsystem, an dem, wie mir meine Recherche gezeigt hat, auch deutsche Privatschulen und -Universitäten basteln. In der jüngsten PISA-Studie landeten die USA in puncto Chancengleichheit vor Deutschland. Es gibt also keinerlei Gründe, über das ach so ungerechte amerikanische Zweiklassensystem zu spotten.

Dem nächsten meiner Freunde, der sagt: »Das sind ja amerikanische Verhältnisse«, wenn ich ihm von meiner Reise zur Oberschicht erzähle, werde ich nun guten Gewissens erwidern: »Streich das ›amerikanisch‹. Es sind die Verhältnisse.«

DIE ELITE FEIERT

Es ist kurz nach Mitternacht. Gleich wird es ernst. Ich stehe vorm Spiegel und teste zum dritten Mal, welches Paar Schuhe zu meinem gerade gekauften kurzen schwarzen Kleid passt. Noch etwas steif halte ich mich an der kleinen, mit glänzenden Steinen besetzten Handtasche fest, die mir eine Freundin geliehen hat. Meine Lippen sind tiefrot. Zu rot? Das würde ich jetzt gern meinen Freund fragen, doch der rennt seit einer Stunde zwischen seinem Zimmer und dem Bad hin und her. Tom zieht das

Hemd aus der Hose, steckt es wieder rein, zieht doch ein anderes an und verzweifelt fast bei der Erkenntnis, keinen braunen Ledergürtel zu besitzen. »Ich will nicht, dass die sagen: ›Sozen-Mode, draußen bleiben‹«, jammert er. »Dresscode: stylish und sexy« steht in der Einladung. Dahinter drei Ausrufezeichen. Was meinen die damit?«

»Die« sind die Kinder wohlhabender Eltern, zu deren Internet-Netzwerk *Schwarzekarte* ich seit einigen Wochen gehöre. Heute feiern sie eine, wie sie schreiben, »exklusive und exzessive Party« im Berliner Dinnerclub Bangaluu, und wir stehen auf der Gästeliste. Deshalb die Aufregung. Ich hatte Tom aus einem Artikel in der *Hamburger Morgenpost* vorgelesen. Darin wurde die letzte *Schwarzekarte*-Party als Champagnergelage von Kindern beschrieben, von denen einige jeden Monat ein Taschengeld in Höhe eines ordentlichen Nettogehalts, also um die 2000 Euro, verprassen können.

Wenig später sitzen wir in Toms Polo. »Mit dem kannst du da nicht vorfahren. Wir müssen ein paar Straßen weiter parken«, sage ich. »Hätte ich eh nicht gemacht«, antwortet er gereizt. Wir parken, stopfen aufgeregt viel zu viele Scheine in die winzige Handtasche und laufen zu dem von Strahlern in rosafarbenes Licht getauchten Club. Taxis halten hier im Akkord und speien junge Menschen aus, die sich hinter uns in die Reihe einordnen. Die Schlange bewegt sich kaum. Es geht nur zentimeterweise weiter. Eine unnötige Prozedur, wie wir später sehen werden, denn der Club ist nur mäßig gefüllt. Exklusivität scheint zu verlangen, dass man vorher ordentlich friert. Eine halbe Stunde später ist zumindest klar, dass sich das Ankleidetheater gelohnt hat. Ein Blick mustert unsere Gesichter, einer prüft kurz die Kleidung, dann sind wir an

den Türstehern, die in schneeweißen Daunenjacken stecken, vorbei.

Wir sind jetzt seit über einer Stunde auf der Party, es
ist kurz nach zwei, und ich fühle mich falsch. Alles um
mich herum ist weiß. Die Wände und der Boden, die Vor-
hänge und die Ledersitzgruppen, sogar die Kleidung der
Barkeeper und die Schürzen und Hauben der farbigen
Toilettenfrauen, die den Gästen die Türen öffnen, auf denen »Prince« oder »Princess« steht. Hinter meinem Rücken sind Samtkordeln gespannt. Hinter denen wiederum
hocken betrunkene, sehr junge Partygäste, die silberne,
mit Eis gefüllte Kübel vor sich stehen haben, in denen ein
paar halb leere Flaschen stecken. Wodka- und Champagnerflaschen gibt es heute zum *Schwarzekarte*-Special-
Price von 50 Euro. Ab und an hebt einer der abgefüllten
Helden die Arme, als wolle er die Sängerin am Ende des
Saals dirigieren. Die Frau, die schon seit einer halben
Stunde in einer Dauerschleife zu irgendwelchen Beats
singt, steckt in einem gefährlich korsettierten Kleid. Ihre
Brüste, die ich auf jeweils zwei Kilogramm schätze, werden bei jeder Bewegung aufs Neue gequetscht. Sie leckt
sich die Lippen und stöhnt. Dann schreit sie: »*Berlin, do
you want House Music?*« Danach stöhnt sie wieder und
singt schließlich weiter. Ich mustere sie lange und entscheide, dass sie nicht der Grund für mein Unwohlsein ist.
»Was ist hier so falsch?«, schreie ich Tom zu. »Das ist so
seelenlos hier«, sagt er. »Keiner ist ausgelassen, keiner hat
richtig Spaß.«

Und, ehrlich gesagt, sonderlich exklusiv ist es auch
nicht. Klar, auch hier spazieren in Gestalt von Täschchen
und Stiefelchen die teuren Marken umher, die ich mittlerweile so gut kenne. Und 50 Euro pro Flasche stemmt man

auch nicht mit einem Eckkneipen-Budget. Aber sonst? Eine ehemalige Soap-Darstellerin haben wir gesichtet, und Tom ist von einer Tussi angemacht worden, die einen »total exklusiven« Club am Ku'damm eröffnen will und jetzt schon nach den richtigen Leuten fahndet. Das endete mit einem billigen »Kann ich deine Nummer haben?«. Und tatsächlich gibt es hier auch jede Menge Leute, die man eher in Großraumdiscos erwarten würde. Die Sonnenstudio-Gebräunten. Die Muskelshirt-Träger. Die Handy-Fotografierer. Also nichts mit Elite. Denken wir erst mal.

Denn als wir die Treppen zum zweiten Obergeschoss hochgehen wollen, merken wir, dass die Exklusivität im Bangaluu mehrstufig organisiert ist. Unten auf der Tanzfläche steht das Volk. Hinter den Samtkordeln sitzen die, die sich zumindest die 50-Euro-Flaschen leisten können. Hier aber ist für sie alle und auch für uns Schluss. Eine Frau, die hinter einem kleinen Pult steht, bewacht den Aufgang zum »Private«-Bereich. »Wer hier hochwill, braucht ein weißes Band«, erklärt sie uns.

»Wer hat das? Wir stehen auf der Gästeliste!«

»Das reicht nicht«, sagt sie. Man müsse den Besitzer kennen oder den, der die Bänder verteilt. Das schwarze Kleid, die edle Handtasche und die roten Lippen – das alles war also umsonst. Wir gehören nicht dazu. Strahlend biegt kurz darauf ein Freund, der uns zur Party begleitet hat, um die Ecke. Dennis hat sich extra für diesen Abend einen bürgerlichen Seitenscheitel gekämmt und ihn mit Daxwachs fixiert. »Braucht ihr so ein Band?«, fragt er und wedelt mit seinem Handgelenk vor unserer Nase herum. »Private« steht da. Er habe gelangweilt und frierend am Eingang gewartet, erzählt er, als ein Typ gekommen sei und gefragt habe: »Magst du ein Band? Für oben?« Die

Exklusivität scheint recht willkürlich verteilt zu werden. Sie ist ein Lockmittel. Und es wirkt.

Plötzlich möchte ich um jeden Preis auch diese Treppe hoch. Dennis redet auf die Dame am Pult ein. »Du hast es doch gerade schon mal versucht«, motzt sie in meine Richtung. Aber Dennis gehört jetzt dazu. In seinem Gefolge darf ich an ihr vorbei. Wir passieren einen Kühlschrank mit riesigen Champagnerflaschen, biegen um die Ecke, gehen an der Bar vorbei und sehen in einem fast leeren Raum vielleicht dreißig »Private«-Gäste, die meisten noch halbe Kinder. Gerade kippt einer ein Glas Cola über die weiße Ledersitzecke. Ein Mädchen starrt vor sich hin, ein Junge fährt ihr zwischen die Beine. Sie starrt weiter. Vor dem DJ, der unermüdlich Plastikmusik auflegt, tanzen ein paar Gäste exzessiv, ergötzen sich an sich selbst. Einer imitiert Schrittfolgen, die er wohl in irgendeinem Video gesehen hat, zwei Mädchen reiben sich an einem jungen Krawattenträger. Ein anderes setzt sich unter dem Kreischen ihrer Freundinnen eine Sonnenbrille auf. Es wirkt wie eine hohle Kopie einer reichen und schönen Welt. Dabei hatten uns doch alle Zulasskontrollen suggeriert, dass wir hier auf einer echten Party der Elite landen würden. Stattdessen sind wir auf einem Kindergeburtstag, bei dem die Gäste nicht im Stuhlkreis, sondern in weißen Ledergarnituren sitzen. Wir stehen und starren. »Lass uns gehen«, sage ich irgendwann.

Ob es am Cuba Libre liegt, den ich getrunken habe, an der House-Music-Sängerin oder an den selbstverliebten »Private«-Kindern, kann ich später nicht mehr sagen. Als ich zu Hause bin, werde ich plötzlich so wütend, dass ich meine Elite-Materialsammlung aus dem Regal reiße und durchs Zimmer schleudere. »Ich habe genug von den

Eliten!«, fluche ich, als Tom irritiert aus dem Bad herbeieilt. Am nächsten Morgen bin ich froh, nicht das schwarze Kleid oder die Brillantentasche demoliert zu haben. Noch glücklicher bin ich allerdings darüber, dass ich beides nicht mehr brauchen werde. Denn das war es mit der Elite. Endgültig.

UNTER GEWINNERN

Nach einem Jahr geht meine Suche nach der Elite jetzt zu Ende. Ich glaube, es wäre sinnlos, weiterzusuchen. Ich habe schon zu viele Bilder im Kopf, zu viele Antworten im Ohr, zu viel Unwohlsein im Bauch, um weiter neugierig, möglichst unvoreingenommen auf die zuzugehen, die sich Elite nennen. Aus diffusen Eindrücken ist in diesem Jahr mehr und mehr ein stabiles Gedankengebäude geworden.

Ich habe im vergangenen Jahr Tausende Bahnkilometer gesammelt, Hunderte Artikel gestapelt, Dutzende Definitionen des Begriffs »Elite« gehört und ebenso viele Rechtfertigungen für sein plötzliches Wiederauftauchen. Mir ist klar geworden, dass in Deutschland eine gewaltige Eliten-Revitalisierungskampagne läuft. Der Satz »Wir brauchen wieder Eliten« ist inzwischen so oft gesagt worden, dass ihn fast niemand mehr hinterfragt. Inzwischen hat man die zweite Phase der Kampagne gestartet. Die Phase der Realisierung. Kindergärten, Schulen und Universitäten versprechen, dass sie diese Eliten, die wir angeblich brauchen, ausbilden. Eltern überweisen Geld, damit ihre Kleinen dazugehören. Gebühren für den Kindergarten, für die Schule, das Internat, den Karrierecoach und die Uni.

Wenn man die zusammenzählt, kommt man auf mindestens 300 000 Euro. Die sollte jedes Elternpaar für die Finanzierung eines solchen Elitebildungswegs beiseitelegen. Es wachsen Menschen heran, die vor allem eins lernen: Euer Platz ist unter den Gewinnern. Ihr dürft die wichtigen Posten in der Gesellschaft übernehmen. Ihr seid Elite. Im Rennen um Macht und Geld ist für euch die Poleposition reserviert.

Die erste so erzogene Elitegeneration steht bereit. In den Internaten, in Akademien, an den Unis. Es sind junge Menschen, die gelernt haben, dass Elitesein kein Tabu mehr ist, sondern Tatsache. Junge Menschen, die wissen, dass sie für sich mehr beanspruchen können als der Durchschnitt. Manche zögern, diesen Anspruch zu formulieren. Andere schreien ihn, vor Selbstbewusstsein strotzend, heraus. Manche versprechen, auf ihrem Weg nach oben die, die unten stehen, nicht zu vergessen. Andere haben für sie nur ein verächtliches »Strengt-euch-halt-mehr-an« übrig. Auch die Begründungen, die sie auf ihr Reservierungsschildchen für einen Platz in der Elite schreiben, unterscheiden sich. »Leistung« steht auf vielen. »Verantwortung« auf anderen. »Geld und Herkunft« schreiben Dritte. Jeder so, wie er es braucht. Und das ist das Grundproblem des Elitebegriffs. Er ist schillernd und unscharf zugleich. Das macht es so leicht, ihn zu instrumentalisieren.

Das Wort »Elite« halte ich nach diesem Jahr nur für bedingt brauchbar. Weil das Wort, mit dem ich jetzt so viel Zeit verbracht habe, ein echter Begleiter geworden ist, empfinde ich sogar so etwas wie Mitleid mit ihm. Als sei es in der ersten Hälfte des letzten Jahrhunderts nicht schon genug gequält worden, wird es nun wieder hervorgezerrt.

Wie ein altes Superman-Kostüm, das Politiker und Wirtschaftsbosse in den Tiefen ihrer Mottenkisten wiederentdeckt haben. Es soll seine Träger als Helden der Effizienzgesellschaft verkleiden und ist dehnbar genug, um fast alle Motive unter sich zu verbergen. Verpflichtung, Verantwortung, Vorbild, Mut und Wahrheitsliebe. Sicher auch *edge* und *energy*, was immer das auch heißen soll. Das alles sei Elite, hörte ich. Ich sah, dass Elite aber auch Ungerechtigkeit, Sonderrechte, Aufteilung und Machtstreben meint.

Ich finde, es ist höchste Zeit, dieses Kostüm wieder herunterzureißen. Das Wort »Elite« ist zu unscharf, um zu definieren, wie man in seinem Sinne die Gesellschaft verändern soll. Wenn gefordert wird: »Wir brauchen wieder mehr Eliten«, müsste die Antwort nicht »Ja« oder »Nein« lauten, sondern: »Sagt, was ihr damit meint, und versteckt euch nicht hinter diesem so oft missbrauchten Wort.« Ich habe gesehen, dass »Elite« heißen kann, dass schon die Kleinsten in Geförderte und Ungeförderte geteilt werden, dass wenige Ausgewählte besser behandelt werden als der große Rest und dass die Regeln für diese Auswahl oft ziemlich undurchsichtig sind. Ich habe gesehen, dass »Elite« heißen kann, dass nur die, die zahlen, eine besonders gute Ausbildung erhalten und als Bonus Kontaktnetze, die eine schnelle Karriere sichern. Ich bin sicher, »Elite« heißt für manche auch, dass sie Sonderrechte auf Lebenszeit fordern, dass sie hinnehmen, dass sich Deutschland noch offensichtlicher in Gewinner und Verlierer teilt.

Nach diesem Jahr fürchte ich mich davor, dass manche, die all das wollen, das Wort »Elite« nutzen, um ihre wahren Motive zu verbergen, um die nötigen Debatten über die Frage »Wer bekommt wie viel und warum?« zu ersticken, um schnell und geräuschlos das Land in eine neue Richtung zu drehen. »Wir wollen Eliten«, klingt sehr viel freundlicher als »Wir wollen in Gewinner und Verlierer teilen«, auch wenn manche mit beiden Sätzen dasselbe meinen.

Ich bin mir fast sicher, dass die meisten von denen, die ich traf, diese Welt in letzter Konsequenz gar nicht wollen. Als Carl lange nachdachte und die einfachen Antworten scheute, weil er Sorge hatte, auf dem schwierigen Terrain zwischen dem, was er unter »Elite« versteht, und dem, was andere mit dem Begriff verbinden, zwischen seiner Karriere und seinen Idealen ins Straucheln zu geraten, merkte ich, dass nicht nur ich mit dem Wort zu kämpfen hatte. Als Oliver aus Harvard mir einen Link zu seinem Internet-Tagebuch schickte, in dem er seine Reise von Düsseldorf nach China beschreibt, sah ich, dass auch die Elite Pausen braucht. Als Bernd erzählte, dass er durch die Arbeit seines Vaters viel Kontakt zu Behinderten habe und dass es ihm Sorgen mache, dass auf diese Menschen so wenig Rücksicht genommen werde, begriff ich, dass auch für ihn die Effizienz Grenzen hat.

Fast alle, die ich traf, waren klug, fleißig und freundlich. Ich fände es schön, wenn ihnen die Last des Eliteseins erspart bliebe, wenn sie sich Fehler gönnen könnten, unnütze Hobbys oder lange Ferien. Ich würde ihnen gern sagen, dass das Leben kein anstrengender Sprint sein muss, kein Wettkampf um noch mehr Leistung, und dass eigentlich kein Zwang besteht, zu funktionieren, schneller, höher und weiter zu kommen als andere.

Ob einen der Satz »Du bist Elite« auf Dauer verändert? Vermutlich sperren sich die Lippen irgendwann nicht mehr, diesen Satz zu sagen, wenn die Ohren ihn nur oft genug gehört haben und das Gehirn ihn als wahr akzeptiert. Wer von sich behauptet, Elite zu sein, muss eigentlich fest davon überzeugt sein, besser zu sein als andere, sonst würde er diesen Begriff kaum akzeptieren können.

Zur Selbstbestätigung wird dieses Bessersein zu allen möglichen Anlässen beschworen. Beim McKinsey-Wochenende in Griechenland wurde uns gesagt, wir seien brillant. Wer es an die EBS schaffe, stand in den bunten Prospekten, die ich beim Campus-Day bekam, gehöre zu den zweihundert Topstudenten Deutschlands. An der Elite-Akademie, hieß es, seien dreißig der talentiertesten jungen Menschen Bayerns, im Maximilianeum die klügsten Abiturienten des Freistaats. Die Klügsten, die Talentiertesten, die Brillantesten: Solche Superlative muss man erst einmal verkraften. Manche, wie Carl, reagieren mit betonter Bescheidenheit, andere, wie Aadish, quälen sich mit Zweifeln. Viele aber nehmen das Lob an. Es schmeichelt ja auch.

Je früher die Einteilung in Elite und Masse erfolgt, desto absurder wird aber das Gerede von den Besten, Fleißigsten, Klügsten. Denn eigene Leistungen, nicht Noten oder Testergebnisse, sondern wirkliche Leistungen, die der Gesellschaft genützt haben, können die Zwanzigjährigen logischerweise noch nicht vorweisen. »Leistung« heißt in den meisten Fällen, dass die Schüler oder Studenten besonders fleißig, besonders ehrgeizig, vielleicht auch besonders angepasst waren. Sie sind exzellent in dem, was man in Zeugnissen Kopfnoten nennt: schön schreiben, pünktlich und diszipliniert sein, tun, was verlangt wird. Rennen, klettern, kämpfen, um dorthin zu kommen, wo oben sein soll. Ich denke an den Satz, den Bundesbildungsministerin Schavan demonstrierenden Studenten

entgegengerufen hat: »Wir brauchen Eliten, keine Schreihälse.« Dieser Satz sagt viel über das, was in Zeiten der
Elite von jungen Menschen erwartet wird.

Viel leisten, das heißt in dieser Elitenwelt: funktionieren, nicht nachfragen. Nicht an den Lerninhalten der
Unis rütteln, nicht an Streik denken, wenn der Tag in der
Beratung wieder sechzehn Stunden lang ist, keine Pausen
einfordern, kein Recht auf Fehler, auf Umwege, kein
Recht, auch mal zu scheitern. Ich wäre erleichtert gewesen, wenn ich unter den Eliten mehr Schreihälse getroffen
hätte. Mehr Querdenker, Widersprecher, Neinsager. Aber
vermutlich fehlte ihnen dazu schlicht die Zeit. Denn wer
dem Ziel hinterhereilt, möglichst viel von dem, was andere als Leistung definiert haben, in möglichst wenig Leben zu quetschen, dem bleibt fürs Grübeln, Denken und
Hinterfragen wohl wenig Raum.

Trotzdem ist dieses Mehr an Leistung die Hauptrecht-
fertigung fürs Elitesein. »Wer mehr leistet, hat mehr verdient. Wer mehr leistet, darf mehr bestimmen.« Das, so
habe ich gelernt, sind die Glaubenssätze der jungen Elite.
Beim ersten Hören klingen diese Sätze pragmatisch und
vernünftig. Je häufiger ich ihnen aber lauschte, je vielfäl-
tiger die Begründungen und je eindeutiger die Forderun-
gen wurden, desto mehr haben mich diese Sätze abgeschreckt. Konsequent zu Ende gedacht, heißt »Elite« dann
doch: Ich leiste, also bin ich mehr wert.

Viele, die an das Elitekonzept glauben, verknüpfen Leistung direkt mit dem Wert des Menschen. Das macht mir
Angst. In solch einer Welt möchte ich nicht leben. Vielleicht bin ich nach diesem Jahr so dünnhäutig, dass ich
mich langsam in die Furcht vor der Elite hineinsteigere.
Aber meiner Ansicht nach muss, wer Elite fordert, auch

Antworten auf die folgenden Fragen geben: Wer misst diese Leistungen? Was ist wertvolle und was überflüssige Leistung? Heißt Leistung stets Effizienz und Profit? Gibt es Abkommen, Regeln, in denen ich nachlesen kann, wie viel ich leisten muss, um als wertvoller Mensch zu gelten, um das Recht zu haben, zu protestieren, zu fordern oder einfach zu meckern?

Gestern habe ich hundert Seiten in einem Buch gelesen, ein Sachbuch, immerhin. Außerdem eine Tages- und eine Wochenzeitung. Ich habe etwa zweieinhalb Stunden lang diesen Text überarbeitet und für einen Reportagedreh, den ich in der nächsten Woche machen möchte, drei Telefonate geführt. Außerdem habe ich zwei Wohnungen besichtigt, weil unsere WG bald umziehen muss. Ich habe eine Soap im Fernsehen gesehen und die Auslosung der Champions-League-Gruppen auf Eurosport. Abends haben wir lange gekocht. Wie viele Leistungspunkte bringt mir dieser Tag? Zählt nur das, womit man Geld verdient? Das wären dann das Schreiben und die drei Telefonate. Was ist mit einer Leistung, die man für andere erbracht hat? Die Wohnungsbesichtigungen, vielleicht das Kochen. Wie viel zählt Nachdenken? Und gibt es Punktabzug für die Soap und die Champions-League-Auslosung?

Plötzlich sehe ich meine WG und meine Freunde vor einem Elite-Tribunal stehen. In einer langen Reihe müssen wir alle vor der Elite antreten, um unsere Leistung bewerten zu lassen: Gut. Okay, heißt es bei vielen. Andere aber werden sehr, sehr lange gemustert, bewertet, noch einmal geprüft. »Nichts geleistet«, lautet das Urteil. Dann wird ihnen das Recht auf einen Job entzogen, das Recht, ein Gehalt zu fordern, von dem sie leben können. Das Recht zu meckern.

Schluss, stopp, aus!, denke ich. Paranoia, Neurose, Hysterie!, beschimpfe ich mich und beschließe, dass ich nun endgültig aufhören sollte, meine Gedanken andauernd um die Elite kreisen zu lassen. Vorher will ich aber noch einmal Bahn fahren. Es soll eine Art Abschiedstour werden. Ich will wissen, was aus denen, die ich im letzten Jahr getroffen habe, geworden ist.

ABSCHIED VON DER ELITE

Ein allerletztes Mal sitze ich im Zug in Richtung Elite. Der Rhein fliegt am Fenster vorbei, die Räder des Intercitys rattern beruhigend. In wenigen Minuten werde ich in Mainz sein. Dort feiern die Studenten der European Business School ihren Studienabschluss. Bernd, der erste Eliteanwärter, mit dem ich sprach, und die anderen seines Jahrgangs haben deshalb zu einem großen Ball eingeladen. Ein letztes Mal habe ich mich verkleidet. Ich bin von der Arbeit zum Zug geeilt, habe in der Intercity-Toilette die Jeans aus- und das schwarze Kleid angezogen. Glücklich darüber, dass ich mir bei dem Manöver keine Laufmasche eingefangen habe, dass Kleid, Strumpfhose, Schuhe und ich schadlos überstanden haben, in jeder Kurve gegen das Waschbecken zu knallen. Mein Zugnachbar starrt, als ich völlig verändert zurückkomme. Aber egal. »Was ist aus der Elite geworden?«, schreibe ich oben auf die erste Seite meines letzten Blocks.

Bernd wird nach der Abschlussfeier bei einer großen Unternehmensberatung in München anfangen. Er hat die Durchschnittswerte, mit denen am Tag der offenen Tür den Eltern die Investition in das Studium schmackhaft gemacht wurde, noch getoppt. Abschluss mit vierundzwanzig hieß es damals. Bernd ist gerade zweiundzwanzig geworden. Sein Einstiegsgehalt wird höher als die durchschnittlichen 50 752 Euro eines Absolventen sein. Die Beratungen zahlen nicht nur mehr, sie bieten ihrem Nachwuchs auch Schmankerl wie Dienstwagen, Blackberry und Laptop. In ein paar Wochen werden die Probleme, die andere mit zweiundzwanzig haben, in Bernds Leben keine Rolle mehr spielen. Verdiene ich genug? Wo kommt die Miete her? Muss ich wirklich jeden Monat 100 Euro für die Rente sparen und wenn ja, wovon? Diese Sorgen wird er nicht kennenlernen. Er muss nur eines: hart arbeiten. Er muss funktionieren, auch wenn die Woche hundert Arbeitsstunden hat. *Grow or go* heißt das Motto der Beraterbranche – »Mach Karriere oder verschwinde«.

Bernd wird nicht verschwinden wollen. Er wird die Viertelstundenfelder in seinem Kalender fleißig mit Aufgaben füllen, von den frühen Morgenstunden bis in die Nacht. Er wird sich jetzt erst recht kein Luftholen mehr erlauben. »Ich mache keine halben Sachen«, hatte er mir gesagt. »Mir geht es schlecht, wenn ich feststelle: Hier hast du nicht alles getan, was du hättest tun können.« Vermutlich wird es ihm dann noch schwerer fallen, zu akzeptieren, dass andere weniger leisten. »Ich verlange von jedem, der meckert, Leistung«, hatte er mir gesagt. »Wenn jemand sagt: Ich meckere auch gar nicht, ich beschwere mich auch gar nicht, muss er auch keine Leistung bringen. Aber dann muss er halt mit dem klarkommen, was er ohne Leistung bekommt.«

An den Internaten hat gerade das neue Schuljahr begonnen. Miriam, Oliver und Philipp sind jetzt in der Abschlussklasse. Im nächsten Sommer werden sie endlich die dicken Bücher mit den vielen Kontakten und Adressen in der Hand halten, und ihr Leben im Kreise der Altschüler wird beginnen.

Chris, den Globalisierungskritiker von Attac, habe ich gerade in Hamburg getroffen, wo er immer noch für seine Abschlussprüfung lernt. Er hat es nicht geschafft, den G8-Gipfel, sein Großereignis des Jahres, zu blockieren. Während es den anderen Demonstranten gelang, sich für Tage am Zaun, der die Politiker vor den Demonstranten schützen sollte, festzusetzen, musste Chris in Rostock im Basiscamp bleiben. Er hat eine Woche durchgearbeitet, kaum geschlafen. »Es war so viel, dass mir die Woche vorkam wie ein einziger langer Tag«, meinte er. Er hat, nachdem es bei der Eröffnungsdemo in Rostock zu dumpfer Gewalt gekommen war, haufenweise Pressemitteilungen geschrieben. Er war in Talkshows und hat eine Rede vor fünftausend Menschen gehalten. Jetzt ist er ein wenig müde. Aber er will noch mehr Verantwortung bei Attac übernehmen, noch mehr Stunden pro Woche dort arbeiten, obwohl er weiß, dass er davon nicht leben kann. Weil er nicht länger auf das Geld seiner Eltern angewiesen sein will, muss er sich zusätzlich zu seinem Vollzeitjob bei Attac noch etwas anderes suchen. »Ich muss irgendeinen Teilzeitjob finden, zum Geldverdienen«, sagt er. Das bindet Kraft. »Es wäre schön, wenn es gelänge, die Elite abzuschaffen«, findet Chris. »Aber das geht wohl nur in einem anderen Wirtschaftssystem. In einem, in dem nicht alle dem Geld hinterherrennen müssen.«

Aadish, der junge Iraner, der Zweifler, der trotzdem an einer privaten Wirtschaftsuni studiert, zieht gerade nach Koblenz um. Er verlässt die kleine Stadt Vallendar, um dem Corpsgeist der Uni zu entfliehen, um auch andere

Leute zu treffen, andere Meinungen zu hören. Er wird mit seiner Freundin zusammenwohnen und die Welt der zukünftigen Wirtschaftselite jeden Abend mit dem Bus verlassen.

Alexander, der Georgier, der mich beim Internet-Netzwerk *Schwarzekarte* eingeschleust hat, macht gerade Praktika, erst in Antwerpen, dann in Paris. Vielleicht will er jetzt auch ein Buch schreiben.

Die *Schwarzekarte* hat die Drohung mit dem Einladungsstopp übrigens wahr gemacht. Es waren wohl zu viele Nichtreiche ins Netzwerk eingedrungen, Menschen wie ich. Seit einigen Wochen werden keine neuen Mitglieder mehr zugelassen. Dafür werden die alten verwöhnt. In einer der letzten Nachrichten des Netzwerks wurde ich eingeladen, an einem Rolex-Gewinnspiel teilzunehmen. Mittlerweile hat die *Schwarzekarte* auch eine Ecke für politische Diskussionen eingeführt. Dort zeigt man sich zufrieden mit den jüngsten Entwicklungen in Deutschland: Bei einer Abstimmung antworteten 79 Prozent der *Schwarzekarte*-Nutzer, sie fänden es gut, dass es hierzulande jetzt auch Elite-Universitäten gebe.

Maria ist vorübergehend aus dem Maximilianeum in München ausgezogen. Sie verbringt den Sommer in England auf Wohnungssuche, denn die nächsten Monate will sie in Oxford studieren. Eine Riesenchance sei das, sagt sie, und wieder etwas, das sie vor allem der Stiftung verdanke.

Carl von Tippelskirch, der Student der bayerischen Elite-Akademie, ist nicht an der Universität geblieben. Er ist jetzt tatsächlich Trainee bei der Deutschen Bank und betreut dort die Vermögen von Millionären. Er glaubt noch immer, dass diese Arbeit mit seinen Idealen vereinbar ist. Er helfe diesen Menschen, ihr Vermögen verantwortlich einzusetzen, sagt Carl. Einen Kunden hat er sogar, wie er es sich gewünscht hatte, bei der Gründung einer Stiftung beraten.

Ich treffe Carl an einer Schülerakademie. Er gibt von ihren Schulen als »hochbegabt« eingestuften Teenagern einen Kurs zum Thema Wirtschaftskriminalität. Dort geht es unter anderem auch um den Mannesmann-Prozess, in dem Josef Ackermann die Finger zum Victory-Zeichen spreizte und damit zum Symbol des abgehobenen Kapitalisten wurde. Obwohl klar gewesen sei, dass sich der Kurs auch mit diesem Prozess kritisch auseinandersetzen würde, habe die Bank sein Engagement mit einer Spende unterstützt, sagt Carl. »Auch dies bestätigt mich darin, meinen Idealen in der Bank treu bleiben zu können.«

»Fällt es dir jetzt leichter, den Satz ›Ich bin Elite‹ zu sagen?«, will ich wissen. Carl schaut nach links, rechts, oben und unten und antwortet nicht. »Bist du mit dem Wort im Reinen?«, frage ich.

»Ich kann den Begriff nur akzeptieren, wenn ›Elite‹ die Übernahme von Verantwortung heißt«, sagt er. »Und wenn klar ist, dass die Bezeichnung ›Elite‹ von anderen an einen herangetragen wird und man sich nicht selber Elite nennt.«

Und nun bin ich also auf dem Weg zu Bernd. Ich stehe an der Garderobe der Rheingoldhallen in Mainz, gebe meinen riesigen Rucksack ab und fühle mich wie ein Dorfmädchen beim Opernball. Hier feiert Bernds Jahrgang das Ende von drei Jahren Studium. Für diesen Anlass sollte ein kurzes, schlichtes schwarzes Kleid genügen, dachte ich. Und liege falsch. Bernd kommt gerade in Smoking und Fliege auf mich zu. Er trägt den Klassiker so souverän wie fast alle seine Kommilitonen. Manche haben sich sogar eine rote Bauchbinde umgelegt und sehen aus wie blutjunge Zirkusdirektoren.

Die Mädchen tragen die Kleider lang. Manche sogar so lang, dass sie beim Gehen den Rock heben müssen. Als wären sie Cinderella. Ein Satinkorsett, das in einen Tüllrock, bestickt mit kleinen Rosen, mündet, kreuzt meinen Blick. Ich sehe aufwendig gesteckte Frisuren. Handtaschen, die passend zum Kleid genäht wurden. Ich sehe silberne, aprikotfarbene, tiefblaue Abendkleider. Ich sehe Kellnerinnen, auf deren Poloshirts *The German Hamptons* gedruckt ist, und Männer, die Dutzende von Zigarrensorten anbieten. Ich blicke auf weiße Lederwürfel, auf denen sich festlich gekleidete Familien niedergelassen haben, die von einem Profifotografen umkreist werden. Mädchen in gestreiften Blusen preisen die Tombola-Lose an. Der Hauptpreis ist eine Südafrika-Rundreise in einem Oldtimer. Ich denke abwechselnd an Flucht und den Notkauf eines Abendkleides. Dann atme ich tief durch, übergebe meinen Rucksack der Garderobenfrau, klemme mein Notizheft unter den Arm und laufe durch die Eingangshalle in den Ballsaal.

Bernd hatte mir von den Vorbereitungen für den Ball erzählt. Er hatte gesagt, dass sie zu sechst extra eine Art Firma, eine Gesellschaft bürgerlichen Rechts, gegründet hätten. Monatelang hätten sie geplant, gerechnet und verhandelt. Mit den Rheingoldhallen, den größten der Stadt, mit dem Hilton-Hotel, das das Menü liefern soll, und mit der *Frankfurter Allgemeinen Zeitung*. Dort haben die Studenten eine ganzseitige Anzeige geschaltet, um der Wirtschaftswelt mitzuteilen, dass sie nun ihren Abschluss in der Tasche haben. Ein Fest in dieser Liga ist teuer: Die Eintrittskarte kostet 109 Euro. »Wir haben alles getan, um die Karten so günstig wie möglich zu halten«, sagten die Studenten dazu. »Aber das Budget muss gedeckt werden.« Deshalb waren die Kartenpreise nötig, obwohl die Sponsoren Zehntausende Euro zuschossen. So viel Geld, um zu feiern, dass man ein dreijähriges Studium beendet hat. Die zukünftige Wirtschaftselite liebt es überdimensional.

Auch die Stühle und Tische im Ballsaal haben sie herausgeputzt und in weißen Stoff gehüllt. Über dem Eingang steht auf einem Transparent das Motto des Abends: »Das Außergewöhnliche geschieht nie auf glattem gewöhnlichen Wege.« Johann Wolfgang von Goethe. Von der Bühne grüßt der Dinnersponsor Ernst & Young. Eingerahmt von großen Worten und gutem Geld – so scheinen die Studenten sich sehen zu wollen. Der Abend kann beginnen.

Ich sitze vorn rechts, bei Bernds Familie. Den Eltern an unserem und den anderen Tischen scheint es so zu gehen, wie es auch meinen Eltern ging, als uns in einer ehemaligen Zeche die Diplomzeugnisse überreicht wurden: Sie sind sehr stolz. Manchen sieht man an, dass sie schon einen langen Tag hinter sich haben. Schon um 8 Uhr 30 saßen sie im Gottesdienst, dann fuhren sie zur akademischen Feier, bei der auch Marios Chef von McKinsey sprach, in ein Kloster. Die Studenten hüllten sich in lange Gewänder und warfen Hüte, wie man es aus amerikanischen Filmen kennt. Jetzt sind sie hier, zum vierten Akt: Gereicht werden ein Gourmetmenü und Festreden.

Gerade stehen zwei Studentenvertreter auf der Bühne. »Die EBS bildet Leader aus – nicht Manager«, sagen sie. »Denkt zurück an die lustigen Momente in den Lerngruppen«, fordern sie ihre Kommilitonen auf. »Vergesst nicht: Lernen macht Spaß!«, rufen sie, ohne es ironisch zu meinen, und beenden ihren Vortrag mit den Worten: »Wir stehen jetzt erhobenen Hauptes da.« Ich glaube nicht, dass daran jemand gezweifelt hatte.

Der Starredner des Abends ist Klaus Evard, der die EBS 1971 gründete und mit vier Studenten anfing. Über dreißig Jahre später habe der Satz »Ich studiere an der EBS« einen guten Klang, sagt er, um die Studenten sofort zu ermahnen, sich auf diesen Lorbeeren nicht auszuruhen. »Hungrige Osteuropäer«, Top-Inder und Top-Chinesen stünden bereit, die besten Posten zu übernehmen. »Sie müssen auf diese Konfrontation vorbereitet sein«, sagt Evard. »Die Konkurrenz schläft nicht. Sie trainiert nur!« – Da ist sie wieder, die Geschichte von den Antilopen und dem Löwen. Schneller sein, besser sein, mehr leisten: Das ist die Lehre, die die Studenten in ihr Leben begleiten soll. Evard fordert die Absolventen auf, die alten EBS-Eigenschaften zu pflegen. EBSler, sagt er, seien von jeher dynamisch, braun gebrannt, flexibel und belastbar. »Dieses Land wartet auf Sie. Dieses Land braucht Sie.«

Diese Vorstellung gefällt allen. Applaus brandet auf. Und noch ist Evard nicht fertig: »Sie sind zu denen gehörig, die dieses Land in zehn oder zwanzig Jahren bestimmen und regieren«, ruft er den Studenten zu. »Was immer Sie tun, tun Sie es mit dem Herzen, dann werden Sie es gut tun. Und wenn Sie es tun, können Sie gar nicht verhindern, dass Sie Geld verdienen. Und wenn Sie viel Gutes tun, werden Sie viel Geld verdienen. Möge Gott Sie auf Ihrem Wege begleiten!«

Nach allem, was ich gesehen habe, glaube ich nicht, dass sie Gottes Hilfe brauchen werden.

DANK

Ich danke allen, die mich in ihr Leben gelassen haben; die geduldig meine Fragen beantwortet haben, auch wenn sie merkten, dass ich in vielen Punkten anderer Meinung war. Vor allem vor den Schülern und Studenten, die im Gegensatz zu manchem Direktor oder Sprecher auch im Nachhinein zu ihren Aussagen standen, habe ich größten Respekt.

Ich danke Kathrin Liedtke für das genaue Lektorat und dem Verlag Hoffmann und Campe für sein Vertrauen.

Ich danke Florian Glässing, ohne den dieses Buch nie gelungen wäre, und der Agentur Eggers & Landwehr für die fabelhafte Betreuung.

Ich danke Eva, Juliane, Mathias und Mark fürs Beraten, Lesen und Zuhören und dafür, dass sie die Frage »Was macht das Buch?« unermüdlich stellten. Ich danke Torsten dafür, dass er in diesen Text ein wenig seiner unermesslichen Klugheit gesteckt hat. Ich danke Nicol für die vielen Antworten auf noch mehr Fragen und Dennis für die schnellen Finger.

Ingmar danke ich, weil er mir die grüne Vase schenkte und oftmals für mich ins Archiv ging, Fips und meinem großen Bruder für die Verstärkung im Münsterland und meiner WG für die vielen Geschichten, die ich aufschreiben durfte.

Ich danke meinen Eltern dafür, dass sie aus mir nie Elite machen wollten, auch wenn sie jetzt manchmal traurig sind, dass ich's nicht bin.

Und vor allem danke ich Tom, ohne den wohl nichts so schön wäre, wie es ist.

DIE STATIONEN DER
REISE IM ÜBERBLICK

EBS European Business School

Schloss Reichartshausen in Oestrich-Winkel
über 800 Studenten der Betriebswirtschaft
Kosten: 4950 Euro pro Semester
Auswahl: schriftliche Tests und Einzelinterviews
www.ebs.de

Bayerische Elite-Akademie

Westerham-Feldkirchen bei München
gut 30 Studenten pro Jahrgang
Kosten für die zweijährige Ausbildung: 2600 Euro
Auswahl: mehrstufiges Bewerbungsverfahren – Essay, dann
Diskussionen und Einzelinterviews
www.eliteakademie.de

Maximilianeum

München
sechs bis acht bayerische Abiturienten pro Jahr
Voraussetzung: 1,0-Schnitt im Abitur

Auswahl: Vorprüfung, dann Maximsprüfung im Bayerischen Kultusministerium
www.maximilianeum.de

FasTracKids

Berlin, Filialen in Düsseldorf und Hamburg sollen folgen
mehrere Klassen für Kinder ab zwei Jahren
Kosten: etwa 100 Euro pro Monat
www.fastrackids.de

Kindergarten Villa Ritz

Potsdam, weitere Kindergärten in Deutschland geplant
Betreuung von Babys und Kleinkindern
Basissatz: 980 Euro pro Monat
www.villa-ritz.de

Vodafone »Chancen«-Stipendium

Zehn Studenten pro Jahrgang
Auswahl: Das Stipendium richtet sich an sehr gute Abiturienten mit Migrationshintergrund
Es gilt nur für ein Studium an einer der vier privaten Partneruniversitäten: die EBS in Oestrich-Winkel, die WHU in Vallendar, die Bucerius Law School in Hamburg und die Jacobs University in Bremen
Förderung: etwa 80000 Euro pro Student (Lebensunterhalt und Studiengebühren)
www.vodafone-stiftung.de

Schloss Neubeuern – Internatsschule für Jungen und Mädchen

Neubeuern bei Rosenheim
etwa 230 Schüler der Klassen 5–13
Kosten: etwa 30 000 Euro pro Jahr, nach Alter gestaffelt
etwa 20 Prozent der Schüler erhalten Teilstipendien
(maximal 50 Prozent der Gebühren)
Ehemaligen-Netzwerk: Altneubeurer
www.schloss-neubeuern.de

Internat Schloss Salem

Salem bei Überlingen am Bodensee
etwa 700 Schüler der Klassen 5–13
Kosten: etwa 30 000 Euro pro Jahr, nach Alter gestaffelt
etwa 30 Prozent der Schüler erhalten Teilstipendien
Ehemaligen-Netzwerk: Altsalemer Vereinigung
(3500 Mitglieder)
www.salemcollege.de

WHU – Otto Beisheim School of Management

Vallendar bei Koblenz
gut 500 Studenten der Betriebswirtschaft
Kosten: 5000 Euro pro Semester
Auswahl: Abiturnote und Einzelinterviews
www.whu.edu

Attac

Attac ist ein französisches Kürzel, übersetzt bedeutet der
Name »Vereinigung zur Besteuerung von Finanztrans-
aktionen im Interesse der Bürger und Bürgerinnen«
Globalisierungskritiker

weltweit 90 000 Mitglieder, davon 18 500 in Deutschland
Mitgliedsbeitrag: 60 Euro pro Jahr, ermäßigt 15 Euro
www.attac.de

McCloy-Stipendium

Programm der Studienstiftung des Deutschen Volkes und
der Kennedy School of Government, Harvard University
6–8 Stipendiaten pro Jahrgang
Auswahlverfahren: zweitägiges Auswahlseminar, dort
Vorträge und Einzelinterviews
Förderung: 1650 Dollar Lebensunterhalt pro Monat
sowie Übernahme der Studiengebühren
www.ksg.harvard.edu/mccloy

Stand: November 2007

LITERATUR

Alexander Bard, Jan Söderqvist, *Die Netokraten. Die neuen Leistungseliten und das Leben nach dem Kapitalismus*, Heidelberg 2006

Bernhard Bueb, *Lob der Disziplin. Eine Streitschrift*, Berlin 2006

Daniel Golden, *The Price of Admission. How America's Ruling Class Buys Its Way Into Elite Colleges – and Who Gets Left Outside the Gates*, New York 2006

Michael Hartmann, *Der Mythos von den Leistungseliten. Spitzenkarrieren und soziale Herkunft in Wirtschaft, Politik, Justiz und Wissenschaft*, Frankfurt/Main 2002

Michael Hartmann, *Elitesoziologie. Eine Einführung*, Frankfurt/Main 2004

Michael Hartmann, *Eliten und Macht in Europa. Ein internationaler Vergleich*, Frankfurt/Main 2007

Malte Herwig, *Eliten in einer egalitären Welt*, Berlin 2005

Gunnar Hinck, *Eliten in Ostdeutschland. Warum den Managern der Aufbruch nicht gelingt*, Berlin 2007

Kursbuch: *Die neuen Eliten*, Berlin 2000

Benjamin Lebert, *Crazy*, Köln 1999

Herfried Münkler, Grit Straßberger, Matthias Bohlender (Hg.), *Deutschlands Eliten im Wandel*, Frankfurt/Main 2006